Katja Adler

ROLLE RÜCKWÄRTS DDR?

Wie unsere Freiheit in Gefahr gerät

FBV

Bibliografische Information der Deutschen Nationalbibliothek
Die Deutsche Nationalbibliothek verzeichnet diese Publikation in der Deutschen Nationalbibliografie. Detaillierte bibliografische Daten sind im Internet über https://dnb.de abrufbar..

Für Fragen und Anregungen
info@m-vg.de

Wichtiger Hinweis
Ausschließlich zum Zweck der besseren Lesbarkeit wurde auf eine genderspezifische Schreibweise sowie eine Mehrfachbezeichnung verzichtet. Alle personenbezogenen Bezeichnungen sind somit geschlechtsneutral zu verstehen.

Originalausgabe, 1. Auflage 2024

Türkenstraße 89
80799 München
Tel.: 089 651285-0

Redaktion: Ansgar Graw
Korrektorat: Dr. Manuela Kahle
Umschlaggestaltung: Pamela Machleidt
Umschlagabbildung: Autorenfoto: privat
Satz: inpunkt[w]o, Wilnsdorf (www.inpunktwo.de)
Druck: GGP Media GmbH, Pößneck
Printed in Germany

ISBN Print 978-3-95972-806-5
ISBN E-Book (PDF) 978-3-98609-575-8
ISBN E-Book (EPUB, Mobi) 978-3-98609-576-5

Weitere Informationen zum Verlag finden Sie unter
www.finanzbuchverlag.de
Beachten Sie auch unsere weiteren Verlage unter www.m-vg.de

INHALT

Vorwort: Wenn man Ostdeutsche fragt 5

1 Wenn nicht nur Corona unangenehme Erinnerungen weckt 9

2 Wie war das damals in der DDR? 25

Wenn Gegenwart auf Geschichte trifft 27

Wo komme ich her? 44

Gemeinsam getrennt 45

Mein kleines Stück DDR 47

Wie ich das Ende der DDR erlebte 66

Aufbruch in eine neue Zeit im Osten 73

Kein Aufbruch in eine neue Zeit im Westen 87

Der Westen - das überlegene System 89

3 Wie ist es heute im wiedervereinigten Deutschland? 93

Vom Fehlen echter Aufarbeitung und gemeinsamer Erinnerungskultur 94

Über Demokratie 96

Das Grundgesetz der BRD und die Verfassung der DDR 102

Herausforderung soziale Marktwirtschaft 111

Der Wandel im Bildungssystem 118

Westdeutsche Gleichberechtigung 121

Die gesamtdeutsche Gleichberechtigung 123

Die Rolle der Medien 128

4 Vollführt Deutschland eine Rolle rückwärts DDR? 191

Die gespaltene Gesellschaft 191

Die Tücken der Meinungsfreiheit 196

Ganz subtil im Linksschritt voraus 214

Sozialismus der DDR oder Kapitalismus der BRD? 251

Die Politik der Angst 260

5 Das Ziel bleibt Freiheit und Demokratie 265

Nachwort: Keine Rolle rückwärts DDR 271

Anmerkungen 275

VORWORT

WENN MAN OSTDEUTSCHE FRAGT

Kann, ja darf man die Verhältnisse in der damaligen DDR und im heutigen Deutschland vergleichen? Schon die Frage wird kontrovers diskutiert. Ich meine: Natürlich kann und soll man sie vergleichen. Aber Vergleichen ist nicht Gleichsetzen. Vergleichen heißt, Unterschiede und Gemeinsamkeiten sichtbar machen.

Von Rechtsaußen wird manchmal behauptet, wir lebten schon längst wieder in Verhältnissen wie in der DDR – es gebe keine Meinungsfreiheit mehr und die Presse sei faktisch gleichgeschaltet. Das bedeutet jedoch eine Verharmlosung der DDR-Diktatur: Wer dort das Regime öffentlich so scharf kritisiert hätte, wie es heute etwa die AfD gegenüber der Ampel-Regierung tut, der hätte viele Jahre Gefängnis wegen »staatsfeindlicher Hetze« riskiert. Menschen wurden in der DDR gefoltert oder bei dem Versuch, in die Freiheit zu fliehen, erschossen. Deshalb ist eine Gleichsetzung abwegig.

Vom linksgrünen Mainstream dagegen wird es tabuisiert, auf bedenkliche Gemeinsamkeiten zwischen der damaligen DDR und dem heutigen Deutschland hinzuweisen und vor Fehlentwicklungen zu warnen, die uns in Richtung DDR führen. Es wird geleugnet, dass die freie Meinungsäußerung immer mehr reduziert wird, es wird geleugnet, dass wir uns mit unserer Wirtschaft immer weiter von einer Marktwirtschaft entfernen und auf eine Planwirtschaft hinsteuern. Und es wird geleugnet, dass der öffentlich-rechtliche Rundfunk zunehmend von links-grüner Ideologie dominiert wird und in manchen seiner hässlichsten Formen sogar Erinnerungen an Karl-Eduard von Schnitzlers Propaganda und die *Aktuelle Kamera* wach werden.

Ich nehme als Liberale in diesem Buch eine Mittelposition ein, die sich gegen beide Extreme wendet: Nein, das heutige Deutschland ist nicht gleichzusetzen mit der DDR. Ja, es gibt gefährliche Entwicklungen in Deutschland, die an Ähnliches in der DDR erinnern. Und das sehe nicht nur ich so, dass sieht jeder zweite ehemalige DDR-Bürger so, wie eine Umfrage belegt.

Täglich werden wir in den Medien mit den Ergebnissen von Umfragen konfrontiert. Journalisten verfolgen minuziös, ob eine Partei vielleicht ein halbes oder einen Prozentpunkt im Vergleich zur Vorwoche zugelegt hat, obwohl eigentlich alle wissen, dass dies im Bereich der statistischen Schwankungsbreite liegt und daher nichts aussagt. Wir wissen sogar, wie die Deutschen wählen würden, wenn sie über den amerikanischen Präsidenten entscheiden könnten und wir wissen genau, welcher Ministerpräsident in der Beliebtheitsskala zugelegt und welcher verloren hat.

Als ich das Buch schrieb, dachte ich, es müsse auch Umfragen über das Thema geben, das mir in so vielen Gesprächen mit Menschen begegnet, die – so wie ich – in der ehemaligen DDR geboren wurden: Erinnern sie manche Fehlentwicklungen im heutigen Deutschland an das, was sie in der DDR erlebt haben?

Doch ich fand keine Umfrageergebnisse zu dem Thema (offenbar interessierte sich bislang niemand dafür). Daher beauftragte ich auf eigene Kosten das renommierte Meinungsforschungsinstitut Insa damit, eine solche Umfrage durchzuführen. Das ist methodisch nicht ganz einfach, denn es wäre falsch, einfach die Bürger zu fragen, die heute in den neuen Bundesländern leben. Erstens sind viele davon in den Westen abgewandert. Zweitens leben in den neuen Bundesländern heute auch viele Westdeutsche, die nie in der damaligen DDR gelebt hatten und daher keine Vergleichsmöglichkeit haben. Drittens sind viele einfach zu jung, als dass sie einen Vergleich ziehen könnten.

All das wurde von Insa berücksichtigt. Daher wurden 498 repräsentativ ausgewählte Personen gefragt, die vor dem Jahr 1976 auf dem Gebiet der damaligen DDR geboren wurden. Bei der Wende waren die jüngsten von ihnen also etwa 14 Jahre alt.

Die übergroße Mehrheit verband mit der Wende Hoffnungen. 81 Prozent stimmten der Aussage zu: »Nach der friedlichen Revolution in der DDR hatte ich die Hoffnung, dass vieles besser wird.« Nur 13 Prozent hegten solche Hoffnungen nicht, der Rest war unentschieden. Auch bei denen, die ihren politischen Standort als »links von der Mitte« angaben, überwogen die Hoffnungen: 78 Prozent stimmten der Aussage zu. Bei jenen, die sich »rechts der Mitte« verorten, waren es indes noch deutlich mehr, nämlich 94 Prozent.

Der Eindruck, den ich in vielen Gesprächen mit Menschen aus der ehemaligen DDR gewonnen hatte, bestätigte sich: Fast jeder zweite Ex-DDRler, 46 Prozent, sagt: »Vieles, was sich heute in der Bundesrepublik Deutschland negativ entwickelt, erinnert mich an die DDR.« 43 Prozent stimmen dem nicht zu. Bei den Männern fällt die Zustimmung mit 51 Prozent noch deutlicher aus, bei den Frauen überwiegt dagegen mit 46 zu 41 Prozent knapp der Anteil derjenigen, der sich nicht an die Ex-DDR erinnert fühlt.

Sehr unterschiedlich sind die Wahrnehmungen auch bei denen, die sich eher links und bei jenen, die sich eher rechts verorten. Fast zwei Drittel der Befragten, die sich eher rechts verorten, fühlen sich an die DDR erinnert. Bei denen, die sich eher links verorten sind es nur halb so viele (ein Drittel).

Fragt man jene, die sich an die DDR erinnert fühlen, in welchen Bereichen das besonders zutrifft, dann sagen:

- 71 Prozent: zu viele Vorgaben des Staates bezüglich der Lebensweise der Bürger,
- 68 Prozent: Angst, die eigene Meinung zu sagen,
- 60 Prozent: Propaganda für die Bundesregierung durch den staatlichen Rundfunk,
- 56 Prozent: zu viele staatliche Eingriffe in die Wirtschaft,
- 21 Prozent: zu viele staatliche Eingriffe in anderen Bereichen.

Noch eines fällt auf: Während es für Befragte, die aktuell in Westdeutschland leben, deutlich häufiger die Angst ist, die eigene Meinung zu sagen

(76 Prozent), spielen für Befragte, die immer noch in Ostdeutschland leben, Propaganda durch den staatlichen Rundfunk (63 Prozent) und staatliche Eingriffe in die Wirtschaft (58 Prozent) eine besondere Rolle.

Ich finde diese Ergebnisse erschreckend, und sie bestätigen meinen Eindruck: Es geht vielen derer, die in der ehemaligen DDR geboren wurden, ähnlich wie mir. Sie hatten große Hoffnungen, doch diese Hoffnungen wurden nur teilweise erfüllt. Denn sie mussten erleben, wie sich Stück für Stück das neue Deutschland in verschiedenen gesellschaftlichen und wirtschaftlichen Bereichen wieder in eine Richtung von mehr staatlicher Kontrolle entwickelt. Der Staat mischt sich dabei in vielen Bereichen in das Leben der Bürger ein, wo er sich eigentlich raushalten sollte.

Wie konnte das geschehen? Diesem Thema habe ich dieses Buch gewidmet.

Katja Adler

1

WENN NICHT NUR CORONA UNANGENEHME ERINNERUNGEN WECKT

Im April 2020 saß ich mit meinen beiden Kindern im Auto, fuhr über apokalyptisch leere Autobahnen und versuchte nahezu vergeblich, die Ereignisse, die die Corona-Pandemie auslösten, mit meinem Verständnis unserer grundgesetzlich geschützten Freiheit in Einklang zu bringen.

Wir fuhren zu meinem Vater, der 600 Kilometer weit entfernt allein in seinem Haus, abgeschirmt vom Rest der für ihn als so tödlich dargestellten Welt, nicht einsam Ostern feiern sollte und wollte. So wenig, wie mein Vater das Bedürfnis hatte, sich vom Staat beschützen zu lassen, so wenig hatte ich das Verlangen, mich durch den Staat von ihm fernhalten zu lassen. Wir hatten uns entschieden, beisammen zu sein. Uns war bewusst, dass dies viele Menschen für unverantwortlich, für gefährlich, für unsolidarisch hielten. Dass es Menschen gab, die in ernsthaften Panikattacken versanken und großen Abstand zu ihren Mitmenschen, eingeschlossen ihren Eltern, Kindern oder anderen Verwandten und Freunden wahren wollten, um sie, aber auch sich selbst vor Krankheit und Tod zu schützen. Dramatische Bilder und tägliche Aktualisierungen zu Ansteckungen und Todesfällen gab es schließlich in allen und vor allem den öffentlich-rechtlichen Medien zuhauf.

Bilder von einsamen Alten, von gelangweilten und verstörten Kindern oder von in der häuslichen Isolation geschlagenen Frauen hingegen gab es zunächst nicht.

Wir waren konfrontiert mit einer Pandemie, die unsere grundgesetzlich geschützten Rechte vergessen machte und jedem wachen Bürger vor Augen führte, dass unsere Freiheit nicht Gott gegeben, nicht selbstverständlich, sondern entgegen allen demokratischen Annahmen wohl doch verhandelbar ist.

Und so fuhr ich zu meinem Vater, stellte das Auto weit hinten im Hof ab, um nicht entdeckt und gemeldet zu werden und bekam Bauchschmerzen bei dem Gedanken, dass es ähnliche Zustände und Situationen schon einmal in der vergangen geglaubten DDR gab.

Die ehemalige DDR hielt in den Monaten der Corona-Pandemie ausgesprochen viele Vergleichsmöglichkeiten bereit, die so manchem, vor allem im Osten sozialisierten Mitbürger deutliches Unbehagen bescherten. Das begann schon beim Kampf um die letzte Rolle Toilettenpapier, der zu viele lockdowngeplagte Menschen so manches Mal am leeren Metallcontainer oder Supermarktregal hat verzweifeln lassen – 1985 genauso wie 2020. Sorgte in den Vorwendejahren die sozialistische Planwirtschaft, die regelmäßig an den Bedürfnissen des Kunden vorbei operierte, für leergefegte Metallcontainer, waren es 2020 die Menschen selbst, die gänzlich irrationale Hamsterkäufe tätigten. Klopapier! Wasser, Nudeln, Reis oder auch Schokolade, Bier und Camembert blieben in Deutschlands Geschäften fast durchgängig in den benötigten Mengen vorhanden. Nicht jedoch die Zelluloserollen, bei denen die Verbraucher eine Verknappung befürchteten und sie dadurch erst selbst erzeugten. Und konnte 1985 noch die weichgeknüllte, planerfüllungs-beschwörende Tageszeitung gut das Toilettenpapier ersetzen, stellte uns die nun fortschreitende Digitalisierung vor neue Herausforderungen, flattern doch höchstens noch einmal wöchentlich die kostenlosen Wochenblätter in die meisten Haushalte.

Viel gravierender jedoch waren die zumeist noch sehr präsenten Erinnerungen an die Einschränkungen der persönlichen Freiheit, der Meinungsfreiheit, Pressefreiheit, Versammlungsfreiheit oder der Berufsfreiheit, die wieder aufkeimten. Jedes laut geäußerte Unbehagen, jedes gesetzte Ausrufungszeichen zur Vorsicht im Umgang mit unseren Freiheiten und jede Kritik an den verhängten Maßnahmen wurde entweder als »Schwurbeln« oder häufig als extremistisch abgetan.

Aus dem Kritiker wurde ein »Querdenker« im moralisch bestimmenden stigmatisierenden Kontext.

War Querdenken bis dahin Ausdruck eines eindeutig positiv besetzten wachen Geistes, der gerne mal gegen den Strom schwimmt und der Gesellschaft damit wichtige Perspektiven abseits der Norm aufzeigt, wurde eben dieses Querdenken nun zum delegitimierenden Synonym für Unvernunft oder Radikalismus, nahezu ausschließlich als von »rechts« definiert.

Diese Pandemie konfrontierte uns zum Beginn zwar noch mit einer unbekannten Gefahr. Appelle und Aufrufe zu Vorsicht und Eigenverantwortung oder zum Tragen von Masken in geschlossenen Räumen und selbst das Angebot freiwilliger Impfungen wären daher durchaus angemessen gewesen. Doch die Mehrzahl der Politiker, die meisten Medien und auch Teile der Gesellschaft schossen weit über dieses Ziel hinaus. Sie versetzten die Menschen in irrationale Angstzustände, stellten die Impfung wider besseren Wissens als alternativlose und einzige Lösung aller Corona-Probleme dar und denunzierten und diffamierten all jene, die aufgrund eigener Urteilskraft zu anderen individuellen Entscheidungen gelangt waren. Dies bewusst und in einer Art und Weise, dass selbst die liberaler Umtriebe unverdächtige *taz* seinerzeit davor warnte, die Menschen anderer Meinungen als »asoziale Minderheit« auszugrenzen.[1]

Dabei wären Demut und Zurückhaltung angesichts unserer grundrechtlich garantierten Freiheiten angezeigt gewesen. Zu viele Politiker und Meinungsbildner entschieden sich jedoch, die Argumente des einen Lagers über alle Zweifel zu stellen und gegenläufige Meinungen, selbst wenn sie mit vergleichbarer Expertise daherkamen, mit dem Bann der Leugner und Extremen zu belegen.

Von Liberalität, Respekt für die Selbstverantwortung und die individuellen Entscheidungen oder von der Bereitschaft, Gegenargumente anzuhören, war in diesen Wochen und Monaten der Diffamierung ausgesprochen wenig zu spüren.

Verbunden in neu entdeckter und doch altbekannter Solidarität schien unter Corona vielmehr jede Individualität verpönt und geriet im Strudel der Moral sehr schnell in die Ecke des Egoismus und Extremismus. Allgemeingesellschaftlich getrieben und medial unterstützt sollte der Drang nach individueller Freiheit, kritischem Denken und der eigenen Entscheidungsmacht im kollektivistischen Kampf gegen das Coronavirus erdrückt werden.

Ein Aufbegehren gegen diesen Druck endete zuweilen in auch öffentlichen Beschimpfungen einzelner Personen oder ganzer Gruppen, insbesondere ungeimpfter Menschen, die sie zudem beruflich und persönlich zu zerstören drohten. Das Narrativ der »Pandemie der Ungeimpften« war schließlich geboren und sollte genährt werden.

So habe auch ich mich impfen lassen. Aus zwei Gründen: Ich wollte, erstens, reisen und ich war, zweitens, Abgeordnete im Bundestag. Wesentliche Voraussetzung für Auslandsreisen war eine gewisse Zeit lang in der Regel mindestens der zweifache Impfnachweis. Ich hatte bereits eine Reise gebucht, die einen Impfnachweis bei Einreise zur Bedingung machte. Nach den langen Monaten der Corona-Pandemie mit ihren umfassenden Einschränkungen wollte ich diesem bedrückenden Kreislauf schlicht mal für eine kurze Zeit entkommen. Ich brauchte Luft. Welche Folgen wären zudem im Bundestag auf mich zugekommen, hätte ich die Impfung inklusive Booster abgelehnt? Schließlich hätte ich ohne Impfung, so wie einige MdBs der AfD, auf der Besuchertribüne des Plenums Platz nehmen müssen. Mehr und mehr Veranstalter machten die 2-G-Regel (geimpft oder genesen) zur Zugangsvoraussetzung, wodurch der tägliche Test für eine Teilnahme dann nicht mehr genügt hätte. Das Testen wäre für mich noch völlig in Ordnung gewesen. Doch welche Stigmatisierung wäre auf mich zugekommen angesichts der nahezu diskussionsfeindlichen Atmosphäre, die Corona mit sich brachte? Es hieß nicht mehr: »Wir sehen das so und du siehst das anders«, sondern: »Wir sehen das so und du siehst das falsch.«

Situationen und drohende Diffamierungen, die ich vermeiden wollte. Dabei hatte ich Angst vor den Folgen der Impfung. Dieser unbekannte Stoff brachte Unruhe und Skepsis in mir auf. Ein Insider hatte mir in einem Gespräch ganz klar gesagt, dass eine Impfung in so kurzer Zeit gar nicht umfassend getestet und geprüft werden kann. Das war wenig vertrauenserweckend. Und doch ließ ich mich impfen und gab damit dem gesellschaftlichen und politischen Druck nach.

Ich konnte die Skepsis der Menschen und ihre Weigerung, sich impfen zu lassen, verstehen. Nicht verstanden habe ich die Verurteilung dieser Menschen, die ihre ganz eigenen, oftmals sehr persönlichen Gründe für ihre Entscheidung hatten. Weder moralischer Druck noch Gesetze dürfen Menschen zur Impfung zwingen. Rücksicht, Verantwortung, Anstand und Hygiene durften hingegen ausdrücklich erwartet werden.

Manches Mal wünschte ich mir heute bestimmte Hygieneregeln zurück. Toilettengänge ohne anschließendes Händewaschen, das legen zumindest meine möglicherweise nicht repräsentativen Beobachtungen nahe, scheinen beunruhigend weit verbreitet zu sein. Auch hätte ich nichts gegen freundliche Begrüßungen ohne Händedruck. Denn schaue ich bei Veranstaltungen oder Sitzungen in die Runde der Teilnehmenden, ist es zuweilen bemerkenswert, was deren Hände zu vollführen im Stande sind oder wo sie zwischendurch unterwegs sein können.

Diese Pandemie ist zwar vorbei, wirklich aufgearbeitet wurde sie bisher aber nicht.

Derweil setzt sich der Kurs linker kollektivistischer Denkrichtungen fort, der mit und durch Corona offen in den Vordergrund auch politischer Auseinandersetzungen gespült wurde. Sich als progressiv begreifende Kräfte drängen die Gesellschaft auf einen intoleranten Gesinnungskurs, von dem es immer schwerer wird, ohne größere Verwerfungen zurück auf einen freiheitlichen, bürgerlichen Pfad zu kehren. Derartige Verschiebungen unseres politischen Koordinatensystems zu korrigieren, wird erst recht schwer, scheint sich die bürgerliche Mitte über die vergangenen Jahrzehnte nach links verschoben zu haben. Zunehmend steht zudem eine vermeintlich »richtige«, also mit linken und grünen Vorstellungen harmonierende Haltung im Vordergrund jeder persönlichen, politischen oder wirtschaftlichen Handlung.

Doch wer legt die bürgerliche Mitte fest? Wer definiert die *richtige* Haltung? Anders gefragt: Wer bestimmt heute im vereinigten Deutschland unseren Handlungsrahmen und vor allem, wie?

Wurden früher individualistische Ansichten respektiert, darunter linke und liberale und selbstverständlich auch rechte Positionen, solange sie sich im demokratischen Spektrum bewegten, gilt inzwischen alles rechts der Mitte als demokratiefeindlich und »rechtsextrem«. Einige wenige selbsterklärte Moralwächter definieren die heute maßgebliche »richtige« Haltung. So wurde fast schon folgerichtig in den ersten Monaten des Jahres 2024 in vielen deutschen Städten gegen rechts oder Rechtsextremismus demonstriert, ausgelöst durch Berichte des Recherchenetzwerkes »Correktiv« über ein Treffen einer Handvoll Personen aus einem Spektrum zwischen AfD, rechter Union und der »Identitären Bewegung« in einem Landgasthaus in Potsdam. Konferiert wurde entweder über härtere Abschiebemaßnahmen gegen Ausländer ohne legalen Aufenthaltsstatus, wie sie selbst Kanzler Scholz wenige Monate zuvor in einem großen *Spiegel*-Interview eingefordert hatte. Oder über das Hinausekeln sogar von Menschen mit deutschem Pass, deren Integration von den Versammelten als unzureichend angesehen wurde. Im Detail gehen die Darstellungen der Teilnehmer und die Vorwürfe der heimlichen Beobachter des Recherchenetzwerks zum Inhalt des Besprochenen weit auseinander. Wirklich relevant waren diese Details für den Aufruf zu den »Demos gegen rechts« im Prinzip aber nicht.

Unbestritten ist es gutes Recht von Menschen zu demonstrieren und so auch die Correktiv-Berichte zum Anlass solcher Aufrufe zu nehmen. Doch muss es in einer Demokratie genauso legitim sein, sich solchen Demonstrationen nicht anschließen zu wollen, ohne in den linken Verdacht zu geraten, Rechtextremismus zu unterstützen. Die Toleranz der Meinungsfreiheit darf nicht einseitig ausgelegt und beansprucht werden. Erlebt habe ich selbst anderes. Sich die Meinung zu erlauben, gegen jeden Extremismus (von rechts und links) einzutreten und zudem noch Antisemitismus und religiösen Fundamentalismus als Gefahren für unsere Demokratie in den Blick zu nehmen, wurde von vornehmlich linken Meinungsträgern kaum toleriert, wenn nicht gar als demokratiefeindlich diffamiert. Selbst als über 1000 Islamisten in Hamburg und anderen Städten Deutschlands zu einem Kalifat aufriefen oder die israelische Sängerin Eden Golan beim ESC widerlichen antisemitischen Anfeindungen ausgesetzt war, blieb der Fokus der vornehmlich linken Gruppierungen beharrlich auf dem Rechtsextremismus konzentriert. Wer Demokratie schützen will, gleichzeitig wesentliche Gefahren für unsere freiheitliche demokratische Gesellschaft stur, ignorant und bewusst ausblendet, muss sich die Frage gefallen lassen, wie ernst es ihm mit der Stärkung der Demokratie ist. Zwölf Punkte hat Israel beim besagten ESC auch aus Deutschland bekommen. Zwölf Punkte sind dabei mehr als nur ein Votum für eine tolle und vor allem mutige Sängerin. Sie sind Botschaft und Statement sehr vieler Menschen und demonstrieren wohltuend klar ihre Haltung gegen Antisemitismus.

Nur ein breites Meinungsspektrum mit Links, Mitte und Rechts lässt auch einen breiten Diskurs und umfassendes demokratisches Ringen um die beste politische Lösung zu. Inwiefern daher mit den »Demos gegen rechts« auch inhaltlich die Demokratie gefördert oder gestärkt worden sei, darf hinterfragt werden. Sind alle einer (linken) Meinung, braucht es keine Diskussion mehr. Wird alles rechts der Mitte denunziert, diffamiert und ausgrenzt, geht dieser wichtige Teil unseres demokratischen Meinungsspektrums verloren und wird durch zuvor noch als Mitte definierte Meinungen ersetzt. Ehemalige Mittemeinungen werden damit erst moralisch nach rechts gerückt und dann von vornehmlich linken Moralwächtern ebenfalls diffamiert, denunziert und ausgegrenzt. Eine Taktik, die beliebig oft angewendet werden kann. Irgendwann sind es moderate Linke, die von Linksextremisten als Rechte angesehen werden. Und kurz darauf sind die Linksextremisten unter sich.

Eine solche Entwicklung wäre kein erstmaliges Ereignis in der Geschichte. Im zaristischen Russland kam es 1917 zunächst zur

»Februarrevolution«, getragen vor allem von den marxistischen Menschewiken, den berufsrevolutionären Bolschewiken und etlichen Arbeiter- und Soldatenräten. Damit war die absolutistische Zarenherrschaft beendet. Aber den Bolschewisten, angeführt von dem erst im April aus dem Schweizer Exil nach Russland heimgekehrten Lenin, reichte die Aussicht auf ein diverses Parlament und eine möglicherweise bürgerliche Regierung nicht. Sie beschimpften die ja ebenfalls linken Menschewiken und die Sozialrevolutionäre als »Konterrevolutionäre«, die »auf den Müllhaufen der Geschichte« gehörten (Trotzki) und putschten sich am 25. Oktober 1917 (7. November neuer Zeitrechnung) im Sowjetkongress an die Macht.[2] Doch auch der Kommunist Trotzki, der im Gegensatz zu Stalins Konzept vom »Sozialismus in einem Land« die Weltrevolution anstrebte, sollte später als nicht genügend linientreu von den noch linkeren Bolschewisten verfolgt und ins Exil gedrängt werden, bis ihn Stalin 1940 in Mexiko von einem Agenten ermorden ließ.

In der DDR gab es sehr ähnliche Phänomene wie in der UdSSR. Es begann 1946 mit der Zwangsvereinigung von SPD und KPD zur Sozialistischen Einheitspartei Deutschlands (SED) und setzte sich dann sehr bald fort mit einer systematischen Diffamierung der Sozialdemokratischen Partei Deutschlands, immerhin die Älteste der deutschen Parteien. Im *Kleinen Politischen Wörterbuch* aus Ost-Berlin ist noch in der Auflage von 1988 nachzulesen, dass die SPD nur zur Zeit ihrer Entstehung im späten 19. Jahrhundert »eine revolutionäre Partei« gewesen sei, aber später habe sich in ihr »der Revisionismus immer stärker« ausgebreitet. Nach der Oktoberrevolution in der Sowjetunion habe sich bei der SPD »eine grundsätzlich konterrevolutionäre Position« durchgesetzt: »Die rechten Führer der SPD leugneten die Notwendigkeit der sozialistischen Revolution.«[3]

Spreche ich heute mit meiner Oma (Jahrgang 1931), erinnert sie sich fast schon wehmütig an die Anfänge der DDR mit ihrer sozialistischen Idee eines Arbeiter- und Bauernstaates, die noch von vielen Menschen und so auch von ihr getragen und unterstützt wurde. Umgekehrt wurde auch sie vom Staat unterstützt, bei der Wohnungssuche, bei der Betreuung ihrer Kinder, in ihrem Beruf, den sie in ihrer »Männer-Brigade« im Heizkraftwerk sehr gerne ausübte. Doch wurde es mit der Zeit immer schlimmer, wie sie sagt. Verbissene Ideologen übernahmen die Parteiorgane und zogen weitere Ideologen in die Parteispitzen nach. Die einstige Idee eines gleichberechtigten, solidarischen, sozialistischen und demokratischen Staates wurde von diesen Ideologen verkauft und einem kommunistischen Ideal, das nichts neben sich duldete, preisgegeben.

Was hat das mit der Entwicklung in der heutigen Bundesrepublik zu tun? Zunächst noch nicht allzu viel. Doch wenn wir tatenlos dabei zusehen, wie immer größere Teile des nicht-linken und nicht-grünen Spektrums als »rechts«, also gewissermaßen »konterrevolutionär« diffamiert werden, akzeptieren wir eine gefährliche Entwicklung.

In dem offiziellen Wörterbuch der DDR-Ideologie wurde die SPD als rechte Partei bezeichnet, und 2024 wurde dies erneut in München und bei vielen anderen Demos »gegen rechts« behauptet. Auf etlichen Plakaten und Transparenten und von Rednern bei diesen Demonstrationsveranstaltungen wurden auch Freie Wähler, Unionsparteien oder FDP des Rechtsradikalismus bezichtigt – oder gleich die gesamte Ampel-Regierung. Man muss kein Anhänger der Sozialdemokratie, der Freien Wähler, der Christdemokraten oder der Liberalen sein, um eine solche Verzerrung von Fakten nicht nur als bösartig anzusehen, sondern auch als Gefahr für die Demokratie.

Viele dieser Demonstrationen nach dem AfD-nahen Potsdamer Treffen wurden zudem von linksradikalen Kräften wie der Antifa unterwandert und Demonstranten, von denen die meisten zweifellos ein Zeugnis für eine starke Demokratie ablegen wollten, wurden damit ideologisch instrumentalisiert. So demonstrierten im Januar 2024 beispielsweise in München bis zu 100 000 Menschen »gegen rechts«. Anschließend sagte der frühere SPD-Oberbürgermeister Christian Ude: »Ich hätte mir eine Großkundgebung gewünscht, die ganz klar gegen rechtsradikale Strömungen antritt und nicht mit derselben Vehemenz auf die Ampelregierung schimpft.«[4] Weil angesichts einer solchen Stimmung Hubert Aiwanger, Chef der Freien Wähler und stellvertretender Ministerpräsident Bayerns, an der Demo gar nicht erst teilgenommen hatte, freute sich die Organisatorin und Lehramtsstudentin Lisa Poettinger: »Als Versammlungsleiterin kann ich sagen, dass ich gar keinen Bock auf Rechte jeglicher Couleur habe.«[5]

Es lässt frösteln, dass Menschen mit einem derartig radikalen Weltbild Hunderttausende Deutsche zu Demonstrationen motivieren können – und sehr viele gutwillige Bürger sich in dieser Weise vor den Karren spannen ließen. Repräsentanten des Staates, die diese Protestveranstaltungen lobten, darunter Bundespräsident Frank-Walter Steinmeier, hielten es leider nicht für geboten, gegen eine derartige Hetze das Wort zu erheben.

Wollen wir unsere Demokratie nicht aufs Spiel setzen, müssen wir wieder lernen, abweichende Meinungen zu akzeptieren – und wirklich genau hinzuschauen, ob jemand »nur rechts« von uns steht oder wirklich rechtsradikal, eventuell sogar rechtsextrem ist. Gleiches gilt natürlich für die Unterscheidung zwischen links, linkradikal und linksextrem.

Das bedeutet weder, sehr weit rechte oder sehr weit linke Positionen zu umarmen, noch Extremisten oder Verfassungsfeinde gewähren zu lassen. Der Staat muss sich gegen seine Feinde als wehrhaft erweisen, doch darf er die Zahl seiner Feinde nicht dadurch vergrößern, dass er Menschen mit irritierenden, ungewöhnlichen, vielleicht störenden, mitunter an die Grenzen gehenden Positionen voreilig zu Feinden erklärt.

Wie verengt, aufgeregt, delegitimierend und vor allem diffamierend unsere Debattenkultur mittlerweile ist, zeigt Social Media auf erschreckende Weise. Nahezu alles, was sich mit persönlicher Freiheit und Individualismus, mit der Wahrung unserer Kultur, dem Schutz unserer Werte, mit Patriotismus oder auch mit christlichen Bräuchen im konservativen Stil befasst, wird von progressiven Strömungen als rechts und noch eher als rechtsradikal diffamiert. Das linke Meinungsspektrum stürzt sich auf konservativ Denkende in einer Art und Weise, die Menschen verstummen lassen soll. Alarmierend.

Selbst Jugendliche sind mittlerweile solchen Diffamierungen ausgesetzt. Wenn sich ein 16-jähriges Mädchen vor dem Rektor ihrer

Schule in Ribnitz-Dammgarten und begleitet von der Polizei für ihre Social-Media-Posts, die sie zwar weit im rechten Spektrum erscheinen lassen, jedoch nicht strafbewährt sind, rechtfertigen muss, dann liegt zumindest für ihre Mutter der DDR-Vergleich nahe, als sie von der »Jungen Freiheit«, die zuerst berichtete, mit den Worten zitiert wird: »Das ist so eine heftige, mit Verlaub, Stasischeiße, ich hätte das in meinem ganzen Leben nicht für möglich gehalten, was meiner Tochter hier angetan wurde.«[6]

Diese Gleichsetzung ist sicher abwegig. Dass jedoch Vergleiche gezogen werden zwischen der ständigen Praxis in der ehemaligen DDR und gelegentlichem Verhalten und so manchen Handlungen im vereinten Deutschland, sollte niemanden überraschen – und jeden beunruhigen.

Auch ich hatte vor '89 hin und wieder Gespräche mit meinen Lehrern, wenn ich in Diskussionen oder insgesamt ihrer Meinung nach »zu vorlaut« oder zu kritisch bestimmten Ereignissen oder Vorgaben gegenüber war. Mit meinem Ziel im Blick, unbedingt Abitur machen zu können, lernte ich jedoch sehr schnell, was ich nicht sagen durfte oder was ich unbedingt sagen sollte, um negative Konsequenzen wie die Verwehrung meines Abiturwunsches zu vermeiden. Bestimmte Verfehlungen, wie Diebstahl oder Schwänzen wurden im Klassenverband oder gar vor der versammelten Schulgemeinde ebenso öffentlich besprochen wie auch Belobigungen für besonders gute Leistungen öffentlich zelebriert wurden. In jedem Fall wurde öffentlich diszipliniert. Niemals jedoch wurde zumindest in meinem Umfeld ein Mitschüler wegen solcher Vergehen von der Polizei zum Direktor oder aus dem Schulgebäude geführt.

Sicherlich bildet Social Media nicht unsere Gesellschaft in Gänze ab. Gleichwohl stellt insbesondere die Plattform X einen wichtigen Seismografen dar, der die jeweils aktuelle gesellschaftliche Stimmung und Bewegung und den Kampf um die Deutungshoheit zur finalen gesellschaftlichen Ausrichtung widerspiegelt. Sehr viel eindeutiger sind da Verbote. Im Juli 2024 hat die SPD-Bundesinnenministerin Nancy Faser das politische Magazin *Compact* inklusive der zugehörigen Social-

Media-Kanäle auf den verschiedensten Online-Plattformen mit den dahinter stehenden Gesellschaften verboten. Faser hat sich dabei nicht nur am Vereinsrecht bedient, welches ein Verbot von Vereinigungen zwar ermöglicht, nicht jedoch das von Pressemedien. Sie hat auch gleich die Vermögenswerte der GmbH beschlagnahmt und ihre Einnahmen konfisziert. Unabhängig davon, dass *Compact* unbestritten unappetitliche, rechtsextremistische Inhalte anbietet und verbreitet, stellt dieses Verbot eine neue Dimension des Eingriffs in die Meinungs- und Pressefreiheit dar, die durch Artikel 5 des Grundgesetzes elementar geschützt ist und deren Beschränkung einer strikten Verhältnismäßigkeitsprüfung unterliegt. Hier wurde von einer Bundesministerin und ohne rechtsstaatliches Verfahren ein Medienverbot durchgesetzt, das Vergleichbares in freiheitlichen Demokratien vergeblich suchen und kaum finden wird, wohl aber in autoritären Regimen. So etwa hat die DDR Ende 1988 den Vertrieb der Jugendzeitschrift *Sputnik* verboten, alle Hefte eingezogen und eingestampft, gerade zu dem Zeitpunkt, als sie im Rahmen von Glasnost und Perestroika immer systemkritischer wurde.

Der Verdacht drängt sich auf, dass in Deutschland, mehr als dreißig Jahre nach der Wiedervereinigung, eine links-grüne gesellschaftliche Minderheit moralisch codiert sowohl den Diskussionsrahmen als auch die Denkrichtung bestimmen. Sowohl politische als auch wirtschaftliche Entscheidungen werden immer häufiger der Deutungshoheit dieser Minderheit untergeordnet, will man sich den teilweise zerstörerischen moralbasierten Auseinandersetzungen entziehen, die ähnlich einem Kampf »Gut« gegen »Böse« nicht gewonnen werden können.

Ist die gesellschaftliche Mitte derart stark nach links gerückt, dass selbst ein gesundes Heimatgefühl, Stolz auf die eigene Kultur und unsere Demokratie, und der intensive Schutz der Freiheit viel zu schnell und vor allem viel zu leise widersprochen in den linken Verdacht geraten, rechtsradikal zu sein, haben wir nicht nur unsere gesellschaftliche Mitte verloren, sondern auch unser gesellschaftliches Gleichgewicht.

Da ist es schon nicht mehr überraschend, dass der Kapitalismus als Garant für Wachstum und Wohlstand von den vornehmlich progressiven linken Kräften heute wieder ganz selbstverständlich in Frage gestellt wird.

Die sozialistische Planwirtschaft hat es zurück auf die Schreibtische so mancher Politiker und Beamten geschafft, im Gleichklang mit dem Kampf für die gute Sache der Gemeinwohlorientierung und der Vergemeinschaftung von Eigentum.

Man tut sich im heutigen Deutschland schon schwer mit der Akzeptanz individueller Freiheit. Unternehmerische Freiheit soll es dann gleich gar nicht geben. Unbekümmert erwecken Demagogen den Eindruck, der Kapitalismus sei schuld an Umweltzerstörung, Klimawandel, Armut und Kriegen in der Welt. Dabei waren es die sozialistischen Länder, in denen die Flüsse vergiftet waren, die Fabrikschlote ungefilterte Abgase in die Atmosphäre pusteten und die Menschen stundenlang Schlange stehen mussten, um wenigstens die Grundbedürfnisse des täglichen Lebens zu decken. Ge- und verhungert wurde und wird während Kriegen und Bürgerkriegen überall, doch in Friedenszeiten fast ausschließlich in sozialistisch regierten Staaten.

Was bleibt der Mehrheit?

Ihr bleibt die Demokratie. Haben die Menschen in der DDR bis 1989 lediglich mit den Füßen abstimmen können, indem sie das Land verließen oder es zumindest versuchten, bleibt ihnen wie allen Deutschen heute die Wahlurne. Unsere grundgesetzlich verankerte freiheitliche parlamentarische Demokratie garantiert das Recht, in freien, gleichen und geheimen Wahlen Volksvertreter in die Parlamente zu wählen.

Das ist der wesentliche Unterschied zum diktatorischen SED-Regime der DDR. Selbst wenn die Wahlergebnisse dem ein oder anderen nicht gefallen, durch und mit den Wahlen gerät unsere Demokratie nicht in Gefahr. Wohl aber durch die Überheblichkeit einiger, moralbasiert und haltungsfest bestimmen zu wollen, was (noch) demokratisch ist.

Menschen, vor allem den Ostdeutschen, vor dem Hintergrund unerwünschter Wahlergebnisse ihr Demokratieverständnis absprechen zu wollen, missachtet auf fatale Art und Weise den Kampf vieler

Ostdeutscher um Freiheit und Demokratie und ihre möglicherweise größere Sensibilität gegenüber den kleinen, feinen, aber permanenten sozialistischen Schwingungen im wiedervereinten Deutschland.

Der ehemalige Ostbeauftragte der Bundesregierung Marco Wanderwitz hat 2021 gesagt, dass die Ostdeutschen »gefestigte, nicht demokratische Ansichten« und eine »vertiefte Grundskepsis« gegenüber der Politik und der Demokratie[7] hätten. Damit hat er die Notwendigkeit seines damaligen Amtes gut 30 Jahre nach der Wiedervereinigung eher in Frage gestellt, als bestätigt. Warum braucht es diesen also noch immer? Als Feigenblatt einer besonderen Fürsorge? Die Wirtschaftskraft Ostdeutschlands liegt im Vergleich zu Westdeutschland auch 34 Jahre nach der Wiedervereinigung noch weit hinter dem Westen zurück. Ostdeutsche haben es bis heute kaum in die Führungsetagen größerer Unternehmen selbst in Ostdeutschland geschafft.

Dafür werden im Jahre 2023 in einem ZDF-Beitrag zur Deutschen Einheit aus der Reihe *Am Puls mit Mitri Sirin* Ostdeutsche und Menschen mit Migrationshintergrund gleichgesetzt. Nicht wirklich in Deutschland angekommen zu sein, dieses Gefühl teilten »viele Ostdeutsche« mit »Menschen mit Migrationsgeschichte«, so der Moderator Sirin.[8] Es braucht keine Erklärung für das sich daraus ergebene Störgefühl. Es braucht auch keine Rechtfertigung, werden mit diesem Störgefühl weder Menschen mit Migrationshintergrund herabgesetzt noch Ostdeutsche über sie erhoben. Sich als Ostdeutscher jedoch in einem Topf mit Menschen mit Migrationshintergrund wieder zu finden, wo es doch um die Aufarbeitung einer gemeinsamen gesamtdeutschen Geschichte gehen soll, ist störend. Es sagt mehr über das eigentliche Problem aus, dass laut einer in dieser Sendung zitierten Umfrage sich 50 Prozent der Ostdeutschen als »Bürger zweiter Klasse« fühlen, als dass ein solcher ZDF-Beitrag jemals zur Lösung beitragen könnte.

Wo steht Deutschland heute, 35 Jahre nach dem Mauerfall? Welchen Weg wird Deutschland gehen? Wird Deutschland dem süßen Klang sozialistischer Verheißungen folgen und die Rolle rückwärts in die DDR vollziehen?

Fahre ich heute auf wieder gut gefüllten Autobahnen quer durch Deutschland, um meinen Vater in meiner alten Heimat zu besuchen, habe ich noch immer das Gefühl, eine Grenze zu überqueren. Unsichtbar und abgetragen zwar, aber noch immer da. Dabei geht es nicht um das wohlige Gefühl, nach Hause zu kommen. Es geht um die Menschen, denen ich begegne, ihre Geschichten, ihre Wut, die sie teilweise noch immer oder wieder in sich tragen. Es geht um verpasste Chancen, um übersehene Notwendigkeiten und um die große Kraftanstrengung, die viele hinter sich haben, im neuen Leben der Bundesrepublik anzukommen.

Und es geht um das sprichwörtliche Augenrollen der Menschen in meiner neuen Heimat in Hessen und das Unverständnis, das mir zuweilen begegnet, möchte ich die alte und neue Wut der Ostdeutschen erklären, die Distanz, die noch immer da ist, wo längst ein Zusammenwachsen abgeschlossen sein sollte.

Es geht um eine fast schon einträchtige Trennung, die sich im gegenseitigen Unverständnis eingerichtet hat und jede Gemeinsamkeit verschwinden lässt.

Dabei beginnt unsere gemeinsame Reise nicht erst 1989. Mit der Paulskirchenverfassung wurde bereits 1849 ein ausführlicher Grundrechtekatalog erarbeitet, der wegweisend war und bis heute Maßstäbe setzt. Und mit der Weimarer Republik erlebten wir zum ersten Mal eine demokratische Republik, die bitter gescheitert ist. Mit den Nationalsozialisten bekam Deutschland eine mörderische Diktatur, die, selbst gewählt, in den Abgrund führte und die anschließende Teilung Deutschlands nach sich zog. Mit dem Kapitalismus im Westen und dem Sozialismus im Osten kamen Wirtschaftswunder und Wohlstand für die einen und planwirtschaftliche Mangelwirtschaft im kollektivistischen Miteinander für die anderen. Gemeinsam ist allen heute die Wiedervereinigung mit der Möglichkeit zurückzublicken, um verstehen zu können und für die Zukunft zu lernen.

Blicke ich zurück, drängen sich mir Vergleiche förmlich auf. Vergleiche zur ferneren Vergangenheit auf der einen Seite ebenso, wie Vergleiche zu meiner ganz persönlichen Geschichte in einem sozialistischen Staat, der den meisten Menschen, so wie auch meinen Eltern, zwar ein gutes Leben ermöglicht hat, denen große Träume oder Wünsche aber verwehrt blieben.

Mein Glück ist, dass ich nur 15 Jahre meines Lebens in der DDR verbringen musste. Ebenso wie ich es gleichermaßen als mein Glück empfinde, jene ersten 15 Jahre meines Lebens in diesem Staat gelebt zu haben. Ein Staat, der mir nicht nur eine kindliche Sicherheit, sondern auch erste Diktaturerfahren mit auf den Weg gab, die mich sensibel werden ließen für noch so kleine und feine, fast unsichtbare Schwingungen der gesellschaftlichen Veränderungen, deren Ausschläge Richtung Unfreiheit immer stärker werden.

2
WIE WAR DAS DAMALS IN DER DDR?

Erinnere ich mich an bestimmte, prägende geschichtliche Ereignisse, bleibt das Gefühl nicht aus, dass sich Dinge wiederholen: Entscheidungen laufen auf ähnliche Ereignisse hinaus und manche Handlungen gab es bereits. Es drängen sich Vergleiche auf, die ich nicht selten verschämt wegschiebe, scheinen sie zu weit hergeholt oder könnten den Vorwurf von Geschichtsvergessenheit, Unwissenheit oder Übertreibung auslösen. Eine Gefahr, die angesichts der mittlerweile einseitig geprägten Debattenkultur durchaus real ist.

Dabei scheint es umso wichtiger, Vergleichsempfindungen auszusprechen, lösen sie zwar Unbehagen, vor allem aber auch die notwendigen Diskussionen aus, die es angesichts der Tragweite sich wiederholender Geschehnisse braucht, um diese mindestens zu erkennen und bestenfalls zu verhindern.

Der Weg in unsere heute bestehende Demokratie war lang, steinig und von vielen Kämpfen um Freiheit auf der einen und Machterhalt auf der anderen Seite, von blutigen Aufständen, zwei verheerenden Weltkriegen und einer nationalsozialistischen Diktatur geprägt. Das gemeinsam zu erinnern, wird uns in unserem vereinten Deutschland einerseits leicht und andererseits nahezu unmöglich gemacht, ist doch die vor allem jüngere deutsche Geschichte auch von Zeiten geprägt, die einem Teil der Deutschen noch sehr präsente, sozialistische diktatorische Erfahrungen aufgezwungen hat. Das muss zu unterschiedlichen Erinnerungen führen.

Auch wenn diese persönlichen Erfahrungen durchaus besser einschätzen lassen, welche Folgen und Wirkungen bestimmte aktuelle Entscheidungen und Handlungen haben würden, braucht es sicher keine Wiederholung des sozialistischen Experiments der DDR, um festzustellen, dass ein solches gesellschaftspolitisches System keine Alternative zu unserer freiheitlichen Demokratie sein kann und darf. Hier möge man getrost auf die Erzählungen der Zeitzeugen vertrauen, die sich nicht Dank, sondern trotz der Diktatur, ein irgendwie auskömmliches Leben aufgebaut haben.

Erst recht muss man den Menschen zuhören, die Opfer dieses diktatorischen Regimes wurden, um der Versuchung zu widerstehen, die auch schönen, zumeist persönlichen Erlebnisse, diesem menschenverachtenden Regime auch noch positiv zuzuschreiben.

Vergleiche heutiger Ereignisse mit längst vergangen geglaubten persönlichen Erfahrungen in einer sozialistischen Diktatur sind zwar nur den Ostdeutschen möglich, machen diese damit aber nicht nebensächlich. Diese Erfahrungen sind vielmehr wertvoll für eine Gesellschaft, die im Bemühen um Demokratie und Freiheit zwar zeitweise getrennte Wege gegangen ist, jedoch immer mit dem gleichen gemeinsamen Ziel einer freiheitlichen demokratischen Republik. Im Westen hörte man bis zum Fall der Mauer alljährlich zur Erinnerung des 17. Juni 1953 entsprechende Reden um Demokratie und Freiheit. Im Osten wurde genau darum aktiv gekämpft, erst mit einem Volksaufstand im Juni 53, dann in vielen einzelnen dissidenten Aktionen und Widerstandshandlungen, und schließlich in großen Zahlen erneut im Wendejahr 1989, als dieser Freiheitswille bis ins demokratische Ziel getragen wurde.

So bitter die Erfahrungen vieler Ostdeutscher waren, so wichtig sind sie für ein Erkennen. Nehmen wir sie ernst und hören und sehen wir genauer hin, denn um entscheiden zu können, wohin wir gehen, müssen wir wissen, woher wir kommen.

Und so, wie kleine vereinzelte Gedankenfetzen der damaligen Erlebnisgenerationen die Weimarer Republik oder das Naziregime aus der geschichtlichen und gleichzeitig theoretischen Versenkung heraufzuholen vermochten, ist die Diktatur der DDR vielen Ostdeutschen wie mir noch sehr lebhaft in Erinnerung, mit zuweilen ganz praktischen und greifbaren Déjà-vus.

Wenn Gegenwart auf Geschichte trifft

Die Ereignisse 1989 waren von nahezu atemloser Dynamik und großem Druck freiheitshungriger Ostdeutscher, artikuliert durch Parolen wie »Kommt die D-Mark nicht zu uns, gehen wir zu ihr«, geprägt. Dem Mauerfall 1989 folgten daher nur ein knappes Jahr später erst eine zügige Währungsunion und schließlich die Wiedervereinigung. Angesichts der grundverschiedenen gesellschaftlichen, politischen und wirtschaftlichen Systeme waren die damit einhergehenden Umbrüche viel grundlegender, als im Angesicht der friedlichen Revolution und auf den ersten wendewilligen Augenblick vermutet werden konnte.

Dem Eindruck einer gewissen Ähnlichkeit mit 1848 kann ich mich nicht erwehren. Damals war es der Druck aus der, wegen der katastrophalen Kartoffelfäule und anderen witterungsbedingten Missernten, in großen Teilen hungernden Bevölkerung, der eine revolutionäre Stimmung reifen ließ. Darum sollte eine verfassungsgebende Nationalversammlung das Programm einer politischen Reform ausarbeiten, »das einerseits das ›Gespenst‹ der proletarischen Revolution bannen sollte (...) und das andererseits auch eine Antwort im weitesten Sinne auf die deutsche Frage zu geben hatte«.[9] Und überall im Deutschen Bund wurden vom Bürgertum und namentlich von Demokraten und von Liberalen die sogenannten »Märzforderungen« formuliert, die für eine Liberalisierung der Gesellschaft sorgen sollten. Freiheitlicher Wandel, die Stärkung der Menschen- und Bürgerrechte, die Schaffung eines Nationalparlamentes und eines deutschen Nationalstaates, schließlich Pressefreiheit waren weitreichende Forderungen, die bis in unsere Gegenwart wirken.

Eine Gegenwart, die wir Deutschen seit 1990 wieder vereint bestreiten, in einem freiheitlich demokratischen Land und einer Gesellschaft, die alle Möglichkeiten hat, aus ihrer Geschichte, auch noch vor der Teilung, zu lernen.

Eine Geschichte, in der die politische Gesellschaft nicht durchgängig, aber immer wieder unversöhnlich in linke und rechte politische Lager aufgespalten war. Mit der Gründung der Kommunistischen Partei Deutschlands (KPD) betrat 1919 das linke Extrem die politische Bühne, die den revolutionären Umbruch Richtung Räteherrschaft nicht nur durch blanke Gewalt und mehrere Aufstände herbeiführen wollte,[10] sondern ihre Mitglieder dabei auch noch total und mit ihrer ganzen Person und ihrem ganzen Dasein zu integrieren, anstatt zu repräsentieren versuchte.[11] Am entgegengesetzten rechten extremen Rand stand die Deutschnationale Volkspartei (DNVP). Die DNVP wollte sich mit den politischen und gesellschaftlichen Veränderungen nach dem verlorenen Krieg ebenfalls nicht abfinden und stand deshalb der Weimarer Republik genauso wie die KPD feindselig und dazu noch antisemitisch gegenüber.[12] Bis zum Aufstieg der NSDAP 1930 war sie die stärkste bürgerliche und zugleich rechtsextreme Partei.[13] Deutschland war gespalten und an den äußeren Rändern des Parteienspektrums agierten radikale Kräfte. Nach 1945 schien dies auf ganz unterschiedliche Art und Weise überwunden.

Ostdeutschland wurde durch die Zwangsvereinigung der SPD mit der KPD zur Sozialistischen Einheitspartei Deutschlands linksaußen regiert. Der Raum in der Mitte und rechts der Mitte wurde durch die sogenannte »Nationale Front«, zu der unter Führung der SED die Liberal-Demokratische Partei Deutschlands (LDPD), die Christlich-Demokratische Union (CDU), die Demokratische Bauernpartei Deutschlands (DBD) und die National-Demokratische Partei Deutschlands (NDPD) zusammengeschlossen wurden – die »Blockflötenparteien«, wie sie rasch vom Volksmund genannt wurden, belegt, jedoch nicht ausgefüllt.

Westdeutschland wurde durch das Streben auch der rechts und links stehenden politischen Lager in die Mitte von den Christdemokraten aus der Mitte heraus regiert. Mit dem Godesberger Parteitag 1959 und den Bekenntnissen zur sozialen Marktwirtschaft und zur

Landesverteidigung nahmen auch die Sozialdemokraten Kurs auf die Mitte und definierten sich nunmehr als Volkspartei. Extremistische Parteien wie die Sozialistische Reichspartei (SRP) rechts und die Kommunistische Partei Deutschlands (KPD) wurden 1952 beziehungsweise 1956 verboten; beide waren zuvor über den Status von Splitterparteien nicht hinausgekommen. Die NPD, die in den 1960er-Jahren zur stärksten rechtsextremistischen Partei werden sollte, scheiterte bei den Bundestagswahlen 1969 mit 4,3 Prozent vergleichsweise knapp an der Fünfprozenthürde. Inzwischen ist sie so wenig relevant, dass ein Verbotsantrag vom Bundesverfassungsgericht 2017 abgelehnt wurde mit dem Hinweis, zwar vertrete die NPD ein politisches Konzept, das auf die Beseitigung der freiheitlichen demokratischen Grundordnung ausgerichtet sei, allerdings fehle es »(derzeit) an konkreten Anhaltspunkten von Gewicht, die es möglich erscheinen lassen, dass dieses Handeln zum Erfolg führt«.[14] Die kommunistische, Moskautreue DKP war ähnlich irrelevant, sie kam bei keiner Wahl auch nur in die Nähe der Fünfprozenthürde – oder, um genauer zu sein, hatte mit 0,3 Prozent 1976 ihr stärkstes Ergebnis. Die Wiedervereinigung mit der Folge, dass die SED unter verändertem Namen als PDS und schließlich Die Linke nunmehr gesamtdeutsch antreten konnte, degradierte die DKP von einer Splitterpartei endgültig zu einer Sekte.

Während Kommunisten in Italien indirekt und in Frankreich direkt an Regierungen beteiligt waren und in beiden Ländern inzwischen Rechtsaußen-Parteien bestimmende Faktoren geworden sind, schien die Bundesrepublik vor und nach der Wiedervereinigung absolut stabil und versammelt um eine breite gesellschaftliche Mitte ohne Akzeptanz für extremistische Kräfte am linken oder rechten Rand. Mit dem Aufflammen neuer Krisen nicht nur in Deutschland und in Einklang mit sich neu formierenden Parteienlandschaften in vielen Staaten Europas gewinnen rechts- und linksaußen stehende Kräfte inzwischen aber wieder an Gewicht. Sie haben genügend Potenzial, um die Gesellschaft erneut zu spalten.

Und wo stehen die Liberalen in dieser deutschen Parteiengeschichte? Getrieben primär von der Idee der Freiheit des Individuums und dessen Verteidigung gegen einen übergriffigen Staat, sahen sie sich als Reformer, nicht als Revolutionäre. Sie standen daher zwischen der revolutionären Linken und den die Verhältnisse zementierenden Konservativen. Nicht nur die Märzrevolution von 1848, sondern zuvor auch schon das Wartburgfest 1817 und das Hambacher Fest 1832 setzten moderne liberale Akzente in den Staaten des Deutschen Bundes. Nach der Gründung des Deutschen Reichs 1871 waren es Liberale wie Friedrich Naumann, die sich frühzeitig für Frauenrechte einsetzten.

Nach dem Ersten Weltkrieg bildeten im gemäßigten politischen Lager die 1918 gegründete Deutsche Demokratische Partei (DDP) und die Deutsche Volkspartei (DVP) den bürgerlich-liberalen Gegenpol zur SPD. Während jedoch die DDP für die Demokratisierung von Staat und Gesellschaft und eine verständigungsbereite Außenpolitik kämpfte, sah die DVP im Liberalismus in erster Linie das Ziel, der Einzelpersönlichkeit Entfaltungs- und Wirkungsmöglichkeiten zu schaffen.[15] Ihr Kern war damit der reine Wirtschaftsliberalismus während für die DDP soziale Sicherheit und die Begrenzung der ungehemmten Entwicklung der Wirtschaft wesentliche Voraussetzungen für Freiheit waren. Beide Parteien rangen um das gleiche Wählerspektrum, das weder sozialistisch noch katholisch gebunden war. Die liberalen Parteien waren stark von finanziellen Zuwendungen der Wirtschaft abhängig und wurden überwiegend von Männern gewählt.[16]

Wirtschaftsliberale und sozialliberale Werte und Ideale finden sich vereint in der heutigen FDP wieder – und lassen die beiden Flügel des Liberalismus immer wieder um ihre Ausrichtung ringen. Dieses Ringen ist mitunter enervierend und aufreibend, hat aber eine gleichermaßen wirtschafts- wie sozialliberale FDP hervorgebracht, die sich seit ihrer Gründung 1948 verstärkt, bewusst und gezielt in der Mitte positioniert.

Ich bin 2010 in die FDP eingetreten, als sie regierungsbeteiligt um ihre liberalen Strandpunkte rang, wesentliche Positionierungen aufgab, sich innerparteilich aufrieb und schließlich drei Jahre später aus dem Bundestag flog.

Ich bin eingetreten trotz der Aussage einer damaligen Funktionsträgerin, die FDP sei keine Partei der Kinderkrippen. Gerade hatte ich mit viel Kraft und Zeit und großer Unterstützung eines liberalen Stadtrates eine Kinderkrippe gegründet und war daher dezidiert anderer Meinung, insbesondere vor dem Hintergrund der grundrechtlich geschützten Selbstbestimmung, die Möglichkeiten und Rahmen zu deren Verwirklichung braucht. Also trat ich (erst recht) ein und damit auch in den Kampf um die Ausrichtung der Partei, die nun auch die meine ist.

Ich erinnere nicht meine erste, wohl aber meine erste lebendige Diskussion mit meinem Parteikollegen und damaligen Bundestagsabgeordneten, der die vom damaligen Koalitionspartner CDU präferierte »Herdprämie« oder »Fernhalteprämie«, wie die Opposition sie nannte, verteidigte.

Eltern, die ihre Kleinkinder nicht in die Kinderbetreuung gaben, sollten 150 Euro Prämie monatlich bekommen. Eine angeblich gute Alternative zum (fehlenden) Krippenplatz. War das im Einzelfall vielleicht zutreffend, sollten davon aber auch Kinder betroffen sein, deren Eltern sie daheim behielten und gerne das Betreuungsgeld annahmen, ohne sich jedoch ihrer frühkindlichen Bedürfnisse ausreichend zu widmen. Das bildungspolitische Raster wäre für diese Kinder zu groß und sie würden durchfallen, so meine Sorge. Dieses hochumstrittene Betreuungsgeld wurde 2012 von der schwarz-gelben Koalition knapp beschlossen, 2013 eingeführt und 2015 schon wieder abgeschafft.

Mit Blick auf Guido Westerwelle und seine Erkenntnis, dass unsere Freiheit zentimeterweise stirbt, bin ich auch und bewusst der FDP beigetreten, nachdem ich mir das grüne Wahlprogramm angeschaut hatte. Die große klimapolitische Sonnenblume, die über dem gesamten Programm schwebte, ohne jegliche nachhaltige und vor allem logische wirtschaftspolitische Idee, wie diese am Leben erhalten werden könnte und die vielen Ideen der kleinen, scheinbar unbedeutenden Schritte weg von individueller Freiheit ließen meine Eintrittsidee in die FDP zusätzlich wachsen. Und von Jahr zu Jahr sehe ich mich mehr bestätigt, die richtige Entscheidung getroffen zu haben. Freiheit wurde und wird so scheinbar leichtlebig und selbstverständlich hingenommen, während Verantwortung für sich selbst und für die Gesellschaft einen zunehmend solidarischen Charakter bekommt.

Umwelt und Klima schickten sich zudem an, Freiheit und Verantwortung in ihrer eigentlichen Bedeutung und ihrem eigentlichen Wert aus dem gesellschaftlichen Bewusstsein zu verdrängen. Bis heute werden immer wieder und mit wachsendem Nachdruck Anläufe aus dem linken Deutungsspektrum unternommen, den Freiheitsbegriff neu und vor allem gemeinschaftlich zu definieren. Nicht mehr der Einzelne habe das individuelle Recht, sich zu verwirklichen, sondern nur im unteilbaren Kollektiv einer solidarischen Gemeinschaft sei Freiheit real, so lautet ihr Narrativ.

Spätestens 2011, als wir Liberalen im Kommunalwahlkampf in Oberursel mit unseren Grünen Mitbewerbern, die eine Anti-Atomkraft-Tonne in unsere Vorstadt stellten, vergeblich versuchten, um sachliche und vor allem kommunale Themen zu ringen, wurde auch mit unserem ernüchternden Ergebnis klar, dass Klima- und Umweltsolidarität endgültig in der auch kommunalen Gesellschaft angekommen ist. Der Ausstieg aus der sicheren Energieversorgung begann leider auch mit Unterstützung der FDP, Verzicht- und Verbotsvorschläge sollten alsbald folgen. Und ein grüner Slogan begleitet mich seit dieser Zeit: »Wachstum ist endlich«.

2013 ist die FDP aus dem Bundestag geflogen. Bitter, nicht nur für die Partei, sondern auch für die Gesellschaft, die offensichtlich glaubte, auf eine liberale Stimme verzichten zu können.

Das freiheitliche Feigenblatt, das sich vor allem die Bündnis-Grünen versuchten anzuheften, konnte zunächst noch von deren eigentlichen Ideen und Zielen ablenken und half dabei, die Mitte der Gesellschaft nach links zu verrücken. Doch Wachstum und Wohlstand sind genauso wenig Selbstläufer wie Freiheit und Demokratie.

Für die FDP begann 2013 ein Prozess der Neuaufstellung, der sie 2017 zurück in den Bundestag führte. Innerparteiliche Richtungsdiskussionen zwischen Sozialliberalen und Wirtschaftsliberalen bestehen weiterhin.

Grüner Verzicht soll nun unser bisher klimakatastrophales Überleben und die gesellschaftliche wie ökonomische Transformation unseren wirtschaftlichen Fortschritt sichern. Verzicht auf Flugreisen und private Autos, Verzicht auf das Häuschen am Stadtrand, Verzicht auf Fleisch, auf Konsum jeder Art, Verzicht auf Wachstum, Verzicht auf Kohle, Gas, Öl und Atomkraft natürlich auch. Dabei scheinen eher Stillstand oder das verhinderte und gebremste Wachstum unseren Wohlstand zu vernichten.

Überleben wird gegen Wohlstand aufgewogen und ein Herunterschrumpfen moralisierend mit leider großem Erfolg propagiert.

So stehen wir wieder inmitten einer Transformation. Es wäre nicht die Erste in unserer Geschichte. Im Kaiserreich ging es um die Transformation von einem Agrar- zu einem Industrieland, nach dem Zweiten Weltkrieg um die Transformation von einer Industriegesellschaft zu einer Wissensgesellschaft – und heute will man uns einreden, die nächste Transformation müsse in Richtung Degrowth gehen. Eine Transformation in eine Postwachstumsgesellschaft, deren Werte Solidarität und Kooperation und neuerdings »Achtsamkeit« sein sollen mit dem Ziel, unsere ökologischen Lebensgrundlagen zu retten. Wurde Achtsamkeit zunächst vorwiegend im Zusammenhang mit einer neuen »Spiritualität« im Arbeitsleben, mit der Schulung von Angestellten hinsichtlich Konzentration und Resilienz verwendet, wird dem Begriff in diesem politischen Kontext ein ganz neuer Sinn gegeben. Ihr Vordenker Jon Kabat-Zinn versichert einerseits, dass Achtsamkeit »die Arbeitswelt tatsächlich transformieren kann« und ist gleichzeitig der Meinung, Achtsamkeit oder »Mindfulness« könne »einen Beitrag leisten auf der Schwelle hin zu einer neuen Gesellschaft«, in der Kriege, Gewalt, soziale Konflikte »und ein Auseinanderdriften der Gesellschaft in Reiche und Arme« verhindert würden.[17]

Achtsam mit der eigenen äußeren Erscheinung, mit unseren Mitmenschen, mit der Natur, mit den Lebensgrundlagen umgehen, ist unbestritten ein erstrebenswertes Ziel. Wenn ein entsprechendes Bewusstsein zudem zum Abbau von Stress führen kann, ist das erfreulich. Doch betreiben die neuen Propheten der Achtsamkeit einen antiindividualistischen Politikentwurf, der uns im Kern sagen soll: »Du kannst nur ein gutes Leben führen, wenn alle anderen das auch können.«

Auch hier klingt der Aufruf zur Umverteilung und zu einer Abkehr von einer kapitalistischen Lebensweise an. Dabei hat genau diese Lebensweise in den letzten 200 Jahren so viel mehr zur Überwindung von Armut und Hunger beigetragen als jedes sozialistische Experiment und jedes Projekt eines »neuen Menschen«. Sicher ist es kein Zufall, dass die Organisation »Extinction Rebellion«, eine laut Verfassungsschutz von der linksextremistischen »Interventionistischen Linken« beeinflusste Gruppierung,[18] das Narrativ der »Achtsamkeit« – inklusive »Achtsamkeitsmeditationen« – zu einem Angelpunkt ihrer Programmatik macht. Dadurch sollen Gefühle zum Auslöser politischer Handlungen und radikaler Proteste werden: »Nur wer die Katastrophe fühlt, vermag sie zu erkennen.«

Über Emotionen und Gefühle soll also die aktuelle Transformation befördert werden, mit letztlich massiven Verzichtsleistungen in einem Land, das inzwischen deutlich unter 2 Prozent zu den globalen CO_2-Emissionen beiträgt. Wollen wir eine solche Umgestaltung? Oder entscheidender: Halten wir eine solche Transformation gesellschaftlich und wirtschaftlich aus, ohne unseren Wohlstand zu verlieren? Ohne Frage müssen wir bewusster mit Ressourcen umzugehen, fossile Energiequellen so weit wie möglich reduzieren und Wind, Sonne, Wasser oder Erdwärme ausbauen und unbedingt müssen wir auch zurückkehren zur Kernkraft, nachdem der Ausstieg ein deutscher Sonderweg ohne ökologischen Sinn und ökonomischen Verstand war.

Viele jedoch, die von Transformation sprechen, wollen weit mehr als das, nämlich die Überwindung der freien Marktwirtschaft. Bewusst herbeigeführt, droht eine solche Transformation Deutschland in eine Deindustrialisierung zu führen. Wer hingegen weiterhin Wachstum fördern und damit unseren Wohlstand sichern will, läuft nunmehr Gefahr, als wenig achtsam und unsolidarisch zu gelten. Verheerende Zuschreibungen in einem noch hochindustrialisierten Land, welches im globalen Wettbewerb steht mit Ländern, denen ökonomischer Erfolg und verlässliches Wachstum bei weitem wichtiger sind als eine meditative Achtsamkeit oder nachhaltige Lebensgrundlagen.

Angesichts der auch ökonomischen Ziele, Träume und Wünsche, die die Ostdeutschen mit der Wende und dem Beitritt zur kapitalistischen Bundesrepublik verbanden und noch immer verbinden, haben sie schließlich vierzig Jahre sozialistische Planwirtschaft aufzuholen, klingt für sie Postwachstum und Solidarität wie eine bewusste Täuschung auf hohem ökonomischem Niveau.

Wie gut ist es daher, dass wir nun in einer gefestigten Demokratie vereint sind, die es ermöglicht, Ideen, die sich trotz aller Diskussion und umfassender gegenläufiger Argumentation zu Ideologien versteifen, abzuwählen.

Weniger gut ist es jedoch, findet die gemäßigte Mitte keine oder keine ausreichendenden Antworten auf die sich verschärfenden gesellschaftlichen und wirtschaftlichen Herausforderungen. Die dadurch entstehende Lücke bietet den Parteien an den politischen Rändern jede Gelegenheit, den Zuspruch bei einer unzufriedenen Bevölkerung auszubauen. Die gemäßigte Mitte verliert an gesellschaftlichem Boden. Symptom einer von Krisen geprägten Zeit – zu jeder Zeit.

Um dies aufzuhalten, scheinen Parteienverbote gängige, wenn auch letzte hilflose Mittel, welche schließlich nur ein politisches Versagen und Unterlassen großen Ausmaßes belegen. Dabei verhindert kein Parteienverbot die politische Organisation bestimmter Interessen, erst recht nicht, werden die ursächlichen politischen Probleme oder gesellschaftlichen Bewegungen übersehen oder gar ignoriert.

So wie Bismarck schon vergeblich versucht hat, mit dem Sozialistengesetz jede linke sozialistische und kommunistische Vereinigung zu verbieten, gelang es auch in der Weimarer Republik mit dem kurzzeitigen Verbot der NSDAP nicht, rechtes und rechtsextremes Gedankengut aus der gesellschaftlichen und politischen Mitte zu vertreiben.

Trotz dieser auch historischen Tatsachen und Erkenntnisse und mit zusätzlich den Erfahrungen aus dem zweimal gescheiterten NPD-Verbotsverfahren 2003 und 2017, werden wieder Stimmen vornehmlich aus dem linken Lager laut, die ein Verbot der AfD fordern.

Es scheint nur zufällig rein zufällig zu sein, dass die Bemühungen um ein solches Verfahren mit jedem Prozentpunkt, den die AfD in den Wahlumfragen dazu gewinnt, stärker werden. Dabei sprechen sich nicht mehr nur sozialdemokratische, linke oder grüne Politiker für ein Verbot aus, sondern auch so manche prominente Mitmenschen, unterstützt von einigen Medien.

Mein E-Mail-Postfach lief spätestens bei bundesweiten 20 Prozent im Wahltrend für die AfD mit entsprechenden Bitten, ein Verbotsverfahren zu unterstützen, über. Im wohl trügerischen Glauben, mit einem Verbot der AfD den Willen vieler Bürger, deren Probleme und Ansichten ohne jede ernsthaft politische Auseinandersetzung in Luft auflösen zu können, versuchen sich diese Verbotsbefürworter dabei nur selbst dem demokratischen Diskurs im Ringen um politische Mehrheiten zu entziehen.

Dabei wächst die Skepsis der Bürger gegenüber den traditionellen Parteien in Krisenzeiten wie diesen, mit einem Krieg im Herzen Europas und massiven, häufig leider hausgemachten wirtschaftlichen Problemen vor allem dann, wenn diese die neue, oft unappetitliche Konkurrenz verbieten will. Werden dann noch Koalitionen unterschiedlicher oder gegensätzlicher politischer Interessen ausgeschlossen, wird jede Möglichkeit einer fraktionsübergreifenden, die Mehrheit der Wahlentscheidungen abbildenden Zusammenarbeit massiv verengt. Einseitige künstliche politische Ausrichtungen entstehen, die bis hin zur parlamentarischen Arbeitsunfähigkeit führen können. Die 1920er-Jahre bieten hierfür beste Beispiele: Da wollte die SPD nicht mit der DVP, die DDP nicht mit der DNVP und die USPD weder mit DDP noch mit der Zentrumspartei (Z) zusammenarbeiten. Wie sehr wird heute der Demokratie gedient, wenn aus der Sorge vor einer Partei zu einer Volksfront-ähnlichen Zusammenarbeit aller anderen Parteien aufgerufen wird? Eine Koalition von Liberalen, Konservativen oder

Bürgerlichen etwa mit der weiterhin marxistisch verfassten Partei Die Linke ist nichts, was Deutschland heute voranbringen würde. Im Gegenteil. Daher ist es widersinnig, diese Option zu wahren, um andere Optionen kategorisch auszuschließen.

Eine Koalition mit der AfD kommt deshalb sicher nicht gleich automatisch in Frage. Die AfD vertritt heute eine Mixtur aus Prorussischen- und Pro-Putin-Positionen mit anti-amerikanistischen Argumenten bei gleichzeitigem Lobpreis für Donald Trump. Sie lehnt die Positionen zu einer liberalen, offenen Gesellschaft ab und brilliert mit EU-feindlichen, xenophoben Äußerungen. Das schließt eine Koalition heute aus. Doch niemand weiß, wie sich diese Partei entwickeln wird. Man denke an die (westdeutschen) Grünen, die in ihren frühen Jahren lange Zeit von Kommunisten aus den K-Gruppen mit Sympathien für den kambodschanischen Massenschlächter Pol Pot dominiert wurden. Und noch Jahre nach ihrer Wahl in den Bundestag traten sie für einen Nato-Austritt der Bundesrepublik, die Straffreiheit für Sex mit Kindern und (bis 1989!) den Verzicht auf die Wiedervereinigung ein. Sie standen sehr häufig auf der falschen Seite der Geschichte und arbeiteten mit dem imperativen Mandat, das nicht in Einklang zu bringen war mit unserer repräsentativen Demokratie. Lange Zeit hatten sie ein ungeklärtes Verhältnis zur Gewalt und schrieben Briefe an inhaftierte RAF-Terroristen. Das war für eine Demokratie nicht nur inakzeptabel, sondern in vielen Bereichen extremistisch.[19]

Und heute? Auch von den aktuellen Bündnis-Grünen unterscheidet mich weltanschaulich sehr viel. Die ökologischen Forderungen sind lebensfern und wirtschaftsfeindlich. Das Nein zur Kernkraft ist purer Dogmatismus. Doch steht die Partei heute unzweideutig auf dem Boden des Grundgesetzes, und ist in zehn Bundesländern und im Bund in ganz unterschiedlichen Konstellationen mit CDU, SPD und FDP regierungsbeteiligt.

Das Versagen jeglicher sachlicher oder fachlicher Zustimmung bei selbst sinnvollen Anträgen der AfD, sogar auf kommunaler Ebene, oder das Bewerten ihres Abstimmverhaltens im demokratischen politischen Prozess, führt zum Gegenteil des angestrebten Zwecks und lässt jede

Politik nicht nur in einer tiefen Abhängigkeit von der AfD und ihrem Abstimmverhalten ersticken. Dies nährt zudem ihr Märtyrertum auf eine Art und Weise, die sie möglicherweise viel stärker werden lässt, als sie es im ehrlichen offenen demokratischen Diskurs um politische Entscheidungen wohl jemals werden könnte.

Fehlt es an sachlicher und fachlicher Auseinandersetzung, kommen andere Methoden zum Einsatz, unliebsame Argumente, Meinungen und Ideen zu negieren. Das gilt nicht nur für die AfD, sondern für den politischen Diskurs insgesamt. Mit der heute inflationär verwendeten Zuschreibung »Nazi« werden insbesondere solche Menschen bedacht, die eine andere als die vornehmlich linke Meinung vertreten. Diese Menschen werden damit nicht nur bewusst delegitimiert. Vielmehr werden mit dieser leichtfertigen Zuschreibung auch die Gräuel der Nationalsozialisten auf perfideste Art und Weise und in einer geschichtsvergessenen Manier verharmlost. Gleichzeitig lässt es die wirkliche Bedeutung des Begriffes »Nazi« ebenso verschwinden, wie es alle wichtigen gegenteiligen Ansichten und Meinungen ausradiert. Aus dem Ringen um das beste politische Ergebnis wird ein Ringen um das lauteste linke Argument.

Wer aus Angst, als »Nazi« in die rechte Ecke gestellt zu werden, lieber stumm bleibt, verlässt den Diskurs und überlässt den Diffamierenden den politischen Raum. Tatsächlich Rechtsradikale verschwinden in der Masse der sogenannten und lediglich stumpf als »Nazi« betitelten kritischen Menschen und können so unbehelligt wirken.

Auch für die KPD, die als ihren Hauptfeind trotz der nationalsozialistischen Bedrohung die SPD definierten,[20] waren alle Gegner im Kern unterschiedslos »Faschisten«: »Nationalfaschisten«, »Klerikalfaschisten« oder »Sozialfaschisten«, was die von der NSDAP ausgehende Gefahr verharmloste und eine gemeinsame Abwehr von Seiten der Arbeiterbewegung unmöglich machte.[21] Der Kampf richtete sich gegen die sogenannten Faschisten und ließ die tatsächlichen Faschisten unbehelligt wirken. Hinzugefügt sei, dass die Moskau-treue KPD ihrerseits selbst extremistisch war, somit ganz und gar nicht als »Retter der Demokratie« in Frage gekommen wäre und nicht vor

Gewalt zurückschreckte, um die Weimarer Republik zu bekämpfen, die sie durch ein diktatorisches Rätesystem nach Moskauer Vorbild ersetzen wollte.

Es wurde damit nicht nur versäumt, tatsächliches rechtsradikales Gedankengut argumentativ aktiv zu bekämpfen, es wurde auch zugelassen, dass die Nationalsozialisten die Reichswehr, die Polizei und die Beamtenschaft unterwanderten.[22]

Politische Entscheidungen lassen sich schließlich mit der Besetzung wichtiger, vor allem leitender Positionen in der Exekutive und über Berater oder Beauftragte wesentlich stärker beeinflussen, als es reine Mehrheiten im Parlament vermögen. Eine Republik wird nicht nur durch das gewählte Parlament definiert, sondern auch über Institutionen mit hoher gesellschaftlicher Relevanz. Und dies in jedem politischen System. So wurde spätestens mit den Enthüllungen des Magazins *Cicero* rund um die Entscheidungsprozesses der bündnisgrün geführten Bundeswirtschafts- und Bundesumweltministerien zum Ausstieg aus der Kernkraft deutlich, wie nachhaltig politische Exekutivbeamte Entscheidungen lenken und beeinflussen können und sei dies, wie in diesem Fall geschehen, durch manipulativ einseitiges Interpretieren vorliegender Fakten im eigenen gewünschten und gewollten Sinn.

Ebenso bestimmen auch Schul- und Universitätsleitungen die kulturelle Ausrichtung einer Gesellschaft.

Die anhaltenden antisemitischen Vorfälle an vornehmlich Berliner Hochschulen nach dem terroristischen Überfall der palästinensischen Hamas auf Israel am 7. Oktober 2023 mit dem folgenden Krieg in Nahost, die Bedrohungen, die direkten Angriffe und das Aussperren jüdischer Studenten oder das Skandieren terrorverherrlichender Parolen, die überwiegend das Existenzrecht Israels bestreiten, zeigen eindrücklich, wie merklich eine antisemitische Beeinflussung bereits gelungen ist.

Hinzu kommen Absagen von wissenschaftlichen Veranstaltungen, die nicht in das kulturelle Selbstverständnis der Hochschulgemeinschaft passen, oder die gezielte Einstellung oder (Be-)Förderung von Professoren mit ähnlichen, gleichgeschalteten, vornehmlich progressiven Einstellungen.

Ab 2020 bestimmten Ministerpräsidentenkonferenzen aufgrund einer bis dahin noch nicht gekannten Bedrohung der Weltgesundheit den politischen Entscheidungsrahmen in Deutschland. Dabei wurden außerhalb eines jeden parlamentarischen Diskurses Entscheidungen getroffen, die vom Bundestag mit einem formellen Beschluss lediglich noch zu legitimieren waren. Nur einhundert Jahre zuvor waren es die dramatischen gesellschaftlichen und politischen Entwicklungen in der Weimarer Republik, die ein Regieren mit Notverordnungen auf Grundlage eines Ermächtigungsgesetzes begründeten.

Heute wie vor einhundert Jahren lag der argumentative Schlüssel auf der Hand. Doch wenn die Entscheidungsfindung im parlamentarischen Diskurs und Prozess wesentlicher Grundpfeiler einer parlamentarischen Demokratie ist, untergräbt jedes Abweichen von diesem demokratischen Grundsatz das demokratische Gefüge von Gesellschaft, Politik und Republik aufs Äußerste.

Ein Augenreiben angesichts dieses demokratiefremden Gebarens ab 2020 ist daher mindestens gerechtfertigt. Notwendig ist jedoch eine schonungslose Aufarbeitung nicht nur der Grundrechts-, sondern auch der Grundgesetzverletzungen während der Corona-Pandemie, nimmt man unsere demokratischen Grundsätze und Werte – und damit unsere Demokratie – ernst. Passiert ist bisher wenig.

All diese Vergleiche betreffen eine uns allen gemeinsame Geschichte, damals wie heute.

Dann gibt es noch die Geschichte unserer Teilung und Parallelen unter Diktaturen, die vielleicht nicht alle sehen und sicher nicht alle betreffen, die aber in jedem Fall jeden etwas angehen. Mir erschlossen sich diese Parallelen erst im Laufe der Jahre nach der Wende, in der Gewissheit, dass sich Methoden, Maßnahmen und Instrumente genauso ähneln, wie das Ziel der Herrschaft über das Volk.

So finden sich neben der Unterwanderung der gesellschaftlichen Institutionen, die jeder Diktatur immanent ist, noch weitere Parallelen zwischen der nationalsozialistischen Diktatur während des Dritten Reichs und der sozialistischen Diktatur der DDR.

Die von den Nazis propagierte und inszenierte solidarische *Volksgemeinschaft*, die auf den Pfeilern neuer, zentral organisierter Massenorganisationen stand und neue Werte schuf, wurde nicht minder erfolgreich auch von der DDR praktiziert. Auch die DDR unterstellte kleinere Vereine beziehungsweise Vereinigungen, Verbände oder Clubs, die ein gewisses Maß an Privatsphäre noch hätten bieten können, in der Regel den von der SED gelenkten Massenorganisationen wie FDJ oder Kulturbund.

Eltern hatten im Dritten Reich ihre Kinder wochenlang in Zeltlager der HJ oder des BDM geschickt, wo sie der Propaganda der Nationalsozialisten ununterbrochen ausgesetzt waren, Gemeinschaft und Gleichheit erfuhren und gleichzeitig auf einen möglichen Wehreinsatz vorbereitet wurden. War die Mitgliedschaft in diesen Massenorganisationen anfangs noch freiwillig, wurde es ab März 1939 zum Zwang.

In der DDR war die Mitgliedschaft bei den Jungpionieren, Thälmannpionieren und der Freien Deutschen Jugend zwar freiwillig, jedoch richtete sich jede Aufmerksamkeit der offiziellen Stellen der DDR auf jedes »Nicht-Mitglied«, das zudem den angebotenen Freizeitaktivitäten oder Pionier-Zeltlagern fernblieb.

Die Frage oder Überlegung, Mitglied bei den Jung- oder Thälmannpionieren zu werden, stellte sich für mich nicht und ich freute mich, ab der 8. Klasse als FDJler endlich »Freundschaft« anstatt »Immer bereit« beim Schulappel antworten zu dürfen. Unabhängige Vereine, egal ob Sport-, Musik-, Wander-, Schach- oder sonstige kannte zumindest ich nicht. Es spielte sich alles in den vorhandenen staatlich organisierten Angeboten, wie zum Beispiel der Gesellschaft für Sport und Technik (GST) ab. In ein Ferienlager bin ich nie gefahren. Ich hatte nach einem zweijährigen Ausflug auf eine Sportschule mit Internatsunterbringung genug von gemeinschaftlichen und fremdbeaufsichtigten Mehrbettunterkünften.

Gezwungen hat mich zur Teilnahme an diesen Ferien- oder Pionierlagern niemand, gefragt wurde ich aber regelmäßig und gehört hatte ich immer nur Gutes. Den schulorganisierten Klassenfahrten zur Erntehilfe konnte ich mich nicht entziehen, wurde diesbezüglich auch nicht gefragt. Auf diesen Ausflügen hatten wir dann selbst beim Steine-vom-Feld-Auflesen Spaß und zuweilen auch die ersten Annäherungen zum anderen Geschlecht gewagt. Schließlich bin ich zwar zufällig, aber glücklicherweise im Sommer des Wendejahres 1989 doch noch dem dann letzten Aufruf für ein Kennenlernen der berüchtigten Neptunfeste[23] und Lagerfeuer gefolgt und mit meiner Freundin als Betreuerin und Küchenhilfe auf Ferienlagertour gegangen. Die Wochen voller Gemeinschaftsgefühl waren wunderbar und ein klein wenig Wehmut ob der verpassten Ferienlagererlebnisse machte sich damals dann doch in meinem Bauch breit.

Private Reisen oder Urlaube waren ähnlich gut organisiert und kontrolliert. Holte die nationalsozialistische Freizeitorganisation »Kraft durch Freude«, als eines der Ämter der Deutschen Arbeiterfront, das Reisen aus dem adeligen, bürgerlichen Privileg und hatte es erstmals auch für Arbeiterfamilien möglich und erschwinglich gemacht, nicht zuletzt vor dem Hintergrund der Wehrertüchtigung der Menschen, vergab nun auch die DDR die begrenzten staatlich geförderten Ferienplätze in beliebten DDR-Ferienregionen oder im vornehmlich sozialistischen Ausland über den FDGB. Alternativ konnte man in den Betriebsferienheimen unterkommen. Die staatliche Kontrolle war auch hier garantiert und die Erholung der Menschen und die Stärkung ihrer sozialistischen Haltung waren sichergestellt. Ich erinnere mich gut und gerne an unseren wohl einzigen FDGB-Urlaub, damals im Haus Goor an der Ostsee, in Zimmern mit blauen Türen, warmem Sand am Strand und einer glitschigen Steintreppe ins Meer. Auslandsreisen vermieden meine Eltern, auch, um den demütigenden Erlebnissen eines Ostdeutschen mit lediglich DDR-Mark in der Tasche weitestgehend zu entgehen.

All das schloss private Initiative nicht aus. Unsere Urlaube konzentrierten sich zumeist auf unseren Schrebergarten mit der kleinen Hütte zum Übernachten, und mit Apfel-, Pflaumen-, Kirsch- und Pfirsichbäumen und allem Weiteren, was der Boden so hergab. Eine herrliche Zeit, in der ich meine Liebe zu Rosen entdeckte, Kirschen klaute, am Oderdamm mit Freunden durchs angrenzende Gestrüpp streifte und mich fragte, ob es gelingen würde, die Oder zu durchschwimmen und was dahinter wohl sei. Mit meiner hart ersparten und mit 1200 Mark nahezu selbst bezahlten roten Simson S51 war ich im Sommer 89 dann endlich auch so selbständig, dass ich meine Eltern nicht die gesamte Zeit während unseres Gartenurlaubs belästigen musste. Schließlich sollte mir der Moped-Führerschein, den ich kurz zuvor noch bei der GST (Gesellschaft für Sport und Technik) gemacht hatte, genau diese kleine Freiheit und meinen Eltern ihre Zweisamkeit ermöglichen. Diese genoss ich dann auch mit meinem leider ziemlich hässlichen senfgelben Halbschalenhelm auf dem Kopf, der dort ähnlich unglücklich wirkte wie ein eingefallenes Sahnehäubchen. Ein modernerer, sicherer und vor allem viel schönerer Integralhelm war für mich jedoch einfach nicht zu bekommen.

Es wurde ein organisiertes, kontrolliertes und vielfach gleichgeschaltetes gemeinschaftliches Leben etabliert, das private Milieus nahezu komplett aufzulösen versuchte. Dieser Versuch gelang jedoch nie ganz. Die Menschen suchten sich erfolgreich ihre persönlichen und vom staatlichen Einfluss weitestgehend abgeschirmten Nischen. Beobachten lässt sich das in ähnlicher Weise wohl in allen diktatorischen und sogar totalitären Systemen.

Um die Gemeinschaft im gemeinsamen Kampf gegen die vermeintlichen inneren und äußeren Feinde zu festigen und zu stählen, brauchte es Propaganda.

Die Nationalsozialisten verwendeten statt Argumenten eine einfache, emotionale und appellierende Sprache. Das eigens gegründete Reichsministerium für Volksaufklärung und Propaganda mit Reichsminister Joseph Goebbels an seiner Spitze kontrollierte Presse, Rundfunk, Film und später auch Fernsehen. Ab 1939 lenkte es zudem die deutsche Propaganda im Ausland. Mit dem Ziel der maximalen Kontrolle wurden selbst Theaterstücke oder Buchmanuskripte zensiert. Gleichzeitig sollten die Massen mobilisiert werden für den gemeinsamen Kampf. Menschen, die ihrer eigenen Entscheidung nahezu komplett beraubt werden, lassen sich jedoch nur schwer mobilisieren. Also musste man die Stimmung in der Bevölkerung kennen, daher wurde gespitzelt und überwacht, wollte man doch jederzeit entsprechend reagieren können.[24]

Auch die DDR kontrollierte die Medien, zensierte die Kunst und bespitzelte die Menschen im vermeintlich gemeinsamen kollektivistischen Kampf gegen die inneren »Verräter« und die äußeren kapitalistisch-imperialistischen Feinde. Diktaturen brauchen diesen Zwang, die Kontrolle und Einschüchterung, um bestehen zu können, wobei die Medien mindestens der Verbreitung, oft genug aber auch der eigenen Setzung von Propaganda dienen und damit eine Schlüsselrolle einnehmen.

Nicht nur unsere Geschichte und das Wissen um geschichtliche Zusammenhänge macht uns sensibel für die Gegenwart. Auch unsere Herkunft und Sozialisation prägen uns, unseren Charakter, unsere Werte und damit unsere Persönlichkeit. Die Frage »Wo kommst du her?« ist daher nicht nur nicht diskriminierend, wie uns zuweilen einzureden versucht wird. Sie ist berechtigt, zeigt sie auch Interesse am Anderen. Und diese Frage ist unbedingt notwendig, wollen wir die Menschen uns gegenüber verstehen.

Wo komme ich her?

Ich komme aus der ehemaligen Deutschen Demokratischen Republik, wie etwa sechzehn Millionen Menschen auch, die bis 1989 ihren Wohnsitz in der ehemaligen Sowjetischen Besatzungszone hatten. Hineingeboren wurde ich in eine Deutsche Demokratische Republik, deren demokratisches Geheimnis sich mir bis heute nicht erschlossen hat.

Selbst wenn in den letzten mehr als dreißig Jahren die Herkunftszuschreibung nach dem Wohnsitz ungenau geworden ist, weil viele Ostdeutsche ihre Heimat gen Westen verlassen haben und nicht ganz so viele Westdeutsche in den Osten gezogen sind, so bleibt man doch »Ossi« oder »Wessi« im Herzen. Das kann positiv ergänzend sein, gewinnbringend und Horizont erweiternd für alle Seiten, wenn das Potenzial, das die Erfahrungsschätze auf beiden Seiten bereithalten, als Chance für ein neues vorbehaltloses Miteinander angenommen wird. So wie ich ostdeutsche Hessin bin, gibt es westdeutsche Brandenburger, die einiges zu erzählen haben. Oft wünsche ich mir, wir würden einander besser und vor allem vorbehaltloser zuhören. Doch die Hürden altbewehrter oder auch neuer Ressentiments scheinen zuweilen unüberwindbar hoch. Dabei gehören sie schon längst in die Mottenkiste der Geschichte.

Nun halten jedoch die aktuellen gesellschaftlichen Entwicklungen unsanfte Erinnerungen an das längst überwunden geglaubte DDR-Regime wach. Und während die freiheitsgewöhnten Westdeutschen schier blind für jeden noch so offensichtlichen Schritt Richtung Freiheitsentzug zu sein scheinen, wird das ostdeutsche Aufbegehren gegen jeden noch so kleinen freiheitsentziehenden Akt als demokratiefremd definiert. Mit dem typisch Westdeutschen hier und dem klassisch Ostdeutschen dort, scheinen die Fronten der Ressentiments unüberwindbar hoch.

Ich bin 1974 geboren. Dem Jahr, in dem die dritte Änderung der Verfassung der DDR den *Sozialistischen Staat der Arbeiter und Bauern* festschrieb und damit die Teilung beider deutschen Staaten endgültig akzeptierte. Die BRD hingegen hatte bis zur Wiedervereinigung 1990 in der Präambel des Grundgesetzes den Wunsch und den Willen nach »Einheit und Freiheit« formuliert.

Vielleicht ist das nur Symbolik, vielleicht ist es aber auch Synonym für die Unterschiede, die beide Teile Deutschlands bis heute beschreiben.

Gemeinsam getrennt

Mit ihrem Beitritt zum Geltungsbereich des Grundgesetzes der Bundesrepublik Deutschland gemäß Artikel 23 GG hielt die DDR am 3. Oktober 1990 Einzug in die westliche Welt der BRD und verschwand als eigenständiges Land von der Landkarte eines jeden Geografen.

Aus den ostdeutschen Köpfen verschwand die DDR damit jedoch bis heute nicht. Dort, wo noch im Oktober 1989 mit großem

Aufmarsch und sowjetischem Besuch das vierzigjährige Bestehen der sozialistischen DDR laut und monumental zelebriert worden war, war nun nichts weiter als kapitalistische BRD.

In nur elf Monaten zwischen dem Fall der Mauer am 9. November 1989 und der Wiedervereinigung am 3. Oktober 1990 hatte sich für damals rund 16 Millionen Menschen das Leben grundlegend und teilweise radikal schmerzhaft gewandelt. Manche Ostdeutschen waren an diesem Wandel aktiv beteiligt, andere haben in nahezu atemloser Schockstarre beobachtet und wieder andere ungläubig gehofft und gebangt ob der Chance, die sich hier einmalig zu eröffnen schien. Die Chance, nun endlich ein Teil des westlichen, demokratischen Welt- und Wertegefüges zu werden, mit all seinen bis dahin für die meisten DDR-Bürger schier unerreichbaren Möglichkeiten.

Schließlich präsentierte sich der Westen dabei mit seinen unbegrenzten Reisemöglichkeiten, dem glitzernden und unerschöpflichen Konsum, all den Möglichkeiten sich zu informieren, zu entscheiden, zu reden, zu demonstrieren oder zu streiken in bester freiheitlich-demokratischer Form. Elf Monate, in denen zwischen 1989 und 1990 eine Grenze zwar von den Landkarten verschwand, nicht jedoch das Land selbst als Teil eines nunmehr Ganzen mit seiner ganz eigenen Geschichte. Doch so, wie es die eigene Geschichte der DDR ist, ist es gleichzeitig die gemeinsame Geschichte ganz Deutschlands.

Diese gemeinsame deutsche Geschichte beinhaltet neben einer wachsenden und sich festigenden freiheitlichen Demokratie im Westen eben auch ein diktatorisches SED-Regime im Osten, das seine Bürger einsperrte, überwachte, bevormundete und drangsalierte. Ein Regime im Osten Deutschlands, das freies Denken und freie Meinungsäußerung bestrafte, nicht immer mit Gefängnis, aber immer mit dem Ziel, gefügig zu machen, das Angst nutzte und damit zur Vorsicht erzog, das die Freiheit der Menschen zwar einschränken konnte, nicht jedoch ihren Drang und ihren Wunsch, frei zu sein.

In den 40 Jahren der Teilung Deutschlands haben sich beide Systeme trefflich unterschiedlich entwickelt. Diktiert wurde dieser

Unterschied durch eine Mauer rund um Westberlin und Grenzanlagen, die Deutschland zerschnitten, Familien trennten und Lebensläufe, ja Identitäten hervorbrachten, die ein gegenseitiges Verstehen schwer, manchmal auch unmöglich machten.

Dabei ist ein Verstehen untrennbar verbunden mit der dringend notwendigen, noch immer nicht abgeschlossenen Aufarbeitung und dem Gelingen eines wirklichen Zusammenwachsens und damit einer tatsächlichen Wiedervereinigung, die 1989 begonnen wurde und weiterhin ihrer Vollendung harrt.

Mein kleines Stück DDR

Die Leben in der DDR glichen sich und waren gleichzeitig sehr unterschiedlich.

Jeder und jede Ostdeutsche bringt trotz der Konformität, die der Sozialismus der DDR ebenso produzierte wie abverlangte, eigene Erinnerungen, Einordnungen und Bewertungen des Vergangenen mit in Gegenwart und Zukunft. Auch wenn jede Individualität abgesprochen, der Individualismus im *Kleinen politischen Wörterbuch der DDR* gar kritisiert wurde als »Denk- und Verhaltensweise, ... die die Durchsetzung der Interessen, Rechte und Bestrebungen des Einzelnen – des Individuums – entgegen allen anderen und der Gesellschaft zum Ausdruck bringt«[25], waren es doch 16 Millionen höchst unterschiedliche Menschen, die sich ihr Leben in der DDR auf ganz unterschiedliche Art und Weise eingerichtet haben, die einen mit mehr, die anderen mit weniger oder gar keiner Akzeptanz der Gegebenheiten.

Kindheit in der DDR

Die Kindheit in der DDR war durch und durch staatlich strukturiert und betreut. Eine kostenlose Kinderbetreuung (lediglich etwas Essengeld musste entrichtet werden) ermöglichte es den Frauen ebenso wie den Männern, in Vollzeit zu studieren oder zu arbeiten. Wurde man in der DDR geboren, bedeutete es daher zuweilen schon nach 6 Wochen, die Kinderkrippe zu besuchen und mit vier Jahren dann den Kindergarten. Jedes Jahr wurde zum 1. September eingeschult. Die Mitgliedschaft bei den Jungpionieren, Thälmannpionieren oder in der Freien Deutschen Jugend (FDJ) war zwar nicht Pflicht, aber durchaus hilfreich für die eigenen persönlichen Pläne für Gesellschaft und Beruf. Die Schule war, flankiert durch den Hort, stets im Sinne einer Ganztagsbetreuung organisiert. Es gab regelmäßige Pioniernachmittage oder Treffen mit der Patenbrigade am Nachmittag. Erst wurde gemeinsam gebastelt, später dann diskutiert. Immer mit dem Ziel, in der solidarischen sozialistischen DDR eine kollektive Gemeinschaft zu bilden. Jedes Kind und jeder Jugendliche sollte schon früh und nachhaltig für den Kampf gegen den Klassenfeind und für den Sozialismus gerüstet werden, und das nicht nur argumentativ.

Gleichzeitig wurde ein Gemeinschaftsgefühl entwickelt und gefestigt, das bis tief in die sozialistische Gesellschaft ragte.

Hattest du eine glückliche Kindheit?

Eine Frage, die gleichermaßen unbedarft wie sehr irritierend wirken kann, spürt man darin oft auch den Unglauben an etwas Glück im Sozialismus. Und so ertappte ich mich regelmäßig bei dieser mir gestellten Frage, mich für mein Glück in einer Diktatur rechtfertigen zu wollen. Dabei fußte dieses Glück nicht auf all den staatlichen Ein- und Übergriffen, sondern schlicht auf meinem intakten sozialen Umfeld: auf meinen Eltern, die zwar nicht immer da, aber immer präsent waren. Auf meinem großen Bruder, den ich zwar aus meiner kindlichen Sicht heraus ätzend fand, der mich aber immer beschützte und zu mir hielt, wenn es drauf ankam. Und auf meinen Freunden, mit denen ich grandios ehrlich streiten konnte, um am Ende doch wieder gemeinsam Karamellbonbons kauend auf unserer Bank im Innenhof unserer Plattenbausiedlung zu sitzen. Kurz und knapp geantwortet: Ja, ich hatte eine glückliche Kindheit, nur hatte das rein gar nichts mit dem politischen und wirtschaftlichen System zu tun, in das ich geboren worden war.

Ich wuchs in Eisenhüttenstadt auf – der ersten auf dem Reißbrett geplanten sozialistischen Stadt der DDR. Eine Stadt an der Oder, die vormals Stalinstadt getauft und nun als Weltkulturerbe in die Geschichtsbücher geschrieben wurde. Eine Stadt, die einmal rund 50 000 Einwohner zählte, mit der Wende jedoch ähnlich ausblutete wie viele andere ostdeutsche Städte, weil vornehmlich die jungen Menschen ihrer ostdeutschen Heimat den Rücken kehrten. So auch ich. Heute leben noch knapp 25 000 Menschen in Eisenhüttenstadt und ebenso wie mein Zuhause-Plattenbau wurde die halbe Stadt abgerissen. Es ist heute sicht- und spürbar, dass meine Generation hier fehlt.

Auch wenn ich meiner sozialistischen Heimat physisch den Rücken kehrte, so nahm ich sie doch in mir mit. Denn unsere Kindheit prägt uns. Sie legt die Grundlagen, die uns zu dem Menschen werden lassen, der wir als Erwachsene sind. Und bei allen systemischen Unterschieden, die es zwischen Ost und West gab, war die Kindheit im Grunde doch oft sehr ähnlich, vergleicht man die Erinnerungen.

Ich erinnere mich nur dunkel an meine Freundin im Kindergarten, viel klarer hingegen an ein paar Fremde, die plötzlich im Kindergarten auftauchten. Ihnen sollten wir vorturnen: über eine Bank balancieren, Rolle vorwärts, Rolle rückwärts, auf Zehenspitzen laufen. Es war kein Spiel, es war ein Test, das verstand ich sofort. Gut wollte ich es dann auch machen, besser als die anderen sein. Ich habe mich groß gemacht, die Knie durchgedrückt, den Bauch eingezogen – nicht wie eine Prinzessin, sondern wie von mir erwartet.

Nicht viel später – die Zeiten verschwimmen ja im Kindesalter etwas – war ich regelmäßig in einer Kinderturngruppe und habe gelernt, nicht nur den Bauch einzuziehen, sondern auch den Po anzuspannen, hoch zu springen, ein Rad zu schlagen und mich, nun doch galant wie eine Prinzessin, zu bewegen.

Kindergarten und vor allem das Turnen bestimmen meine frühen Erinnerungen. Eine Strafe auf der Bank in der Garderobe absitzen, den Mittagsschlaf hassen zu lernen, beim Rennen auszurutschen und auf das Eisengestänge einer Schlafliege zu knallen. Diese Erinnerungen gehören möglicherweise in fast jede Kindheit. Meine Narbe am Kinn erinnert mich noch heute an den Abend, als meine Mutter von der Arbeit kam und ich ihr stolz mein Pflaster zeigte mit der Naht darunter. Dass ich meinen Kopf auf dem Weg ins Krankenhaus erst im Wartehäuschen der Bushaltestelle und dann im Bus ständig in den Schoß meiner Erzieherin legen sollte, habe ich meinen Eltern nicht erzählt. Sie wird es gut gemeint haben, daher muss ihr entgangen sein, dass ich es partout nicht wollte.

Ich erinnere mich an meine Einschulung, an das erste A an der Tafel meines neuen Klassenraumes und an meine zwei großen Zuckertüten – eine von meinen Eltern und eine von meinen Großeltern – mit Süßigkeiten, die es nicht immer, aber an diesem besonderen Tag gab.

Ich erinnere mich an den Tag des Pioniergeburtstages, den 13. Dezember. Ein Tag, an dem auch ich endlich das blaue Pionierhalstuch umbinden durfte. Mit dem feierlichen Gelöbnis – »Ich verspreche, ein guter Jungpionier zu sein. Ich will nach den Geboten der Jungpioniere handeln.« – wurden wir Erstklässler an diesem Tag endlich in die Mitte der Pioniere aufgenommen.

Die Gebote der Pioniere waren spätestens ab diesem Tag stets allgegenwärtig: »Wir Jungpioniere lieben unsere Deutsche Demokratische Republik. Wir Jungpioniere lieben unsere Eltern. Wir Jungpioniere lieben den Frieden. Wir Jungpioniere halten Freundschaft mit den Kindern der Sowjetunion und allen Ländern. Wir Jungpioniere lernen fleißig, sind ordentlich und diszipliniert. Wir Jungpioniere achten alle arbeitenden Menschen und helfen überall tüchtig mit. Wir Jungpioniere sind gute Freunde und helfen einander. Wir Jungpioniere singen und tanzen, spielen und basteln gern. Wir Jungpioniere treiben Sport und halten unsere Körper sauber und gesund. Wir Jungpioniere tragen mit Stolz unser blaues Halstuch. Wir bereiten uns darauf vor, gute Thälmannpioniere zu werden.«[26]

Mit meiner Einschulung durfte ich in das Trainingszentrum (TZ) Eisenhüttenstadt wechseln, um besser zu werden im Baucheinziehen,

Poanspannen, Hochspringen und Flickflackschlagen. Und ich wurde besser.

Schule und Hort waren nahezu für jedes Kind untrennbar verbunden. Nur nicht für mich. Ich war Schlüsselkind. Denn ich ging nun fast jeden Nachmittag ins Training. Da ich einfach nur sehr gern turnte und daher nicht in den Hort musste, würde man heute wohl von einer »Win-win-Situation« sprechen. Ich jedenfalls fand das Arrangement mehr als passend.

In der zweiten Klasse musste eine Entscheidung getroffen werden, denn ab dem dritten Schuljahr wurde besonders gefördert. Zur Auswahl standen für mich Sportschule oder Sprachklasse und damit Internat oder Russisch lernen. Es gab auch eine »Normaloklasse«, doch irgendwie wurde mir diese nicht zur Auswahl gestellt. Also entschied ich mich für den Sport, denn ich wollte unbedingt weiter und noch intensiver turnen. Was das bedeutete, war mir jedoch nicht klar. Wie auch, mit nur neun Jahren, mit denen ich aufs Sportinternat nach Frankfurt/Oder kam.

Meine Eltern sah ich von da an nur noch jedes zweite Wochenende. Das Heimweh hatte ich zwar irgendwann im Griff, die Sehnsucht nach mehr Geborgenheit jedoch nicht. So ging es wohl einigen der insgesamt sechzehn Mädchen, die mit mir in der dritten Klasse dort gestartet sind. Sechzehn kleine Hoffnungsträger im sozialistischen Kampf der DDR um die (auch) sportliche Vormachtstellung in der Welt.

Spätestens ab diesem Zeitpunkt war für mich zumindest die Macht des Sportes und des sozialistischen Kampfes um Höchstleistungen allgegenwärtig.

Da passte es nahtlos in diesen Auftrag, sollte ich auch Teil des traditionellen Deutschen Turn- und Sportfestes werden. Eine Tradition, die bis in unsere Familie reichte. Mein Vater war bereits Teilnehmer des dritten Turn- und Sportfestes 1959 gewesen, ich sollte nun beim siebenten Fest 1983 dabei sein. In einem Stadion mit etwa 100 000 Zuschauerplätzen und brütend heißen Backofentemperaturen durfte ich zeigen, was ich in den acht Wochen zuvor im Trainingslager gelernt hatte.

Im Trainingslager in Rerik an der Ostsee haben wir geübt, in großen Zelten mit Doppelstockbetten geschlafen und uns teilweise schlimmen

Sonnenbrand auf den Ohren zugezogen. Ich stand in den Trainingspausen auf den Händen der großen Jungs und habe immer neue Hebefiguren ausprobiert. Das Meer hielt riesige Wellen bereit und mein Bettlager unten in einem der bestimmt zwanzig Doppelstockbetten in einem der unzähligen Zelte war mein heiliger, weil einziger Rückzugsort. Meine 5 Mark Taschengeld waren mein gut gehüteter Schatz, den ich mich kaum getraute auszugeben. Es gab dafür zwar auch wenig Gelegenheiten, diese paar Möglichkeiten habe ich dann zumeist aber auch noch verstreichen lassen. Ich wollte mein Geld zusammenhalten.

Die Reihenfolge meiner Laufmarken auf dem Feld hatte ich irgendwann im Kopf, so dass ich mich nicht mehr versehentlich verlief und wir plötzlich zu zweit auf der Marke E123 standen. Als alle Kinder und Teilnehmer unseres Programmpunktes ihre Laufwege und Turn- oder Trampolinübungen fehlerfrei absolvierten, waren wir startklar für die Weiterreise nach Leipzig.

Zwei Wochen blieben wir dort, trainierten und probten im Zentralstadion weiter, um schließlich beim großen finalen Auftritt die im wahrsten Sinne des Wortes kochende Stimmung im Stadion aufzusaugen. Das Gefühl war groß, pompös, mitreißend und besonders.

Die parallel laufenden Wettkämpfe der Kinder- und Jugendspartakiade[27] gingen bei mir zumindest in der Erinnerungswirkung etwas unter. Nach schließlich zehn Wochen Sport in Dauerschleife, viel Schweiß, ein paar Tränen und etwas Sonnenbrand freute ich mich einfach nur noch auf zuhause und die vor mir liegenden wenigen Wochen Sommerferien. Schließlich hatte ich noch drei Mark und fünfzig Pfennige in der Tasche.

Zwei Jahre war ich Teil dieses Kampfes, habe täglich zweimal trainiert und noch stolz die erste Jahresabschlussprüfung im Turnen bestanden. Die zweite Prüfung sollte ich nicht mehr erreichen. Denn in der vierten Klasse hörte der Spaß für mich und noch ein, zwei andere meiner Mitstreiterinnen auf. Beleidigungen, Extrarunden im Laufschritt über den Sportplatz mit einer Doppellage Trainingsanzug, um abzunehmen, oder extra Trainingseinheiten gegen angeblich simulierte Schmerzen im Rücken standen im zweiten und letzten Jahr meiner Turnerkarriere täglich auf dem Plan. Meine Trainingskameradin und gleichzeitig Leidensgenossin Jana war vereint, aber nicht verbündet mit mir in unseren regelmäßigen Extratrainings. Hier ging es jetzt nur noch ums Durchhalten.

Das gefühlt hundertste Röntgenbild kam schließlich wie eine Erlösung daher. Mein endlich dokumentierter, gefährlicher Rückenschaden hat mir zunächst ein entspanntes Abtrainieren ermöglicht und mich zur fünften Klasse wieder nach Hause gebracht. Das Gesicht meiner Trainerin würde ich wohl noch heute wiedererkennen. Und das meiner Erzieherin, mit ihren langen blonden Haaren und der steten Zitrone gegen Zahnfleischbluten im Mund auch. Mit sechzehn Mädchen sind wir in die dritte Klasse gestartet. Acht Mädchen haben es in die vierte Klasse geschafft, in die fünfte Klasse noch drei. Nach der fünften Klasse wurde unser Jahrgang geschlossen. Sechzehn neun- bis elfjährige Mädchen wurden erst trainiert, dann gedrillt und schließlich aussortiert – im Namen des sozialistischen Vaterlandes.

Turnen war für mich in diesen beiden Jahren so präsent, dass Erinnerungen an die Schule, das Lernen, an den Unterricht oder selbst an das Internatsleben rar sind.

Ordnung wurde im Internat groß geschrieben und für alle sichtbar mit grünen, gelben oder roten Punkten bewertet. Ein kleines Brett mit den vier Namen der jeweiligen Zimmergenossinnen hing genau dafür neben der Tür. Grün gab es selten für mich, denn dafür musste das Bett faltenfrei gemacht, die Kleidung auf Kante gelegt und der Schreibtisch blitzeblank aufgeräumt sein. Irgendeine Falte schlich sich immer in mein Bett oder meine Kleidung. Diese grünen, gelben oder roten Punkte fanden umgewandelt in Zensuren Eingang in die Kopfnoten auf dem Zeugnis. Betragen, Ordnung, Mitarbeit und Fleiß wurden nämlich ganzheitlich bewertet, im Sinne des kompletten kleinen Menschen im großen System der DDR.

Essen wurde vom Trainer geplant und von dem Küchenpersonal entsprechend genau zugeteilt. Es war nicht sehr viel, dafür aber anders als daheim. Es gab neben unseren täglich verabreichten »Vitamincocktails« auch Fruchtsäfte oder Nussaufstriche, die zuhause eher seltener (wenn überhaupt) auf dem Tisch standen. Würdigen konnte ich dieses vermeintliche Privileg nicht wirklich, hat mir der Kirschsaft zum Beispiel nicht einmal geschmeckt.

Vom Jung- zum Thälmannpionier wurde ich in der vierten Klasse wiederum am Tag des Pioniergeburtstages. Bei einem Ausflug zum Thälmanndenkmal in Seelow und verbunden mit einem neuerlichen feierlichen Gelöbnis: »Ernst Thälmann ist mein Vorbild. Ich gelobe, zu lernen, zu arbeiten und zu kämpfen, wie es Ernst Thälmann lehrt. Ich will nach den Gesetzen der Thälmannpioniere handeln. Getreu unserem Gruß bin ich für Frieden und Sozialismus immer bereit.«[28] wurde das blaue Halstuch durch ein rotes ersetzt. Das Mitgliedsbuch wurde gewechselt, der Pioniergruß »Für Frieden und Sozialismus – Seid bereit!« mit der Antwort »Immer bereit!« blieb gleich.

Aus den *Geboten der Jungpioniere* wurde nun das *Gesetz der Thälmannpioniere.* Nach diesem Gesetz sollten wir unser sozialistisches Vaterland lieben, das rote Halstuch als Teil der roten Fahne mit Stolz tragen, bewusste Gestalter der sozialistischen Gesellschaft werden, den Frieden lieben und schützen und die Kriegstreiber hassen. Dafür sollten wir immer und überall gegen die Hetze und Lügen der Imperialisten auftreten. Wir sollten aber auch fleißig, ordentlich und diszipliniert, solidarisch und hilfsbereit, wahrheitsliebend, zuverlässig und freundlich sowie sportlich und fröhlich sein. »Wir stählen unseren Körper bei Sport, Spiel und Touristik« ebenso wie wir das Volkseigentum schützen und aktive Solidarität »mit allen um ihre Freiheit und nationale Unabhängigkeit kämpfenden Völkern« üben.[29] Kurzum, wir tun kameradschaftlich stets nur Gutes für die gute Sache Sozialismus und sind fröhlich dabei. Ich teilte dieses Schicksal, diese freiwillige Mitgliedschaft in dieser Massenorganisation ohne wirkliche Alternative mit 98 Prozent aller Schulkinder.[30]

Mit der fünften Klasse kehrte ich zurück in mein früheres Leben und damit zurück in die Mitte meiner Familie, in mein Zuhause. Ich war glücklich und gleichzeitig irgendwie gelangweilt.

An meine Zeit auf der Sportschule erinnerten nur noch meine regelmäßigen Besuche bei der Sportärztin. Ihre ständigen Ermahnungen,

Rücken belastende Sportarten zu meiden, hörten sich ernst an. Ein etwas entspannteres, aber doch recht erfolgversprechendes Turnen (hatte ich doch erheblichen Trainingsvorsprung gegenüber den TZ-Turnerinnen) im mir vertrauten Trainingszentrum war damit leider tabu, wie auch viele andere Sportarten. Selbst Tauchen mit dem eigentlich großen Schwimmanteil im Training wurde von der Liste möglicher Freizeitbeschäftigungen gestrichen. Allein die Gymnastik mit den größeren und kleineren Medizinbällen, die unter therapeutischer Aufsicht zweimal in der Woche zu bewegen waren, sollten nun meinen Leistungssport ersetzen. Nach der langen Zeit gnadenloser Strukturierung der gesamten Woche hatte der Tag nun plötzlich ziemlich viele Stunden, die nicht ausgefüllt waren. Diese massive Trainingslücke konnten auch nicht die regelmäßigen Pioniernachmittage oder Pionieraufträge wie das Altstoffsammeln, füllen.

Wie erlösend war da die Idee meiner Mutter, mich in einer Ensembleklasse unterzubringen. Das Ensemble bestand aus Tänzern, Sängern, Instrumentalisten und Sprechern.

Tanzen in einer Gruppe, in einer (wieder anderen) Schule? Das schien wie gemacht für mich. Konnte ich meine Ballettausbildung nun doch noch sinnvoll einsetzen? Möglich war es, würde mir der Schulwechsel gestattet werden. Also wieder Vorturnen – dieses Mal bei einem Probetraining in der Mensa der Schule 7 (in Eisenhüttenstadt wurden die Schulen durchnummeriert). Es war leicht, erleichternd und irgendwie sogar befreiend. Die Trainerin war begeistert und ich so entspannt wie lange nicht mehr.

Eine Aufnahme in die neue Klasse sollte trotz des bereits mit Schuljahresbeginn gebildeten festen Ensembles ausnahmsweise stattfinden dürfen. Selbst die Sportärztin gab grünes Licht. Ein Zuspruch, der wie Balsam auf meine gedrillte Seele wirkte, stand ich doch mit meinen elf Jahren mitten im Prozess der Neufindung. Erst noch vermeintlich privilegiert intensiv trainiert und kontrolliert, folgte prompt der für mich gefühlt unkontrollierbare Fall in eine neue Normalität – mit teilweise gähnender Langeweile. Abgelegt wie ein alter, unnützer Handschuh, sich nun selbst überlassen.

Mit Beginn der 6. Klasse wurde ich also Mitglied der Ensembleklasse der Schule 7 und meine Schulodyssee fand ein Ende. Fortan bestimmten wieder Trainings meinen Alltag. Doch viel wichtiger waren die teilweise großartigen gemeinsamen Auftritte zu besonderen Anlässen und Feiertagen der Republik und vor zumeist ausverkauftem Haus. Es war eine spannende Zeit.

Irgendwann wollte ich dann jedoch lieber singen als tanzen. Dieser Wechsel blieb mir allerdings – möglicherweise aufgrund meines eher mittelmäßigen Gesangstalentes – verschlossen. Da ich nicht einmal im Background des Chors mitsummen durfte, musste ich meine Freundinnen schließlich allein auf die regelmäßigen Chorreisen ziehen lassen, während ich zähneknirschend dem Qualitätsverlust der Tanzgruppe zusah. Meine Trainingsbesuche wurden irgendwann weniger und blieben schließlich ganz aus – erstaunlicherweise ohne jede schulische Konsequenz. Dabei war dies zu erwarten, angesichts der regelmäßigen Morgenappelle zum Einstimmen auf unsere sozialistische Aufgabe oder auch zum öffentlichen Benennen von Verstößen einzelner Schüler. Ich blieb verschont, möglicherweise hatten sich in diesen späteren 80er-Jahren bereits einige Routinen etwas gelockert. Die Tanzgruppe hatte sich mit ihrer neuen Trainerin fortan auf die neuen jüngeren Mitglieder konzentriert. Statt Mäusetanz oder Polka sollte es für mich nun ohnehin eher Depeche Mode, Erasure oder Sinéad O'Connor sein. Mein Focus verschob sich merklich Richtung der örtlichen Discos, deren Besuche ich mir bei meinen Eltern erbettelt hatte.

1989 veränderte sich noch einmal alles. Unser Ensemble löste sich auf und meine Schule wurde Jahre später abgerissen.

Jugend in der DDR

Turnen, Tanzen und Training bildeten nur einen, wenn auch erheblichen Teil meiner Kindheit und Jugend. Das war sicherlich nicht für jeden meiner Altersgenossen so. Allen vergönnt war jedoch der

Unterricht in Produktiver Arbeit (PA), die Einführung in die sozialistische Produktion (ESP) und ins Technischen Zeichnen. Wir haben gefeilt, gesägt und geschraubt, kleine Einweggrills gebaut und viel über Planwirtschaft und deren ausschließliche Vorteile gelernt. Die Mitgliedschaft in der Freien Deutschen Jugend (FDJ) war zwar keine Pflicht, doch nicht Mitglied zu sein war zumindest für mich definitiv auch keine Option, ja nicht mal eine Überlegung. Es war schlicht normal und vorgezeichnet – und der Gruß »Freundschaft« wurde nun in einem von uns allen bewusst tiefen Bassbariton erwidert.

Ebenso normal war die *Jugendweihe* in der 8. Klasse (1988). Mit 14 Jahren wurden wir nochmals auf unser sozialistisches Vaterland eingeschworen. Ein weiteres Gelöbnis sollte dies festigen. Mit »Ja, das globen wir« statt »Ja, das geloben wir« haben auch wir unseren kleinen Widerstand zelebriert. Die Familien haben danach gemeinsam mit uns Jugendlichen gefeiert und der ein oder andere »Neuerwachsene« zum ersten Mal ein Glas zu viel getrunken.

Unsere Nachmittage waren, insbesondere in der Vorbereitung auf die Jugendweihe, geprägt von Brigadenachmittagen. Das waren Treffen mit unserer Patenbrigade aus dem EKO (Eisenhüttenkombinat Ost), das Stahlwerk, das unsere Stadt prägte beziehungsweise um das unsere Stadt herum errichtet worden war. In den Ferien arbeitete ich in der örtlichen Großbäckerei, um etwas Taschengeld zu verdienen. Flaschen-, Glas- und Altpapiersammeln war dann doch zu wenig ergiebig und müßig. Und im örtlichen Sägewerk holte ich regelmäßig völlig kostenlos Hobelspäne in eigenen großen Säcken für die Auslage der Käfige meiner zwei Meerschweinchen Mucki und Puschel.

In Staatsbürgerkunde sollten wir noch 1988 unserer Fantasie freien Lauf lassen und einen Aufsatz über einen Tag im Kommunismus schreiben. Es fiel mir leicht, bedeutete dies doch, dass allen Menschen alles gehört und niemand mehr besitzt als die anderen. Was zum Beispiel mit der eben noch von mir persönlich getragenen, jedoch mir eben nicht gehörenden Hose passieren sollte, war dann der Kniff, der auszudifferenzieren war. Ganz im Sinne der kommunistisch-ideologischen Legende, die das Ziel all unserer kollektiven Bemühungen gründete.

In der 9. Klasse wurden wir in Zivilverteidigung geschult. Mit Schießübungen, im Gras oder Sand robbend und sich mit Kompass orientierend, sind wir Mädchen durch die heimatliche Natur geschlichen oder marschiert, während unsere männlichen Zivilverteidigerkollegen in ein ausgelagertes Wehrlager zogen, um noch intensiver auf den Verteidigungsfall vorbereitet zu werden.

In den FDJ-Nachmittagen sprachen wir auch über unseren Klassenfeind, vor dem uns die Grenze und vor allem der antifaschistische Schutzwall (Mauer sollte diese nicht genannt werden) in Berlin schützte. Wir fertigten Wandzeitungen über all diese Events unter der Organisation des Gruppenratsvorsitzenden und kontrolliert von unserer Klassenlehrerin.

Den regelmäßigen Hausbesuchen meiner Klassenlehrerin konnte ich recht gelassen entgegenblicken. Irgendwann war auch mein weiterer schulischer Werdegang Thema und es sah so aus, als dürfte ich auf die Erweiterte Oberschule (EOS) wechseln und Abitur machen. Das Angebot, dies bereits mit der siebenten Klasse in Angriff zu nehmen, lehnte ich dankend ab, wäre dies mit einem Schwerpunkt auf dann drei Fremdsprachen verbunden. Ich bin jedoch eher mathematisch als fremdsprachlich begabt, so dass ich hier auf die allumfassende Information und Bewertung der Menschen in der Schulgemeinde und darüber hinaus setzte und so diesem drohenden Sprachschwerpunkt in meiner weiteren Schulkarriere entkam.

Und tatsächlich wurde mir der Aufschub meines Schulwechsels gewährt. Ich konnte wohl auch die Lehrer und alle anderen an dieser Entscheidung Beteiligten von meinem fehlenden Sprachtalent überzeugen – keine Selbstverständlichkeit. Nahezu selbstverständlich konnte man aber mit Vorgaben zur Abiturzulassung rechnen. Mir wurde zur Bedingung gesetzt, Lehrerin zu werden. In der Hoffnung, mir wenigstens die Fächer meines damit vor mir ausgebreiteten künftigen Lehrerdaseins aussuchen zu können, fügte ich mich in das mir zugeteilte Stück DDR. Schließlich waren weder Physiotherapeutin noch Staatsanwältin für mich möglich, da ich für diese Berufswünsche bereits so klare wie begründungslose Absagen erhalten hatte. Die

Wende hat all diese kollektiven Pläne und Überlegungen in Luft aufgelöst. Mit dem 9. November 1989 wurde auch für mich alles auf null gestellt.

Bis zum Fall der Mauer erlebte ich mein Leben und Heranwachsen in stabiler sozialistischer Normalität. In unsere jugendlichen Gespräche schlichen sich zwar immer auch Gerüchte und Erzählungen über politisch motivierte Festnahmen, das gegenseitige Aushorchen, vermehrte Ausreiseanträge oder über die Jugendwerkhöfe. Wirklich aufgeklärt haben wir diese Gerüchte jedoch bis zur Wende nicht. Es blieb alles etwas im Nebel.

Die Jugendwerkhöfe blieben unserem vermeintlichen Wissen nach Gefängnisse für Jugendliche, die die Schule schwänzten, sich den schulischen Regeln regelmäßig widersetzten, von daheim ausrissen, gestohlen hatten oder im Familienverband »Ärger machten« – die Pioniergebote also nicht achteten. Sie sollten dort wieder in die sozialistische Gesellschaft integriert werden. Wie das konkret geschehen sollte, blieb zumindest in meinem Umfeld reine Spekulation. Auch wenn mich die ein oder andere Ahnung beschlich – offen, in der Schule oder gar mit jedem beliebigen anderen habe ich über solche Vermutungen nie gesprochen, nicht einmal daheim. So, wie über vieles schlicht geschwiegen wurde – in der Familie, unter Freunden und erst recht in der Schule. *Man sprach nicht darüber, zumindest nicht mit uns Kindern.*

War der wohl bekannteste geschlossene Jugendwerkhof Torgau zwar nur nebelig wabernd auch unter uns Jugendlichen bekannt, die das Glück hatten, nicht in die Fänge der sozialistischen Jugendhilfe zu geraten, so war die unmittelbare Repressionsmöglichkeit, die im Prinzip jeden von uns hätte treffen können, dann doch sehr deutlich und klar spürbar. Niemand aus meinem Freundeskreis hatte zwar eigene Erfahrungen mit Torgau machen müssen, doch gab es viele Gerüchte über die, wie es hieß, unerbittlichen Verhältnisse in dieser sozialistischen »Disziplinierungsanstalt«. Von Schlägen war die Rede, von Essensentzug, von drastischen Strafen oder Fluchtversuchen. Dort sollten Jugendliche landen, die als asozial beschrieben wurden, Straftäter, Rabauken, Schulschwänzer oder Unangepasste, die sich dem System verweigerten. Ihr gemeinsamer Nenner: verhaltensauffällig. Es hätte also jeden von uns treffen können, waren wir nur zu vorlaut, zu auffällig oder zu kritisch, so unser Verdacht. Eine Abschreckung, die mit einem beständigen Gefühl der Unsicherheit und teilweise Angst auch hier ihr Ziel in der Regel nicht verfehlt hatte.

Welch grausame Realität im sich stets fröhlich singend gebenden Sozialismus der DDR diese Jugendwerkhöfe für so viele Kinder und Jugendlichen bedeutete, eröffnete sich erst nach der Wende vollständig und brutal. Einige junge Menschen hatten sich das Leben genommen. Mädchen waren sexuell missbraucht worden, es wurde erniedrigt, beschimpft und gequält. Kritische, unangepasste junge Geister sollten so zu selbstlosen Menschen, die sich voll und ganz in den Dienst des Volkes stellen, erzogen werden. Die Perversität dieses diktatorischen Systems lässt sich kaum besser als mit diesem Ziel, das Eberhard Mannschatz formulierte, beschreiben. Er war mehr als 20 Jahre Leiter der Abteilung Jugendhilfe im Ministerium für Volksbildung der DDR und maßgeblich am Aufbau des geschlossenen Jugendwerkhof Torgau beteiligt.

Frauen und Gleichberechtigung in der DDR

Für mich und meine Generation endete die Reise im Sozialismus der DDR bereits ein halbes Jahr nach meinem 15. Geburtstag. Meine Eltern und ihre Generation und die Generation meiner Großeltern haben als Frauen, Mütter, Väter, Männer, Studenten, Arbeiter oder Intellektuelle einen beachtlich längeren Weg durch diese Diktatur zurückgelegt.

So auch meine Mutter, die als gelernte Kranführerin ganz selbstverständlich ihren Mann in einem sogenannten »Männerberuf« gestanden hat, bevor sie später in die Schulverwaltung wechselte. Vollzeit berufstätig, kannte ich meine Mutter nur arbeitend und erinnere mich gerne daran, wie ich sie regelmäßig in ihrem Verwaltungsbüro besuchte.

Wie meine Mutter waren bis 1989 etwa 90 Prozent der Frauen in der DDR berufstätig. Neben der Betreuung der Kinder und der Haushaltsführung waren damit auch die Arbeit in zumeist vollzeitigem Umfang, die Weiterbildung und oftmals noch ein ehrenamtliches Engagement nahezu selbstverständlich. Die Familienpolitik war mit verlässlicher Kinderbetreuung ab dem Ende der Mutterschutzfrist oder einem zusätzlichen bezahlten, arbeitsfreien Haushaltstag im Monat genau darauf ausgerichtet. Hatte meine Mutter ihren regelmäßigen Haushaltstag, durchbrach das schon fast unsere familienalltägliche Routine, die sich sehr gut auf allseitige Vollzeit eingeschwungen hatte.

Im §10 des Familiengesetzes der DDR war festgeschrieben, dass das Ehepaar seine Verbindung so gestalten soll, »daß die Frau ihre berufliche und gesellschaftliche Tätigkeit mit der Mutterschaft vereinbaren kann«.[31] Die Frauen der DDR haben die Wirtschaft gestützt, den Alltag organisiert, die Kinder betreut, für sich und die Familie gesorgt. Ich zumindest erkannte keinerlei Unterschied zwischen meinem Vater und meiner Mutter hinsichtlich ihrer beruflichen, aber auch privaten Verantwortung. Frauen und Männer waren zumindest im gesellschaftlichen Zusammenleben größtenteils gleichberechtigt.

Und doch wurden politische Entscheidungen fast ausschließlich von Männern getroffen. Wirkliche Gleichberechtigung war hier kaum zu finden. Auch wenn die Erwerbstätigkeit der Frauen gerne als Emanzipation im sozialistischen Regime angepriesen wurde, war es doch eher die Notwendigkeit, die volkseigenen Betriebe mit ausreichend Fachkräften zu versorgen.[32] Die Frauen hatten zu arbeiten. Wer dies nicht tat, egal ob Mann oder Frau, galt als asozial.

Trotz oder vielleicht auch gerade wegen dieses Hintergrundes war Gleichberechtigung kein größeres gesellschaftliches Thema. Denn die Frauen haben wie selbstverständlich, ebenso wie die Männer für sich und ihre Familien auch finanziell gesorgt, wurden gebraucht, waren erwerbstätig und unabhängig. Die Frauen der DDR trugen Latzhosen, nicht nur symbolisch auf den üblichen verbreiteten sozialistischen

Propagandaplakaten, sondern auch ganz real und tatsächlich. Sie brauchten keine Emanzipation als politisches und gesellschaftliches Thema. Sie lebten diese. Und rückblickend sind in meinem Umfeld dann Stimmen zu hören, die heute dankbar sind, als Frau in der DDR ihren Mann gestanden zu haben, mit teilweise mehr Erfolgsprämien in der Tasche als ihre männlichen Kollegen. Ob ein solches Leben für sie als Frau in der BRD möglich gewesen wäre, bleibt für sie so unwahrscheinlich, wie spekulativ.

Medien in der DDR

Denke ich an das Fernsehen der DDR zurück, fällt mir zuerst *Spuk unterm Riesenrad* ein. Eine siebenteilige Kinderserie, die ich geliebt habe. Dann gab es noch Filme wie *Aber Vati* oder *Die dicke Tilla*, an die ich mich erinnere. Das *Sandmännchen* mit Pittiplatsch und der Elster war lange Pflichtprogramm, und ab und an gab es für mich das Heft *Bummi*.

Frage man mich nach Serien des Westfernsehens, fallen mir auch einige ein, allen voran *Ich heirate eine Familie, Ein Colt für alle Fälle, MacGyver* oder *Hart aber herzlich* und die *Schwarzwaldklinik.*

Über den *Schwarzen Kanal* wurde sich daheim verhalten leise aufgeregt, die *Aktuelle Kamera* ab und an geschaut, genauso wie *Ein Kessel Buntes* manchmal erst über den Stassfurter schwarz-weiß-, dann den kleinen Junost-Bildschirm und schließlich über den endlich und teuer erstandenen Farbfernseher flimmerte. Viel präsenter waren die *Tagesschau* oder *Wetten dass..?* und *Dalli Dalli.*

Ost- und Westfernsehen verschwimmen in meinen Erinnerungen, doch eines war klar, die Nachrichten kamen bei uns daheim vornehmlich aus dem Westen. Was nicht wundert, war die Stärkung des sozialistischen Bewusstseins als Ziel und Aufgabe der ostdeutschen Medien und seiner Journalisten deutlich spürbar.

Im *Wörterbuch der Journalistik* der Karl-Marx-Universität Leipzig war dieser politische Anspruch dann auch so festgehalten: »Es werden

Aussagen ideologischer Natur anhand konkreter, unverwechselbarer Sachverhalte getroffen.«[33]

Weiter stand dort über die Rolle des Journalisten geschrieben: »Er ist Vertrauensmann des Volkes. Seine gesamte Tätigkeit wird grundlegend vom Programm und den Beschlüssen der marxistisch-leninistischen Partei der Arbeiterklasse, sowie durch die Verfassung des sozialistischen Staates bestimmt. Durch Wort und Bild nimmt er zielgerichtet auf die Herausbildung, Entwicklung und Festigung des sozialistischen Bewusstseins des Volkes Einfluss. ... Er fördert die Herausbildung und Entwicklung des sozialistischen Weltbildes und der marxistisch-leninistischen Weltanschauung ... Er gestaltet sein Leben nach den Grundsätzen der sozialistischen Moral und Ethik.«[34]

Die Journalisten hatten eindeutig auf der Seite der Partei zu stehen, wodurch die Wahrheit das ein oder andere Mal auf der Strecke blieb. »Die Partei, die Partei, die hat immer recht ...« wurde im Lied und im sprichwörtlichen Sinne von der Partei eingefordert und gnadenlos in allen Lebensbereichen, also auch in der Medienpolitik und bei ihren Journalisten durchgesetzt.

Im Sinne des Machterhalts und -ausbaus der SED mussten Informationen über Ereignisse, die das Regime in ein kritisches Licht gerückt oder in ihrem Machtanspruch gar bedroht hätten, daher unbedingt vermieden werden. War eine Veröffentlichung auch aufgrund der Konkurrenzsituation zu den Westmedien unvermeidbar, wurden sie im Sinne der eigenen ideologischen Interessen umgedeutet, denn der Klassenkampf wurde auch medial ausgetragen.

Wollte man sich den parteiischen und eindeutig ideologischen Impulsen und Manipulationen des Ostfernsehens entziehen, blieb einem nur das Westfernsehen.

Die *Aktuelle Kamera*

Ein Mitarbeiter der Universität Leipzig definierte die Nachricht als eine »zweckbestimmte Mitteilung von Erkenntnissen, Gefühlen usw. mit dem Ziel der Einwirkung auf menschliches Denken und Handeln«.[35] Wird die Nachricht so wie hier als gefühlsbetonte Erziehungsmaßnahme definiert, sind Objektivität und Neutralität der Journalisten nahezu ausgeschlossen und die Wahrhaftigkeit des Nachrichteninhaltes darf regelmäßig angezweifelt werden.

Wichtigstes Nachrichteninstrument der DDR war die *Aktuelle Kamera*. Seit dem 11. Oktober 1957 wurde sie täglich 20 Uhr ausgestrahlt. Mit Blick auf die *Tagesschau* des Westens wurde sie zunächst auf 19.45 Uhr vorverlegt, um mit einer Verlängerung der eigenen Sendezeit auf 30 Minuten ab dem 1. Oktober 1960 schließlich schon um 19.30 Uhr zu beginnen.

Der strategische Plan zur Lenkung der Fernsehgewohnheiten der Bevölkerung sah schließlich vor, zur Sendezeit der *Tagesschau* um 20 Uhr einen möglichst interessanten Film folgen zu lassen, um zu verhindern, dass zu den Nachrichten im Westfernsehen gewechselt wurde.

Täglich informiert über die für wichtig erklärten und daher an erster Stelle stehenden, trotzdem oft unbedeutenden Aktivitäten des Generalsekretärs beziehungsweise der Parteiführung, über neuerliche Planerfüllungen maßgeblicher wie zweitrangiger Volkseigener Betriebe (VEB), über selektiertes und in der Regel ideologisch interpretiertes Weltgeschehen oder mit inszenierten, abgestimmten, staatsergebenen Interviews mit Werktätigen, sollten die Bürger der DDR beruhigt und vom sozialistischen Plan überzeugt in den Abend gleiten.

Aber auch die westdeutschen Bürger sollten zumindest in den Anfangsjahren der *Aktuellen Kamera* noch von den Vorzügen des Sozialismus der DDR überzeugt und beeinflusst werden. So war die politische Berichterstattung Ende der 50er-Jahre auch mit der Popularisierung der unabhängigen Kandidaten in Westdeutschland vor den Bundestagswahlen, zur dortigen Stellung der Frau oder zur schwierigen sozialen Lage der Rentner, die keine Pension beziehen, noch auf beide Teile Deutschlands ausgerichtet.[36]

Es muss wohl eine besondere journalistische Herausforderung gewesen sein, die offensichtlichen Vorteile der westdeutschen Marktwirtschaft argumentativ und nachrichtlich zu widerlegen. Ganz im Sinne von Schein und Sein, wurde sich die angeblich überlegene sozialistische Welt gemacht, wie sie gefällt. Geglaubt haben es am Ende nur wenige.

Wer wollte das noch sehen?

In einem Artikel des *Spiegel* aus dem Jahre 1978 wird die Einschaltpraxis der DDR-Bürger von dem Autor, einem »DDR-Bürger in Staatsfunktion« so beschrieben: »Während die *Aktuelle Kamera*, also unsere TV-Nachrichten, selten über zehn Prozent hinauskommt, liegt die Zahl bei der ARD-*Tagessschau* bei 22 Prozent, bei ZDF-*heute* sogar bei über 40 Prozent derjenigen, die das 2. Programm empfangen können.«[37]

Allein an der Sendezeit kann und wird die höhere Beliebtheit der kritischeren *heute*-Nachrichten des ZDF im Vergleich zur ARD-*Tagesschau* nicht gelegen haben. Vielmehr ging es wohl auch darum, das eigene Gefühl zum Zustand des eigenen Landes bestätigt zu sehen und der propagierten Scheinwelt der DDR zu entkommen.

Der Autor bestätigt in dem *Spiegel*-Artikel diese Suche nach kritischen Berichten, »ganz abgesehen davon, daß die ZDF-Nachrichtensendungen nicht nur wegen der günstigeren Ausstrahlzeit beliebter sind als die der ARD. Der Grund dafür ist nach unseren Ermittlungen wohl nicht zuletzt darin zu suchen, daß die ZDF-Redaktion ihre Themen besser aufbereitet und gegenüber dem sozialistischen Lager kritischer und damit nach Meinung der DDR-Zuschauer der Wahrheit näher ist als die ›Tagesschau‹«. [38]

Kritischere Berichte sind das eine, Informationen zum Weltgeschehen das andere, das die DDR-Medien mehr als vernachlässigten. Dank Westfernsehen war es nicht nur möglich, internationale Informationen aus Quellen von außerhalb der DDR zu bekommen, es war auch dringend nötig, lieferten die einheimischen Medien zumeist nichts Aktuelles, und dies auch noch in einer monotonen, lustlosen und depressiven Art und Weise, die man nur noch Abschalten konnte.

So wurden lenkende Einheitsmedien mit geringem Nachrichtenwert, fehlender Aktualität und dröge präsentiert eher zur Belastung als zur Bereicherung im sozialistischen Leben der DDR und damit zum Symptom eines untergehenden Systems.

Westmedien waren schließlich schon fast der Faktor, der die Implosion des Systems aufgehalten oder zumindest hinausgezögert hat, waren sie doch das Fenster zur anderen Welt. Vergittert zwar, aber Frischluft ermöglichend, so dass einem der Erstickungstod zunächst erspart blieb.

Im *Spiegel*-Artikel wird dann auch trefflich analysiert, wie wichtig und notwendig die Berichterstattung von ARD und ZDF für die DDR-Bürger war, um den Anschluss an den Westen nicht vollends zu verlieren. »Es hat übrigens nichts mit ideologischer Diversion zu tun, wenn wir uns für die DDR mehr Westsendungen mit hohem Niveau wünschen. Wir glauben vielmehr, daß nur durch einen höheren Informationsstand in der DDR die Auseinanderentwicklung der beiden deutschen Staaten gebremst werden kann. Außerdem möchten wir auch in dieser Beziehung nicht für immer Bürger zweiter Klasse sein.«[39]

Wie ich das Ende der DDR erlebte

Am 7. Oktober 1989 hat die DDR mit einem pompösen Festakt und einem Fackelzug, der den triumphalen Aufmärschen des NS-Regimes beängstigend ähnlich anmutete, noch ihr 40-jähriges Bestehen gefeiert. Erich Honecker stand auf der Tribüne. Neben ihm Michail Gorbatschow. Der sowjetische Gast war der eindeutige Star der Veranstaltung, bedeutete er doch Hoffnung auf Veränderung. Wir fackeltragenden Teenager zogen an der Tribüne vorbei, mit »Gorbi ... Gorbi ... Gorbi ...« als unserem eigenen Schlachtruf.

War die Verpflichtung zur Teilnahme am Fackelzug für mich zunächst noch überraschend und irgendwie lästig, ließen mich die tatsächlichen Ereignisse und Umstände dieses Ausfluges nach Berlin dann doch in dem wohligen Gefühl zurück, auch ein, wenn nur klitzekleines, Puzzleteil des beginnenden Umbruchs zu sein. Ich fühlte mich heldenhaft mutig und als Teil der revolutionären Geschehnisse. Selbst als eine hinter mir laufende Schulkameradin meine Haare durch ihre unbedacht und unkonzentriert gehaltene Fackel angezündet hatte, änderte das nichts an meinem Gefühl, zum ersten Mal in meinem Leben richtig frei zu sein. Frei, Michail Gorbatschow zuzujubeln, frei, dies laut und mit aller Stimmkraft zu tun, und frei, damit zumindest etwas von der Last des Systemkonformismus abzuschütteln.

Die sozialistische politische Elite verheddert sich

Als am 7./8. November 1989 die Mitglieder des alten Politbüros ihre Ämter niederlegten und gleichzeitig unter Egon Krenz, der bereits am 18. Oktober 1989 Erich Honecker nachgefolgt war, ein neues installierten, war der Niedergang der diktatorischen DDR schon längst nicht mehr aufzuhalten. Krenz selbst war es, der in seiner Festrede zu seinem Amtsantritt den Begriff der »Wende«, explizit jedoch im Sinne des Wandels der DDR-Politik verwendete und einführte.[40] Wie jedoch ein Ziehkind Honeckers die bisherige diktatorische Politik der DDR wandeln könnte, blieb nicht nur für mich offen. Die Menschen um mich herum waren genauso skeptisch, einige wütend und manche einfach nur noch müde.

Ich selbst war noch zu jung, um all die Verwirrungen und politischen Winkelzüge zu durchschauen. Eines jedoch habe ich verstanden, als Günter Schabowski, schon unter Honecker Mitglied des Politbüros, auf der Pressekonferenz im Internationalen Pressezentrum (IPZ) der DDR am 9. November 1989 verkündete, dass »Privatreisen nach dem Ausland« nun sofort und unverzüglich möglich seien: Die Schranken gen Westen würden fallen.

»Das tritt nach meiner Erkenntnis ... ist das sofort, unverzüglich« ist wohl trotz seiner unklaren und gestammelten Syntax einer der wichtigsten Sätze dieser Zeit. Der daraufhin einsetzende Ansturm auf die Grenzen für einen Besuch im Westen Berlins oder entlang der Grenze im Westen Deutschlands darf im Resultat wohl als jener Moment angesehen werden, der die Wiedervereinigung unvermeidbar machte. Ab jetzt stand die staatliche Einheit auf der Tagesordnung der deutschen und der internationalen Politik.

Dass diese aus Missverständnissen erwachsene Äußerung überhaupt möglich war und dann aufgrund der kraftvollen Ereignisse nicht mehr zurückgenommen werden konnte, zeigt exemplarisch die Planlosigkeit der nun von der Sowjetunion allein gelassenen Partei- und Staatsführung.

Vorangegangen waren schon Wochen zuvor Gespräche oder sogar unpräzise Planungen, den bislang hinter Zäunen und Mauern eingesperrten Menschen ein klein wenig Reisefreiheit zu geben. Dieses kleine Stück Freiheit sollte jedoch in gewohnter sozialistischer Weise mit Reisepass und geordnet beziehungsweise weiterhin staatlich überwacht und höchst dosiert zugelassen werden.

Die Hoffnung bestand, damit etwas Druck vom Kessel der Freiheits- und Fluchtbewegung zu nehmen und die DDR so in ihrem Bestand zu retten. Zudem kam aus Moskau die Forderung, kurzfristig eine Lösung für die Reise- und Fluchtproblematik zu finden, die sich bislang vor allem über Ungarn in Richtung Westen ihren Weg suchte.

Doch der Druck im Kessel war schon zu groß, und er explodierte an jenem 9. November, als auf der viel beachteten Pressekonferenz Journalisten präzise Nachfragen stellen und Schabowski keine präzisen Antworten fand, sondern rumdruckste und damit schließlich völlig unvorbereitet die Grenze zwischen Ost und West, zwischen Warschauer Pakt und Nato, zwischen zwei völlig verschiedenen Werte-, Wirtschafts- und Sicherheitssystemen öffnete.

Zwar haben eher die großzügigen Interpretationen dieser Sätze durch die internationalen Medien und vor allem deren rasante weltweite Verbreitung die Menschen glauben lassen, dass die Mauer gefallen sei, doch zählte im Ergebnis vor allem der Mut und die Kraft vieler, dieses Missverständnis in Tatsachen umzuwandeln – und sich auf den Weg nach Westen zu machen.

Denke ich heute an diese rasanten Ereignisse zurück, wird mir manches Mal noch schwindelig. Der 9. November 1989 war ein so bedeutender Tag, das sich womöglich nahezu jede und jeder Deutsche und viele Europäer, Russen und Amerikaner zu erinnern vermögen, wo sie zu diesem Zeitpunkt waren.

Wenn Freiheit sich Bahn bricht

Ich war in der Disco. Hatte mit Freunden einen wieder einmal lustigen, bei meinen Eltern hart erbettelten, unbeschwerten Abend. Die Discoabende begannen damals schon gegen 18 Uhr und endeten zu einer Zeit, zu der die jungen Menschen heute gerade erst das Badezimmer betreten, um sich aufzuhübschen. In der DDR waren die Abende kürzer, begannen die Tage wesentlich früher.

An diesem Abend ging auf der Tanzfläche irgendwann so ein Raunen durch die Tanzenden. Aus Unverständlichem formten sich mehr und mehr die Worte »die Mauer ist offen«. Wurde dieses Raunen erst noch lauter, verstummte es sehr bald nahezu komplett, denn fast alle Discobesucher waren gegangen. Entweder nach Hause, so wie ich schließlich auch, oder – was viele meiner etwas älteren Freunde vorzogen – nach Berlin.

Gebannt vor unserem familiären, erst wenige Monate zuvor mit dem Einsatz nahezu eines halben Jahresgehaltes erstandenen Farbfernseher, verfolgte nun auch ich gebannt die Entwicklungen, gemeinsam mit meinen Eltern. Ich war ungläubig, verstört, aber definitiv nicht wortlos. Das Unmögliche war möglich. Das Unaussprechliche war ausgesprochen. Das Unbegreifliche war zum Greifen nah. Der Antifaschistische Schutzwall, der uns vor Ausbeutung, Arbeitslosigkeit, Hunger, Wohnungsnot und Elend, also all den kapitalistischen Gefahren schützen sollte, war gefallen. Einfach so und vor allem – friedlich.

Die Gedanken rauschten zwar in gefühlter Lichtgeschwindigkeit durch meinen Orbit, doch eines war klar: Hier ist etwas ganz Großes, Geschichtsmächtiges im Gange. Ein Wort, nur ein einziges Wort, das so viel mehr war als seine Buchstaben, sprang dabei immer wieder in den Fokus meiner Gedanken und unserer Gespräche: F-r-e-i-h-e-i-t.

In diesem Moment und in den noch vielen besonderen Augenblicken danach war Freiheit zwar in erster Linie mit der Freiheit des Reisens verbunden. Die gesamte Komplexität der Folgen dieser Ereignisse war auch nicht wirklich begreifbar. Eines war jedoch unbestimmt und klar zugleich. Es ging hier und heute um den Fall der Mauer und damit um unsere freiheitlichen Bürgerrechte. Und es würde kein Zurück mehr geben.

Ein familiäres Versprechen gab es an diesem Abend des 9. November: Am kommenden Samstag fahren auch wir nach Westberlin. Am kommenden Samstag schauen wir hinter die Mauer, die uns bis dahin schützen sollte.

Und so fuhren meine Eltern und ich zwei Tage später, am 11. November 1989, tatsächlich mit lediglich unseren Ausweisen in der Tasche nach Berlin. Das bis dahin so weit entfernte, fremde Land erreichten wir über den Grenzübergang Chausseestraße. Und mit aus den Fernsehberichten der letzten Tage bereits vertrauten Szenen begrüßte uns dann auch gleich das irgendwie zu bunte und zu laute West-Berlin. An unzähligen Auszahlungsstellen standen Schlangen von Menschen, um sich ihr Begrüßungsgeld abzuholen. Ein beklemmendes Gefühl machte sich breit und auch etwas Scham. Wir gingen weiter und liefen über die Straße des 17. Juni bis nach Charlottenburg.

Und nein, die Luft war hier nicht anders, wie mein Vater mich irgendwann fragte. Aber das Gefühl, das war ein anderes. Freiheit zu fühlen war so unglaublich berauschend, dass jede aufkommende Unsicherheit wegen der nun auf uns zukommenden Zeit mit ihren wie auch immer gestalteten Veränderungen zu einem kleinen schwarzen Fleck auf dem glanzvollen Teppich der neuen Möglichkeiten schrumpfte.

So ist es mit der eigenen Meinung

Zwei Begriffe verbanden sich fast wie von selbst mit diesen Ereignissen: Glasnost und Perestroika war in aller Munde und im Unterricht wurde dazu von nun an weitgehend ungehemmt diskutiert. Im gleichen Unterricht und mit den gleichen Lehrern, denen wir unser Wissen zum überbordenden Armutsrisiko des ausbeuterischen Kapitalismus im Vergleich zu den klaren Vorzügen des Kommunismus verdankten. Wir diskutierten an gleicher Stelle nun über Umbruch, Wandel, Offenheit und Transparenz, wo wir nicht einmal ein Jahr zuvor noch einen Aufsatz zu den alternativlosen Glückseligkeiten des Kommunismus zu schreiben hatten.

Die Verwunderung darüber stand vielen ins Gesicht geschrieben und die Unsicherheit wich mit der Zeit, auch wenn die Skepsis blieb.

Plötzlich war eine Meinung gefragt. Plötzlich sollte eine eigene, möglicherweise sogar eine nicht pro-sozialistische oder pro-russische eigene Ansicht gefahrlos möglich sein? Das war ungewöhnlich und wenig vertrauenserweckend, dabei gleichzeitig kribbelnd neu und aufregend.

Wir alle waren im Endspurt der Polytechnischen Oberschule (POS) und konzentrierten uns auf die Vorbereitungen unserer Abschlussprüfungen. Zumindest hatten wir das vor. Die Ereignisse in Prag und Warschau, der Sommer in Ungarn flatterte in unseren Köpfen wie ein Vogel, der aus seinem Käfig möchte. Aufbegehren, laut werden, Probleme benennen – das alles war möglich. Es ging um mehr als nur darum, dass es im Konsum immer weniger Angebot gab. Die ausbleibenden Lutscher, mit denen man auch pfeifen konnte, waren mein ganz persönliches kindliches Symbol für den Mangel und das Vermissen gewesen. Waren es erst diese Lutscher, verschwanden irgendwann Schokoriegel aus den Regalen. So einiges mehr ward nicht mehr gesehen, wurde erst vermisst und dann verdrängt, um das Beste aus dem verbliebenen Angebot zu machen. Nahezu alles im Leben in der DDR war ein stetes Einstellen auf fehlende Produkte, fehlende Möglichkeiten und eben auch fehlende Freiheit.

Der gut verwaltete Mangel hatte zwar zur Kreativität, auch im Organisieren der sogenannten »Bückware« geführt. Wachstum und Wohlstand waren jedoch Fremdwörter. Nahezu alles im täglichen Leben war danach ausgerichtet, an die begehrten, eigentlich nicht vorhandenen Waren des täglichen und des nicht täglichen Lebens zu kommen. Apfelsinen, Feinstrumpfhosen, mal eine andere Bluse als die, die in uniformer Langeweile auf den Kleiderständern im Kaufhaus hingen, Ersatzteile oder eben die berühmten Bananen.

Jede Familie mit Westverwandtschaft schätzte sich glücklich, konnte sie doch zumindest ein wenig dieses Mangels ausgleichen. Wer wie wir zu jenen gehörte, die dieses Glück nicht hatten, konnte ab und an wenigsten am Geruch des Westens teilhaben, gab es in der Nachbarschaft den guten Jacobs-Kaffee, in der Verwandtschaft besser riechendes Duschbad oder steckte sich ein Schulkamerad auf dem Schulhof (heimlich) einen Wrigley's-Kaugummi in den Mund.

Die Planwirtschaft hatte uns alle, manche mehr, andere weniger in wirtschaftliche Aussichtslosigkeit gebracht, die zwar niemanden wirklich hungern ließ, aber nur wenigen wesentlich mehr als eine bedingt komfortable Existenzsicherung ermöglichte. Hierüber konnte nun offen gesprochen werden, ohne Ermahnungen oder Erinnerungen an unseren kollektiven sozialistischen Geist.

Die neue Welt der D-Mark

Innerhalb nur weniger Tage besuchten mehr als vier Millionen DDR-Bürger West-Berlin oder die Bundesrepublik. Die 100 D-Mark Begrüßungsgeld waren für so manchen Besucher der Inbegriff westlicher Privilegien, bedeutete der Besitz von »Westgeld« doch bis dahin Vorteile, die für die meisten schlicht unerreichbar waren.

So war auch meine Mutter Anfang 1989 plötzlich im Besitz der sogenannten Forumschecks, jenem Zahlungsmittel zum Einkauf in den mit Westwaren ausgestatteten Intershops, was einem familiären Großereignis gleichkam. Sie hat mir nie verraten, wie ihr das gelungen war. So wie vieles in der DDR ein Geheimnis war und meistens auch blieb.

Schließlich war die Herkunft der Forumschecks doch unwichtig. Wichtig waren mir vielmehr die sich nun ergebenen Möglichkeiten. Denn ein Teil dieser Forumschecks wurde tatsächlich mir überlassen. Und so ging ich in den Eisenhüttenstädter Intershop – zum ersten Mal. Da ich so völlig überfordert war von dem ungewohnt herrlichen Geruch und dem bunten Angebot in diesem kleinen Geschäft, gelegen im Hotel »Lunik« an der Straße der Republik, zog ich zunächst unverrichteter Dinge wieder ab. Der zweite Versuch hat mir Bonbons und Gummibärchen, einen bunten Bleistift mit Radiergummi und Lineal in die Tasche gezaubert. Ein klein wenig westlicher Hauch wehte mitten im Sozialismus nun auch durch mein Kinderzimmer.

Die D-Mark war damit nicht nur für mich, sondern in der gesamten sozialistischen Gesellschaft schon viel früher als 1989 tonangebend und hat wesentlich dazu beigetragen, dass sich die Ostdeutschen in »Menschen mit« und »Menschen ohne« Westverwandtschaft und Westwährung unterschieden. Die Verwandten im Westen und die Verfügbarkeit der »klassenfeindlichen« westlichen D-Mark machte einen Unterschied im sozialistischen Kollektiv.

Die 100 D-Mark Begrüßungsgeld von meinem ersten wahren Ausflug in den Westen im Herbst 89 habe ich in einen Walkman und Kassetten investiert, und fortan schwamm ich in der Glückseligkeit eines endlich auch Wrigley's kauenden Teenagers.

Aufbruch in eine neue Zeit im Osten

Eine neue Zeit kann es nur ohne alte diktatorische Institutionen und Maßnahmen geben. So wurde knapp drei Monate nach der Maueröffnung am 15. Januar 1990 die Stasi-Zentrale in Berlin von den Bürgern besetzt, nachdem die Übergangsregierung der DDR die Auflösung dieses Ministeriums für Staatssicherheit (MfS) beschlossen hatte.

Am 30. Juni 1990 hörte die Stasi rechtlich endgültig auf zu existieren. Bis dahin, zumindest aber bis Ende 1989, hat die Staatssicherheit großes Leid und vor allem ein Grundgefühl des Misstrauens in die Bevölkerung getragen. Die Besetzung war nicht nur befreiend, sie galt auch der Beweissicherung, waren die ehemaligen Genossen doch Tag und Nacht beschäftigt, Akten zu vernichten. Noch heute liegen Tonnen von Aktenschnipseln im Archiv. Geschredderte Akten, die das diktatorische System entlarvten.

Die Angst um die Aufdeckung dieses Unrechts musste in den Reihen der zuvor Mächtigen und ihrer vielen Stasi-Spitzel und anderer Täter groß gewesen sein. Dieses Unrecht zu erkennen und deren Systematik zu begreifen, war und ist unabdingbare Voraussetzung für eine Zukunft, in der sich Ähnliches nicht wiederholen kann.

Die Stasi wird entmachtet

Die SED regierte in der DDR ohne jede demokratische Legitimation. Ihre dem Volk gestohlene Macht musste sie daher über einen umfangreichen Partei-, Sicherheits- und Überwachungsapparat absichern.

Wie umfangreich der Überwachungsapparat des Ministeriums für Staatssicherheit (MfS) aufgebaut war, zeigen allein schon deren eigene Verwaltungsstellen in jedem der 15 Bezirke und 209 Kreise. In über 17 eigenen Untersuchungsgefängnissen wurden Menschen eingesperrt, deren Meinungen und Haltungen von den Sozialismus-Vorstellungen der SED abwichen. Freiheitliche, nicht-sozialistische Meinungen wurden weder toleriert noch akzeptiert, dafür jedoch intensiv bekämpft und teilweise drakonisch bestraft. Prägend für das MfS war der 17. Juni 1953. Ein Volksaufstand, der die Stasi in seiner Wucht überraschte, weshalb sie anschließend nochmals massiv in die Überwachung investierte.[41] Man wollte früher wissen und gegensteuern können, sollten die eigenen Bürger erneut Demokratie und Freiheit fordern.

Die Stasi drang daher mit zum Schluss über 91 000 unbedingt linientreuen hauptamtlichen und mehr als 180 000 Inoffiziellen Mitarbeitern (IM) selbst in die privatesten Lebensbereiche der Menschen vor. Waren deren Methoden zuerst aggressiv und hart, wurden sie mit den Jahren leiser und damit unauffälliger[42], aber nicht weniger brutal, wie die »Zersetzung«, eine perfide Methode, Menschen und ihre Leben zu zerstören, belegt.

Um Menschen zu zersetzen, isolierte das MfS einzelne Personen oder Gruppen, brachte sie in Verruf oder kriminalisierte sie und verunsicherte sie systematisch. Dies, indem es das nähere oder fernere Umfeld manipulierte und nicht selten hoch schädliche Gerüchte in die Welt setzte. Berufliche Laufbahnen wurden zerstört, ohne dass die Betroffenen die Hintergründe erkannten, geschweige denn nachvollziehen konnten.[43]

Dies gelang kaum ohne die Inoffiziellen Mitarbeiter (IM), die, unterschiedlich motiviert, mit der Stasi auf zumeist freiwilliger, manchmal auch erpresster Basis zusammenarbeiteten. Die IM wurden in private Freundesgruppen, unter Studenten, in Kollektiven oder Brigaden der Betriebe eingeschleust, haben Haltungen, Meinungen und Handlungen ihres Umfeldes beobachtet und ihrem Führungsoffizier vom MfS berichtet.

Im Kampf gegen die »Feinde des Sozialismus« hat das MfS mit über 270 000 zumeist männlichen Mitarbeitern die eigene Bevölkerung bespitzelt, denunziert oder weggesperrt. Ein ganzes Land wurde überwacht, hat sich gegenseitig beobachtet und war schließlich im Strudel des steten Misstrauens gefangen. Ein sozialistisches Regime, das sich vor dem Freiheitswillen der eigenen Bevölkerung mit menschenverachtenden Mitteln schützen musste, um an der Macht zu bleiben.

1990: Die ersten freien Wahlen noch immer in der DDR

Am 18. März 1990 fanden auf dem Gebiet der DDR zum ersten Mal freie und demokratische Wahlen statt. Wahlen, die die seit dem November des Vorjahrs, wenige Tage nach dem Mauerfall regierende, demokratisch jedoch nicht legitimierte Übergangsregierung um Hans Modrow ablösen sollten. Dieser vom SED-Politiker Modrow installierten »Regierung der nationalen Verantwortung« gehörten neben Vertretern der ehemaligen Blockparteien auch Oppositionelle an.

Auch der von der Opposition und der Übergangsregierung auf großen Druck aus der Bevölkerung hin einberufene Zentrale Runde Tisch war weiterhin nicht demokratisch legitimiert. Er selbst verstand sich daher als Kontrollorgan auf Zeit, bis demokratische Wahlen stattgefunden haben.

Dieser Runde Tisch erarbeitete eine neue Verfassung der DDR, setzte die Auflösung der Stasi durch und entwickelte sich zu einer Art Vorparlament, das am 7. Dezember 1989 mit der ersten Sitzung seine Arbeit aufnahm und am 12. März 1990 schließlich einstellte.[44]

Die ersten freien, allgemeinen, gleichen, geheimen und unmittelbaren Wahlen in Ostdeutschland zogen 93,4 Prozent der Wahlberechtigten an die Wahlurnen. Eine Traumquote, sind es heute in der Regel weniger als 80 Prozent Wahlbeteiligung bei Bundestagswahlen insgesamt, wobei der bislang niedrigste Wert mit 70,8 Prozent 2009 erreicht wurde.[45]

Man muss sie wohl wirklich erst missen, um zu begreifen, wie wertvoll Demokratie und die ihr zugrunde liegenden Wahlen sind.

Angetreten sind bei den ersten freien Volkskammerwahlen die zumeist in der Wendezeit neu gegründeten Parteien

- DSU (Deutsche Soziale Union – zeitweise von der CSU unterstützt, später bedeutungslos);
- DA (Demokratischer Aufbruch – aus Teilen der Bürgerbewegung und auf Initiative der Kirche 1989 gegründet, später mit CDU fusioniert);
- SPD (als Sozialdemokratische Partei in der DDR 1989 aus der SDP [wieder-]gegründet);
- PDS (Partei des Demokratischen Sozialismus – entstanden per Umbenennung der SED);
- das Wahlbündnis BFD (Bund Freier Demokraten u. a. auch mit der Blockpartei LDP/LDPD – Liberal Demokratische Partei, unterstützt von der westdeutschen FDP, mit der sie sich später vereinigte);
- Bü90 (Bündnis 90 – Zusammenschluss aus den oppositionellen, basisdemokratischen Gruppierungen: Initiative für Frieden und Menschenrechte, Neues Forum und Demokratie Jetzt);
- DBD (Demokratische Bauernpartei Deutschlands) und
- Grüne (Grüne Partei mit dem unabhängigen Frauenverband im Bündnis) und schließlich die
- vormalige Blockpartei CDU.

Klarer Wahlsieger wurde mit 48,1 Prozent die Allianz für Deutschland, ein Wahlbündnis aus der CDU unter Spitzenkandidat Lothar de Maizière mit DSU und DA, deren Spitzenkandidat Wolfgang Schnur noch vor der Wahl als IM enttarnt worden war. Galt in den Wahlumfragen noch die SPD als potenzieller Sieger, war das klare Votum zugunsten der Christdemokraten ein offensichtliches Zeichen der Wähler für eine schnelle Wiedervereinigung. Wahlslogan der Allianz für Deutschland war: »Freiheit und Wohlstand – Nie wieder Sozialismus«.[46] Ein Motto, das bei der großen Mehrheit der Menschen, die vier Jahrzehnte unter dem sozialistischen Regime gelitten hatten, verfing und gleichzeitig Auftakt und Bestätigung war, mit dem im Wahlkampf versprochenen Prozess der Wiedervereinigung zügig zu beginnen. Eine Mammut-Aufgabe, wie sich bald herausstellen sollte.

Die SPD errang lediglich 21,9 Prozent der Stimmen, die in PDS umbenannte SED immerhin 16,4 Prozent. Der Bund Freier Demokraten bekam noch 5,3 Prozent der Stimmen, alle weiteren angetretenen Parteien und Wahlbündnisse lagen darunter.

Übertragen in die alte Zeit der Einheitsfront der DDR, war die Angst des Honecker-Regimes vor demokratischen freien Wahlen und vor einer wirklichen Opposition angesichts dieses Wahlergebnisses durchaus berechtigt, hätte Wahlfreiheit in der DDR schließlich Machtverlust für die SED bedeutet. Der Sozialismus war unpopulär, und dies nicht erst nach 40 Jahren, sondern schon 1953, wie der damalige Volksaufstand gezeigt hat.

Der Schriftsteller Stefan Heym hat das Wahlergebnis noch am Abend des 18. März 1990 so kommentiert: »Es wird keine DDR mehr geben. Sie wird nichts sein als eine Fußnote in der Weltgeschichte.« Einerseits dürfte Heym recht behalten und die DDR ist mit ihren Erinnerungen an Gemeinschaft, mit ihrer Kreativität, die die Mangelwirtschaft auslöste und mit ihren vierzig Jahren sozialistischer Geschichte verschwunden. Andererseits sehen viele Menschen heute wieder beängstigende Parallelen, wenngleich auch um die Ecke nicht ein diktatorisches Regime wie das der DDR lauern dürfte. Parallelen, die es zu erkennen und anzuschauen gilt, um gefährliche Tendenzen zu erkennen und schließlich ernst zu nehmen.

Schauen wir also hin und hinter die Kulissen der Parteien, die in Ostdeutschland entstanden und aktiv waren, und auf ihre politischen Ziele, Werte und Ideen.

SED - PDS - Die Linke

Sitze ich mit Bundestagsabgeordneten von Die Linke im Plenum, komme ich nicht umhin, an die SED zu denken. Insbesondere ist Gregor Gysi, der zwar nicht mehr ihr Frontmann, aber doch noch sehr präsent ist, eine Persönlichkeit, die für mich untrennbar mit der SED verbunden ist. Und sehe ich Petra Pau als Stellvertretende Bundestagspräsidentin im Bundestagspräsidium oder sitze ich gar als Schriftführerin dort neben ihr, landen meine Gedanken zuverlässig bei der zutiefst demokratiefeindlichen Sozialistischen Einheitspartei Deutschlands. Es bleibt mir ein Rätsel, wie der Bundestag zulassen konnte, dass Petra Pau, die eine nicht unerhebliche Karriere als SED-Kader zurückgelegt hatte, Stellvertretende Bundestagspräsidentin wurde. Insbesondere, da die Person in dieser Position im Protokoll der Bundesrepublik das zweithöchste Amt nach dem Bundespräsidenten, aber vor dem Bundeskanzler innehat. In jeder Situation, in der Petra Pau ihr stellvertretendes Amt wahrnimmt, ist sie, vom Bundespräsidenten abgesehen, die Nummer 1 in diesem Staat. Angesichts der Diktatur, die diese Partei und deren Führungskader zu verantworten hatten, ist dies für mich völlig unverständlich und zudem ignorant den vielen Menschen gegenüber, die Opfer dieses Unrechtsstaates wurden. Menschen, die als politische Gefangene in Bautzen oder Hohenschönhausen oder in Hoheneck, einem von mehreren Frauengefängnissen, einsaßen, deren junge Seelen in Jugendgefängnissen oder Jugendwerkhöfen zerstört wurden, die an Mauer und Stacheldraht erschossen wurden, die »zersetzt« oder als Oppositionelle, die den Begriff »demokratisch« im Namen DDR verwirklichen wollten, ruiniert wurden oder deren Lebensläufen nicht wiedergutzumachende Einschnitte beigebracht wurden.

Diese SED hatte auf ihrem Parteitag im Dezember 1989 beschlossen, sich nicht aufzulösen und sich stattdessen einen neuen beziehungsweise zunächst erweiterten Namen SED-PDS zu geben. Aus der »Sozialistische Einheitspartei Deutschlands«, hervorgegangen 1946 aus der Zwangsvereinigung der sozialdemokratischen und der kommunistischen Partei, bei deutlicher personeller Dominanz der vorherigen KPD und dem damit verbundenen Ende der Sozialdemokratie in der DDR, wurde nun dem Namen nach eine Partei des demokratischen Sozialismus.

Auf dem Sonderparteitag im Dezember 1989 wurde mit dem Fortbestand der ehemaligen SED dann auch gleichermaßen und immanent die Rettung des SED-Vermögens mehrheitlich beschlossen. Zwar sollte mit dem geschlossenen Rücktritt der gesamten vormaligen SED-Führung noch eine Reform von innen heraus angestoßen werden, doch waren von den ehemals rund 2,2 Millionen SED-Mitgliedern (Stand 1989) im Jahr 1990 noch rund 370 000 Mitglieder geblieben, die nun unter dem erweiterten Namen SED-PDS mit gutem finanziellen Polster einen demokratischen Sozialismus etablieren wollten.

Dem neuen Vorsitzenden Gregor Gysi, der sich 1989 noch sehr für den Erhalt seiner Partei eingesetzt hat, begegnete ich nun, 35 Jahre später, regelmäßig im Plenarsaal oder auf den unterirdischen Gängen des Bundestagsgeländes. Und jedes Mal ertappe ich mich bei dem Gedanken an die SED.

Um der scheinbaren Erneuerung mehr Sichtbarkeit zu geben, wurde kurz vor der Volkskammerwahl 1990 der doch zu belastende Teil im Namen SED aufgegeben mit dem Ziel, sich nur noch als PDS inhaltlich neu aufzustellen, und das Ziel der »Diktatur des Proletariats« zumindest im Parteinamen vergessen zu machen.

Eine Selbstauflösung dieser Diktatur-affinen Partei vermisse ich bis heute schmerzlich. Genauso, wie mich der nach wie vor große Zuspruch zur heutigen Linken vor allem im Osten wundert, scheint ihren Wählern das Experiment DDR nicht schon genug sozialistische Erfahrungen mit auf den eigenen Lebensweg oder auf den der Eltern und Großeltern gegeben zu haben. Eine schlichte Namensänderung lässt alte Inhalte, vor allem bei teilweise gleichen Mitgliedern nicht einfach verschwinden. Schon die Idee, ein Sozialismus könnte demokratisch sein, kann nach all den vielen gescheiterten Versuchen in der DDR, in der UdSSR, im gesamten Ostblock, in Kuba, Nordkorea, China oder Venezuela als gescheitert zu den Akten gelegt werden.

Und doch, der Anspruch verfängt offensichtlich damals wie heute, ob aus Enttäuschung oder Überzeugung, bleibt für das Ziel schließlich egal.

Nicht nur Menschen, die ein eher positives Bild zur untergegangenen Diktatur hatten und wohl auch noch immer haben, unterstützten die PDS in der Anfangs- und Folgezeit. Auch immer mehr Ostdeutsche, die sich vom folgenden notwendigen wirtschaftlichen Transformationsprozess abgehängt und von den »Wessis« übergangen oder gar herabgesetzt fühlten, suchten dort ihre neue und zugleich alte politische Heimat. Im Strudel der neuen Lebensumstände war ihnen die PDS ein Anker, den die westdeutschen Parteien nicht bieten konnten. So überstand die PDS entgegen so mancher Prognose die ersten Nachwendejahre und gewann bei den Landtagswahlen in den damals noch »neuen« Bundesländern Mitte der 1990er-Jahre kräftig an Stimmen und damit Einfluss dazu.

Ich selbst erinnere mich noch gut, wie verzweifelt ich später teilweise nach einer Partei gesucht habe, der ich mein Kreuz schenken konnte. Rot wollte ich nicht mehr wählen, schwarz war mir zu konservativ-altbacken und gelb hat mich als reine kühle Wirtschaftsklientel-Partei nicht wirklich angesprochen. Angesichts dieser Auswahl kann ich die Entscheidung vieler Menschen aus der DDR für den »Rettungsanker« PDS durchaus verstehen. Wirklich nachvollziehen kann ich ein Kreuz bei dieser Partei bis heute nicht.

Die regionale Begrenzung der PDS auf den Osten Deutschlands wurde bis 1998 nicht durchbrochen. Bis ihr dann erstmals der Sprung über die Fünfprozenthürde bei der Bundestagswahl gelang. Erreicht hat sie dies im Windschatten der SPD. Deren vormaliger Vorsitzender Oskar Lafontaine vereinigte seine sozialdemokratische Abspaltung WASG (Wahlalternative Soziale Gerechtigkeit) schließlich mit der PDS zur Partei Die Linke. So kamen linke Ideologen aus dem Westen und linke Pragmatiker aus dem Osten zusammen. Ein parteiinterner Flügelkampf entbrannte, der bis zum Austritt von Sahra Wagenknecht und ihren Anhängern 2023 anhielt und zur Gründung ihrer neuen Partei BSW führte.

Aufbruch 89 - Neues Forum

Das Neue Forum hat sich nachhaltig in meine Erinnerungen gebrannt, war es doch innerhalb der ostdeutschen Oppositionsbewegung die Gruppierung mit der größten Breitenwirkung.

Mitglieder der Friedens-, Menschenrechts- und Umweltbewegung vereinigten sich, um über demokratische Reformen zu diskutieren und die Gesellschaft mit möglichst breiter Unterstützung aus der Bevölkerung umzugestalten. Erst am 8. November 1989 wurde es vom Innenministerium der DDR offiziell zugelassen, das es vorher noch als »staatsfeindliche Plattform« abgelehnt hatte. Wichtige und bekannte Gesichter des Neuen Forums waren Bärbel Bohley, Rolf Henrich und Jens Reich.

»Das politische System, das sich Bärbel Bohley dabei vorstellte, war im Grundgesetz nicht vorgesehen. Sie wünschte sich einen Staat, der unmittelbar auf dem Engagement des mündigen Bürgers aufbaut. Den Parteien als Vermittlern zwischen Bürgern und Staat stand sie äußerst misstrauisch gegenüber: An ihrer Stelle sollten offene Bürgerbewegungen treten, in denen politische Vorhaben und Probleme von allen Betroffenen angepackt werden können.«[47]

Obwohl sich diese Idee nicht durchgesetzt hat, bleiben Fragmente in vornehmlich links ausgerichteten Parteien bestehen, wie der in dieser Logik stehende 2023 eingerichtete erste Bürgerrat zum Thema »Ernährung im Wandel«, eine Herzensangelegenheit der sozialdemokratischen Bundestagspräsidentin Bärbel Bas, zeigt.

Bündnis 90

In der DDR hat sich ab Anfang der 1980er-Jahre eine außerparlamentarische Opposition formiert, insbesondere um Wahlfälschungen aufzudecken und ihnen entgegenzutreten. Ihr Ziel war es zudem, selbst über Listenplatzierungen im Block der Nationalen Front zum Beispiel an Volkskammerwahlen teilzunehmen, was ihnen als oppositionelle Gruppierungen bis Ende 1989 jedoch verwehrt wurde.

Die verschiedenen Oppositionsgruppen Demokratie Jetzt (DJ), Demokratischer Aufbruch (DA), Demokratische SozialistInnen (DS),

Initiative Frieden und Menschenrechte (IFM), Initiativgruppe Sozialdemokratische Partei in der DDR (SDP) und Neues Forum (NF) verfassten im Oktober 1989 eine gemeinsame Erklärung, die ihr Ziel freier Wahlen dokumentierte. Aus dieser gemeinsamen Erklärung erwuchs im Februar 1990 mit Blick auf die dann vorgezogenen Volkskammerwahlen ein Wahlbündnis aus DJ, IFM und NF, das sich den Namen Bündnis 90 gab. Diese Gruppierungen verstanden sich im Wesentlichen als basisdemokratische, dezentrale Opposition und wollten sich nicht als Partei gründen.

Die im Bündnis 90 vereinigten Gruppierungen hatten alle ein ähnliches Ziel: Sie wollten den Sozialismus in seiner diktatorischen Alleinherrschaft überwinden, hielten jedoch gleichzeitig am gesellschaftspolitischen Konzept des Sozialismus fest, mit Reformvorschlägen hin zu einem demokratischen Sozialismus. Mit Forderungen nach Rechtsstaatlichkeit, Meinungsfreiheit, der Abschaffung der Stasi und einer neuen Verfassung wollten sie sich maximal von der Diktatur des SED-Regimes abgrenzen. Gleichzeitig lehnten sie eine deutsche Einheit ab und präferierten stattdessen eine föderative Koexistenz der beiden deutschen Staaten auf Augenhöhe, fürchteten sie doch den »Ausverkauf« der DDR.[48]

1993 vereinigte sich Bündnis 90 mit den Grünen aus Ost und West zu Bündnis 90 / Die Grünen. Diese Partei spielt heute eine wesentliche Rolle auf dem politischen Parkett der Bundesrepublik.

Die Ostdeutschen Grünen

Das Eisenhüttenkombinat Ost (EKO) hat regelmäßig seinen Schlackeregen auf Eisenhüttenstadt niedergehen lassen. Die Trabbis qualmten und rußten ordentlich und aufs Baden in der Oder sollte man nicht nur wegen der Grenze zu Polen lieber verzichten. Meine Umwelterinnerungen reichen noch bis weit in die Nachwendezeit, als ich Flüsse nur als Chemiekloaken wahrnahm.

Die katastrophalen ökologischen Zustände in der DDR wurden zwar offiziell verschwiegen und belastende Daten unter den Teppich gekehrt, dennoch waren die Umweltschäden durch den Hauptenergieträger Braunkohle oder die auf veraltetem technischem Umweltstandard produzierende chemische Industrie unübersehbar.

Umweltaktivisten organisierten sich daher in etwa 80 verschiedenen Gruppen, um darauf aufmerksam zu machen. Diese Umweltaktivisten galten zwar als Staatsfeinde und wurden von der Stasi beobachtet, dennoch gelangen ihnen einige spektakuläre Aktionen wie der Dreh des Dokumentarfilms »Bitteres aus Bitterfeld«, der 1988 vom Westfernsehen ausgestrahlt wurde.[49]

Die westdeutschen Grünen unterstützten die Umweltgruppen im Osten überwiegend, auch wenn es in der Öko-Partei teilweise die Befürchtung gab, mit einer Einmischung in die ostdeutsche Umweltpolitik die Fortschritte in der Entspannungspolitik zu gefährden.[50]

Am 24. November 1989 schließlich gründete sich die ostdeutsche Grüne Partei, die jedoch in der ersten und letzten demokratischen Wahl der Volkskammer in einem Wahlbündnis mit dem Unabhängigen Frauenverband nur 1,97 Prozent der Stimmen und damit acht Sitze errang.[51]

Ein enttäuschendes Ergebnis für die Bürgerrechtsbewegung. Und ein klares Statement der Wähler für oder eher gegen eine zu starke Gewichtung des Themas Umwelt in ihrer eigenen aktuellen Lebenswirklichkeit. 1990 legten die Ostdeutschen, die gerade einen kompletten Systemwechsel zu vollziehen hatten, offensichtlich andere Schwerpunkte als saubere Luft oder klare Flüsse.

Bei der ersten gesamtdeutschen Bundestagswahl am 2. Dezember 1990 verfehlten in den getrennt betrachteten und gezählten Wahlbereichen Ost und West die westdeutschen Grünen den Einzug in den Bundestag mit 4,8 Prozent knapp. Den ostdeutschen Grünen gelang gemeinsam im Wahlbündnis mit Bündnis 90 und anderen Gruppen der Bürgerrechtsbewegungen mit 6 Prozent der Sprung ins nunmehr gesamtdeutsche Parlament. Die Ost-Grünen, die nun ohne die westlichen Partner im Bundestag saßen, nutzten die Wahlperiode intensiv, spezifische ostdeutsche Belange, wie die Gründung der Behörde zur Aufarbeitung der Stasiunterlagen durchzusetzen. Seit 1993 streiten die ost- und westdeutsche Grünen gemeinsam in der

Partei Bündnis 90 / Die Grünen um klimapolitische Inhalte mit sozialistischen Tendenzen.

Die ehemalige Blockpartei Ost-CDU als Teil der Allianz für Deutschland

Die Ost-CDU war Ende 1989 als eine von vier kleineren Blockparteien mit 135 000 Mitgliedern die mitgliederstärkste im SED-Regime. Sie war ebenso wie die anderen Blockparteien und Massenorganisationen Mitglied der Nationalen Front als Einheitsblock.[52] Mit dieser Blockbildung gab es keine in die Volkskammer gewählte Opposition in der DDR.

Aufgabe der »Blockflöten«-CDU war es vielmehr, den Christen in der DDR die postulierte Vereinbarkeit der »humanistischen Ziele« des Sozialismus mit denen des Christentums zu vermitteln und sie an den sozialistischen Staat heranzuführen.[53] Alles im Auftrag und nach den Vorstellungen der SED, die zuvor über »Säuberungen« und Repressionen unerwünschte Elemente aus der Partei entfernt hatte.

Erst mit dem Umbruch in der DDR trat die CDU aus dem Einheitsblock der Nationalen Front aus, verneinte den Führungsanspruch der SED und erneuerte sich organisatorisch, personell und programmatisch. Die Ost-CDU erkannte die Mitschuld an den Fehlentwicklungen in der DDR an und erteilte dem Sozialismus eine Absage.

Der neue Vorsitzende Lothar de Maizière wurde mit dem Erdrutschsieg der CDU von 40,59 Prozent bei den Volkskammerwahlen neuer Ministerpräsident. Seine Regierung managte schließlich die Währungs-, Wirtschafts- und Sozialunion und über den Einigungsvertrag und den Zwei-plus-Vier-Vertrag die deutsche Wiedervereinigung durch Beitritt der DDR zur Bundesrepublik Deutschland nach Art. 23 GG. Anfang Oktober 1990 vereinigten sich auf dem 38. CDU-Bundesparteitag in Hamburg West- und Ost-CDU.[54]

Private und wirtschaftliche Freiheit rangierten für die Ostdeutschen an erster Stelle. Dafür stand auch die CDU, dafür wurde sie gewählt. Hätte ich 1990 schon wählen dürfen, hätte ich mich wohl genauso entschieden, wollte schließlich auch ich den westdeutschen Pass baldmöglichst in meinen Händen halten. Ihre eigentlichen, für mich sich erst später als konservativ-altbacken herauskristallisierenden Ideen und Werte blieben zu diesem Zeitpunkt noch sehr im Hintergrund. Was zählte, war eine zügige Wiedervereinigung, und die hatten sie versprochen.

Das Tempo Richtung Wiedervereinigung zieht an

Es lag etwas ganz Großes in der Luft. Vor nicht allzu langer Zeit noch musste ich mit Forumschecks in der Tasche im Intershop genau abwägen, ob es »Nimm2« oder »Werthers Echte« sein würden. Nun sollte es möglich sein, einfach immer beides oder eben auch Musikkassetten, Orangensaft, Kaugummis oder die *Bravo* kaufen zu können, und das zu jeder Zeit. Ja, das wollte ich, und zwar rasch.

Ähnlich musste es vielen Menschen in der DDR gegangen sein. Nicht Bürgerrechte und Umweltschutz, sondern eine schnelle D-Mark und die damit verbundene Hoffnung auf westlichen Wohlstand bewegten die Ostdeutschen. Sie waren wie ausgehungert, von ständiger Disziplin geprägt und geschult im immerwährenden Verzicht. Wohlmöglich hat sich nicht nur mir die vermeintlich gute Sache eines demokratischen Sozialismus, für die vor allem die Oppositionsgruppen um Bündnis 90 oder die SED-PDS weiterkämpften, nicht wirklich erschlossen. Beständig trostlose leere Regale sollten ausgedient haben. Die westliche Politik war sensibel genug, diese Stimmung aufzugreifen, und Bundeskanzler Helmut Kohl nutzte die Dynamik für unumkehrbare Vorstöße.

So hatte er im gerade beginnenden Wahlkampf zur Volkskammerwahl bereits Anfang Februar 1990 zum ersten Mal öffentlich die Einführung der D-Mark in der DDR angekündigt. Die damalige DDR-Wirtschaftsministerin hingegen hatte sich stets gegen eine rasche Errichtung der Währungsunion ausgesprochen.[55] Rückblickend war dies sicher vernünftiger, durchhaltbar war es aber nicht.

Gleichzeitig offenbarte sich zunehmend die tatsächliche dramatische Misswirtschaft der DDR, was eine große Lösung anstatt Flickschusterei notwendig erscheinen ließ. Jede mögliche Lösung für die Zusammenführung der enorm unterschiedlichen Wirtschaftssysteme in Ost- und Westdeutschland lief daher unweigerlich auf die vollständige Übernahme der Wirtschafts- und Finanzpolitik der DDR durch die Bundesrepublik hinaus.

Diskussionen um den Umtauschkurs der Ost- in die D-Mark beendete der Bundeskanzler wiederum durch eine öffentliche Ankündigung, die nicht mehr zurückgenommen werden konnte. Fünftausend Mark pro Person konnten 1:1 in D-Mark umgetauscht werden, darüber hinaus war der Kurs 1:2.

Mit einer geschickten Geldverteilstrategie blieb meinen Eltern ein größerer Verlust durch den 1:2 Umtauschkurs erspart. Von Vermögen konnte dennoch sicherlich keine Rede sein, und dies nach jahrzehntelanger Vollzeitarbeit meiner beiden Eltern mit meinem Vater als Maschinenbauingenieur. Zum ersten Mal spürte ich eine gewisse, nicht greifbare Wut auf das vergehende SED-Regime, hatte es meine Eltern, deren größte Anschaffung (neben dem Skoda) nur Monate vor dem Mauerfall noch ein Farbfernseher für nahezu ein halbes Jahresgehalt war, und ihre Generation kleingehalten.

Die Währungsunion fand am 1. Juli 1990 statt; die Wiedervereinigung folgte am 3. Oktober 1990. Der Wunsch und Traum vieler DDR-Bürger erfüllte sich. Zumindest bis Arbeitslosigkeit und gefühlte Nutzlosigkeit den gesamten Osten der neuen, wiedervereinigten Bundesrepublik ergriff.

Für mich ging diese Zeit des Umbruchs doch noch einigermaßen geordnet weiter, schließlich hatte ich meine Schule und meine Freunde und die Abschlussprüfung der 10. Klasse zu bestehen. Für meine Eltern hingegen müssen die Veränderungen gravierend gewesen sein.

Da stand die Frage im Raum, wie es mit dem EKO und vor allem mit den rund 20 000 Beschäftigten weitergehen soll. Eine Frage, die mein Vater unmittelbar tangierte. Mit der Umwandlung in die EKO

Stahl AG und die spätere Übernahme durch Arcelor Mittal löste sich diese Ungewissheit für ihn zwar bis zur Verrentung im Guten auf, viele andere blieben jedoch auf der Strecke. Heute sind nur noch etwa 5000 Menschen unmittelbar im Werk beschäftigt.

Es wurden Entscheidungen getroffen, die meine Mutter aus der Schulverwaltung direkt in die vorher nie gekannte Arbeitslosigkeit führte. Eine Arbeitslosigkeit, die sie zermürbte und uns gleich mit. Es war beklemmend, diese so quirlige Frau mutlos und tatenlos am Fenster sitzen zu sehen oder zu erleben, wie sie verzweifelt versuchte, einen Ausweg aus dieser verfahrenen Situation zu finden. Das Glück, das wir alle empfanden, als sie eine neue erfüllende Arbeit gefunden hatte, erinnere ich noch heute.

Eine Achterbahnfahrt, deren Ende nicht vorhersehbar war, ging langsam zu Ende. Eine neue Routine machte sich breit in dem weiter andauernden Versuch, sich im neuen System zurechtzufinden.

Kein Aufbruch in eine neue Zeit im Westen

Die Menschen der DDR haben sich 1989 aus dem erst totalitären und später autoritären diktatorischen System der DDR befreit. Freiheit war für viele Ostdeutsche in ihrer neuen, bis dahin unbekannten Dimension greifbar und nahezu körperlich spürbar. Es war ein elektrisierendes Gefühl, das jedoch nicht selten die Ernüchterung des totalen Umbruchs im privaten und beruflichen Leben nach sich zog.

Für die Menschen in der BRD dagegen ging das Leben im Großen und Ganzen erst einmal weiter wie zuvor, und das galt umso mehr, je tiefer man im Westen der Republik und damit fern der deutsch-deutschen Grenze oder der Mauer lebte. Die Bedeutung des Zusammenbruchs des DDR-Regimes wird für die Westdeutschen eher geringer gewesen sein, auch wenn die Begeisterung und Empathie für die Geschehnisse und die DDR-Bürger insbesondere in den grenznahen Regionen und daheim an den Fernsehbildschirmen zunächst groß gewesen sein mag.[56] Schneller als im Osten mischten sich bedenkliche

Töne in die anfängliche Begeisterung: Wer soll das alles bezahlen? Gleichzeitig war die westliche Systemüberlegenheit durch den Zusammenbruch des Sozialismus bildlich geworden. Man verspürte in der alten Bundesrepublik einen Sieg über sozialistische Konzepte. Das wurde auch in den Medien deutlich.[57]

So wie die Menschen im Osten die Zeit in 89/90 als eine Zeit des Aufbruchs erlebten, die Neues, Ungewohntes und vor allem auch Ungewisses mit sich brachte, blieben die Menschen im Westen weitgehend in ihrem vertrauten Alltag.

Aus dem Osten wurde kaum etwas über das »Ampelmännchen« hinaus übernommen – warum auch, hatte man den Systemkampf doch gewonnen. Erst die Diskussionen um den Wechsel des Regierungssitzes von Bonn nach Berlin und die sich abzeichnenden Kosten der Wiedervereinigung rüttelte den westlichen Teil der Republik Mitte der 1990er-Jahre maßgeblich auf.

Der 1991 eingeführte Solidaritätszuschlag sollte Infrastrukturmaßnahmen im Osten unterstützen. Als »vorübergehend« deklariert, wurde er doch erst 2021, gut 30 Jahre nach der Wiedervereinigung, zumindest teilweise für die unteren und mittleren Einkommensgruppen wieder zurückgenommen. Der Unmut über diese Abgabe insbesondere bei Westdeutschen war allgegenwärtig und sicher auch gespeist durch das verbreitete Unwissen darüber, dass der »Soli« nicht nur im Westen, sondern auch im Osten von allen erwerbstätigen Bürgern zu zahlen war.

Die Ernüchterung, die der anfänglichen zumindest in Ostdeutschland vorhandenen Euphorie wich, war für viele nun arbeitslose, manchmal auch planlose DDR-Bürger erheblich, waren sie doch mit einem Gefühl des Aufbruchs in die für sie neue Zeit gestartet. Während für die Westdeutschen zunächst nur der Aufbruch und das Positive eines Neuanfangs ausblieb, entwickelte sich bei ihnen allmählich auch noch Frust angesichts der zusätzlichen Kosten dieser Einheit. Für den Westen war es die billige Einheit, die sich als haltlos erwies. Für den Osten entpuppten sich die »blühenden Landschaften« als nicht so schnell einlösbare Versprechungen.

Zudem hielt sich von Beginn an das Interesse der Westdeutschen am Osten in Grenzen. Nur wenige Menschen der BRD besuchten im Vergleich zu den Massen Ostdeutscher, die 1989 gen Westen strömten, direkt um die Wendetage und -wochen die ehemalige DDR. Das Interesse am Osten war gering. Schon während der Teilung hatten sie die DDR zumeist nur besucht, um Verwandte zu sehen. Dabei war es für Westdeutsche nicht sonderlich schwer, in und durch die DDR zu reisen. Das sozialistische Nachbarland im Osten verführte wohl trotz schöner Landschaften und historischer Stätten weniger zum Urlaub als Österreich, Italien oder Dänemark.

Der Westen – das überlegene System

Mit dem »Wirtschaftswunder«, das die Menschen in Westdeutschland seit der Gründung der BRD am 23.Mai 1949 erlebten, lag ihr Fokus verständlicherweise wohl eher beim wirtschaftlichen Wachstum und eigenen Wohlstand als bei den ostdeutschen Nachbarn.

Mit der Währungsunion übernahm 1948 das kapitalistische Wirtschaftssystem erfolgreich die Preisfindung. Ludwig Erhard, 1949 bis 1963 Bundeswirtschaftsminister und »Vater der Sozialen Marktwirtschaft«, beseitigte die Zwangswirtschaft und führte Westdeutschland mit dem auch von ihm entwickelten ökonomischen Konzept in eine Zeit des wirtschaftlichen Aufschwungs. Mit deren Grundsätzen wie zum Beispiel der freien wirtschaftlichen Betätigung, der Gewährleistung des marktwirtschaftlichen Wettbewerbs mit einer funktionsfähigen Wettbewerbsordnung, dem Privateigentum an den Produktionsmitteln oder dem Gewinnstreben als Leistungsanreiz wurde der Wohlstand breiter Bevölkerungsschichten und gleichzeitig ihre soziale Sicherheit in großem Umfang gesteigert.

Für die Westdeutschen bedeuteten die Jahre bis zur Wiedervereinigung damit eine erhebliche Wohlstandssteigerung, mit wachsenden Einkommen, zahlreichen Elektrogeräten im Haushalt, privaten PKW und einem sich beständig erhöhenden Freizeitbudget.

Währenddessen wurden in Ostdeutschland tausende Betriebe verstaatlicht und landwirtschaftlicher Großgrundbesitz und Kapitalbesitz enteignet. Der Anteil der Privatwirtschaft am Nettoprodukt der DDR betrug 1989 nur noch 4 Prozent.[58]

Menschen, die sich gegen die Stalinisierung ihrer Heimat wehrten, wurden entweder inhaftiert oder zumindest damit bedroht. Viele Unternehmer verlegten ihre Firmensitze in die Westzonen. Damit wanderte für den Wiederaufbau wertvolles Kapital aus dem Osten ab und kam stattdessen dem Westen für das beginnende Wirtschaftswunder zugute.[59]

Diesen aufkommenden Sozialismus nahmen die Menschen in Ostdeutschland nicht kampflos hin. Am 17. Juni 1953 demonstrierten sie in über 700 Städten und Orten für ihre Freiheit und für Demokratie. Über eine Million Menschen forderten den Rücktritt der Regierung Ulbricht, freie Wahlen und die Freilassung aller politischen Gefangenen. In Halle beispielsweise wurde an jenem Tag von den Protestanten das Deutschlandlied als Bekenntnis zur deutschen Einheit ebenso gesungen, wie »freie Wahlen in ganz Deutschland und Abzug der Besatzungsmächte« gefordert wurden. Angesichts dieses klaren Votums für die Wiedervereinigung sah sich das Regime einem Volksaufstand gegenüber, den nur noch sowjetische Panzer stoppen konnten. Etwa 50 Menschen wurden getötet und über 15 000 inhaftiert.[60]

Lediglich die Todesopfer, die nicht zu verheimlichen waren, wurden öffentlich zugegeben. Zeilen wie zum Beispiel diese am 19. Juni in der *Leipziger Volkszeitung* sollten verschleiern: »Als alle Mittel versagten und die faschistischen Banden unseren Volkspolizisten die Waffen zu entreißen versuchten, mußte sich unsere Volkspolizei zur Wehr setzen, und es fiel ein Angreifer als Opfer der zynischen Verbrechen der Agenten und Provokateure.«[61]

Diese Schweige- und Desinformationstaktik hatte Erfolg. Warum es kurz darauf eine Straße des 17. Juni in Westberlin gab, sollte insbesondere uns jüngerer Generation lange Zeit verschlossen bleiben. Weder in der Schule noch in den zahlreichen Pionier- oder FDJ-Nachmittagen wurde darüber gesprochen.

Mit einem Nationalfeiertag in der Bundesrepublik und jener Straße des 17. Juni in Westberlin verband auch ich nicht automatisch den ersten Freiheitskampf der Geschichte des geteilten Deutschlands. Erst nach meinem ersten Wendeausflug im November 1989 nach Westberlin erkannte ich die Lüge der Darstellung des »konterrevolutionären Putschversuchs«.

In der DDR sollten die Menschen möglichst diszipliniert vergessen. Die politische Elite vergaß offenbar nie. So fragte der Stasi-Minister der DDR, Erich Mielke, im August 1989 seine Generale beunruhigt, ob es so sei, »dass morgen der 17. Juni ausbricht«.[62] Mielkes Befürchtungen sollten sich bewahrheiten. 1989 wurde der Aufstand vom 17. Juni 1953 zu einem guten Ende für die Menschen der DDR geführt. Freiheit lässt sich nicht dauerhaft einsperren.

Westdeutschland hatte unterdessen der demografische Wandel ergriffen und ausländische Arbeitskräfte wanderten ein. Diese Arbeitsmigration machte Westdeutschland zu einem Einwanderungsland, 1980 stellten ausländische Bürger 7,2 Prozent der gesamten Wohnbevölkerung. Die »Gastarbeiter« waren spätestens mit dem Familiennachzug zu einem ständigen Teil der Bevölkerung der BRD geworden.[63] Deren Rückkehr in ihre Heimat zu fördern – auch mit finanziellen Anreizen – wurde Anfang der 1990er-Jahre aufgegeben.

Diese zum Teil schon in der dritten und vierten Generation in der BRD lebenden ausländischen Menschen waren nicht nur unerlässlich für die westdeutsche Wirtschaft. Sie erweiterten auch den gesellschaftlichen und kulturellen nationalen Horizont. Ein Aspekt, der einen beträchtlichen und nachwirkenden Unterschied zur DDR darstellt.[64]

3
WIE IST ES HEUTE IM WIEDERVEREINIGTEN DEUTSCHLAND?

Vereinigt wurden zwei Teile Deutschlands, deren gesellschaftliche Entwicklungen nicht unterschiedlicher hätten sein können. Die Menschen in der DDR lebten 40 Jahre lang in und mit einem totalitären beziehungsweise diktatorischen sozialistischen System. 1989 gelang ihnen die Transformation in ein westliches kapitalistisches und demokratisches System – selbst erkämpft, selbst erstritten, selbst gewollt.

Und doch bedeutete dieser Schritt bis dahin nicht geahnte persönliche und gesellschaftliche Erschütterungen. Sozialistisch geprägte Lebensleistungen lösten sich auf. Ein Staat, der eben noch ein klares Feindbild lieferte, Führung bedeutete und eine kollektive sozialistische Ideologie nicht nur anbot, sondern auch schonungslos durchsetzte, verschwand fast schon sang- und klanglos von der nationalen und internationalen Bildfläche. Der Niedergang der DDR war unvermeidbar. Und so bedeutete die Wiedervereinigung letztendlich, dass ein Teil Deutschlands verschwand, während der andere Teil, abgesehen von der territorialen Vergrößerung um die fünf beigetretenen Bundesländer, blieb wie er war.

Was genau verschwand oder ging verloren? Was war so verachtenswert, dass es unwiederbringlich gelöscht werden sollte?

Vom Fehlen echter Aufarbeitung und gemeinsamer Erinnerungskultur

Am 9. November 1989 öffneten sich Grenzen, die nur wenige Wochen zuvor noch für immer und vor allem fest verschlossen schienen. Es waren Grenzen, die zwei grundverschiedene gesellschaftliche Systeme trennten, diese jedoch gleichzeitig in ihrer Historie miteinander verbanden.

Das diktatorische sozialistische System des Ostens musste sich in eine schizophrene Scheinwelt flüchten, um dem natürlichen Drang der Menschen nach Wohlstand, Freiheit und Selbstbestimmung eine kollektivistische, solidarische und gleichmachende Gesellschaftsform entgegensetzen zu können, die mehrheitlich mindestens hinterfragt, von vielen aber auch offen abgelehnt wurde.

Das freiheitlich-demokratische System des Westens befand sich auf einem als überlegen begriffenen Wachstums-, Wohlstands- und Freiheitspfad, der jedes Einlassen auf das besiegte System des Ostens und jedes Verstehen erschwerte. Eine Diskussion, ob es bei der Wiedervereinigung auf eine Demokratie oder Diktatur hinauslaufen sollte, war klar obsolet; ein Aufeinanderzugehen wäre es jedoch nicht.

Das Öffnen der Grenzen machte einen Übertritt in beide Richtungen möglich. Der Weg Richtung Westen bedeutete eine Welt, die einem alles ermöglichte und alles versprach: Reisen, arbeiten was und wo man will, offen reden, die Meinung sagen, demonstrieren, streiken, Eigentum aufbauen – kurz gesagt: Freiheit.

Der Weg Richtung Osten bedeutete einen Blick hinter den »Eisernen Vorhang« mit seinem diktatorischen sozialistischen System, das den Staat in den wirtschaftlichen Bankrott und viele Menschen in das innere Exil führte, möglichst weit weg von diesem gesellschaftlichen Experiment. Dieser Blick bedeutete aber auch Verstehen und Sehen, was die Menschen im Osten erlebt, getan und geleistet haben.

»Es war nicht alles schlecht im Osten«, klingt zuweilen wie eine verzweifelte Rechtfertigung eines Lebens im Osten, das nicht nur reines Überleben war. Natürlich wurde auch im Osten gelebt. In privaten Nischen, in persönlichen und mit mitunter viel Kreativität selbst geschaffenen sozialen Netzwerken hat sich das Leben jenseits staatlicher Reglementierung abgespielt. Zwar versuchte das Regime mit seinen totalitären Kontroll- und Überwachungsmechanismen, auch in diese privaten und höchst persönlichen Umgebungen einzudringen, doch schufen sich die Menschen ihr ganz eigenes Umfeld. Sie hatten sich ihren Freiheitswillen, wachen Geist und Sensibilität für gesellschaftliche Schwingungen bewahrt und angesichts dieser besonders fordernden Umstände zuweilen auch gestärkt.

Der nachbarschaftliche »goldene Westen«, definiert über Freiheit und Demokratie und kapitalistisch mit der sozialen Marktwirtschaft umgesetzt, hielt viele (Wohlstands)-Versprechen für die ehemaligen DDR-Bürger bereit. Die meisten Versprechen erfüllten sich. Gleichzeitig gab es so manches Mal Enttäuschung und hartes Erwachen, waren doch – zumindest in der Theorie – alle Menschen im vormaligen Arbeiter- und Bauernstaat für die funktionierende Wirtschaft und das sozialistische Gesellschaftsgefüge unabdingbar. Arbeitslosigkeit, oft verbunden mit gefühlter Nutzlosigkeit, gepaart mit erlebter Unterlegenheit gegenüber den westdeutschen Landsleuten wurden nun plötzlich alltäglich und ein nicht zu unterschätzendes ostdeutsches Phänomen der Wendezeit.

Die sozialistische Diktatur der DDR wurde mit der Berliner Mauer eingerissen und das SED-Regime friedlich, aber bestimmt abgelöst und schließlich durch eine bereits 40 Jahre lang gefestigte westdeutsche Demokratie ersetzt. Fast schon gnadenlos rückstandslos. Gleichwohl sind die in der DDR sozialisierten Ostdeutschen genauso wie die Westdeutschen die gleichen Menschen geblieben, die schließlich ihre Erinnerungen und Erfahrungen mit in die neue gemeinsame Demokratie brachten.

Die auch gelebte Überlegenheit der Demokratie Westdeutschlands sollte dazu führen, dass die ostdeutsche Diktatur verpuffte. Wenn von zweien einer verschwindet, bleibt nur einer übrig. Eine in ihrer Logik unstrittige Aussage. In ihrer soziologischen, psychologischen und wirtschaftlichen Konsequenz ist sie jedoch bitter für die vom Verschwinden Betroffenen. Fehlt es an echter Aufarbeitung und gemeinsamer Erinnerungskultur, kann dieses Verschwinden schon auch mal als Verlust empfunden werden.

In Deutschland hat eine wirkliche gemeinsame Aufarbeitung viele Jahre nicht stattgefunden. Selbst die sogenannte »Ostalgie«, die durchaus auch als Sehnsucht nach der eigenen Identität gesehen werden kann, wird zuweilen als Sehnsucht nach Diktatur missverstanden. Sicher gibt es noch immer viele Menschen, die dem Gedanken an einen möglichen demokratischen Sozialismus nachhängen. Solche Sozialisten hat es immer gegeben und wird es auch immer geben – nicht nur im Osten Deutschlands.

40 Jahre DDR-Geschichte ist gleichzeitig auch Teil der gemeinsamen deutschen Geschichte, die nicht einfach so passierte, sondern aktiv betrieben wurde. Denn auch Sozialismus passiert nicht einfach so. Er wird gemacht.

»Der Stärkere gewinnt.« Das ist ein evolutionärer, vor allem biologischer Grundsatz, der so wichtig und richtig für die Entwicklung einer starken und widerstandsfähigen Population ist. Auf das Zusammenführen zweier unterschiedlicher Gesellschaften ist er jedoch möglicherweise nicht übertragbar.

Die grundlegenden, divergierenden gesellschaftlichen Entwicklungen in Ost- und Westdeutschland zeigen sich zum Teil bis heute in verschiedensten Ausprägungen, in Handlungen und Herangehensweisen der Frauen und Männer in Ost und West.

Über Demokratie

Die erste Demokratie auf deutschem Boden, begründet in Weimar, ist nach nur 14 Jahren gescheitert, die zweite ist seit 75 Jahren gefestigt. So ist Demokratie ein Begriff, der in der Selbstverständlichkeit, mit der er verwendet wird, zuweilen die Notwendigkeit verkennt, sich dieser wegweisenden Errungenschaft und ihrer fortwährenden Sicherung und Weiterentwicklung immer wieder bewusst zu werden. Allein schon aus der Verantwortung heraus, dass vormals etwa 16 Millionen Menschen Demokratie mit freien Wahlen 40 Jahre lang schmerzlich vermissten und sie friedlich neu erobern mussten, braucht es ein waches Gespür für unsere Demokratie, die zwar gefestigt, aber nicht unumstößlich ist.

Ausgehend von der Definition des lateinischen Begriffes als »Volksherrschaft« bedeutet Demokratie, dass der oberste staatliche Souverän das Volk ist. Es führt jede politische Entscheidung über eine Mehrheitsbildung herbei. Daraus folgend könnte Demokratie auch als alleinige Herrschaft der Mehrheit verstanden werden.

Demokratie ist jedoch kein Ergebnis. Demokratie ist ein Prozess, in dem sich Mehrheiten bilden, genauso wie Mehrheiten auch wieder verloren gehen können. Dies braucht den Schutz von Minderheiten ebenso wie es Grundrechte braucht, die die freie Meinungsbildung zulassen, ermöglichen oder gar fördern. Zu demokratischen Gesellschaften gehört die ständige Auseinandersetzung, die durch Rechte wie die Meinungs-, Presse- oder Versammlungsfreiheit gesichert ist.[65]

Diese von Grundrechten flankierte Auseinandersetzung verhindert gemeinsam mit den Staatsprinzipien der Rechtsstaatlichkeit und der Gewaltenteilung eine unumschränkte Diktatur der Mehrheit.[66] Bloße Grundrechtskataloge jedoch, die ohne Durchsetzungskraft gegenüber dem Staat ins Leere laufen, und Minderheiten, die keine geschützte Möglichkeit haben, im Rahmen der freien Willensbildung, um Mehrheiten zu ringen, stehen einem demokratischen System entgegen. Ohne durchsetzbare Grundrechte gibt es somit keine Demokratie.

Dabei gehören Grundrechte zum Menschenbild der Demokratie, wonach der einzelne Mensch Träger von Rechten ist, mit denen er selbstbestimmt an der Gemeinschaft teilnimmt. Die Journalistin Gudula Geuther drückt es so aus: »Nur eine Gemeinschaft, in welcher der Einzelne selbstbestimmt leben kann, kann sich insgesamt selbst bestimmen.«[67]

Wie passen dann die Warnungen vor Demokratiegefährdung aufgrund unerwünschter Wahlergebnisse in dieses Demokratieverständnis, dem ein Ringen um Mehrheiten im politischen Diskurs und von durchsetzbaren Grundrechten flankiert zugrunde liegt? Es ist die Aufgabe der Politik, in der politischen Auseinandersetzung Mehrheiten zu erringen. Dafür muss die Politik aber zuhören und verstehen, was die Menschen bewegt. Sicherlich liegen dem Ringen um Mehrheiten immer auch Parteiprogramme mit ihren Ideen und Vorschlägen für die Gestaltung unserer Gesellschaft zugrunde, woraus sich bereits eine grundsätzliche Zustimmung oder Ablehnung durch die Menschen ergeben kann. Hinzu kommt aber immer auch das politische Tagesgeschäft. Herausforderzungen, die jenseits der klassischen festgelegten parteipolitischen Ideale und Werte Antworten erfordern. Wird mit diesen Antworten der Nerv der Menschen getroffen, ihr Wunsch nach einer Lösung erfüllt und damit deren Willen erkannt, kann es gelingen, die Mehrheit der Menschen für sich zu gewinnen. Dabei geht es nicht um populistisches Handeln, das einzig auf Mehrheiten abzielt. Es geht darum, politische Notwendigkeiten zu erkennen, um gesellschaftliche und wirtschaftliche Entwicklungen zum Wohle des Volkes zu lenken.

Dabei ist, und das ist das definitorische Wesen einer Demokratie, das Volk der Souverän. Das Volk bestimmt, was es will und welche politische Richtung es sich wünscht. Sicherlich müssen auch mal unpopuläre Entscheidungen getroffen werden. Dann kommt es insbesondere auf die richtige und ausreichende Kommunikation zum und mit dem Volk an, um diese Entscheidungen mehrheitsfähig zu machen. Hierbei spielen die Medien eine wesentliche Rolle. Nicht zuletzt auch deswegen wurde der öffentlich-rechtliche Rundfunk geschaffen. Er hat in der Demokratie jedoch nicht die Aufgabe, als »Mikrofonständer« für die Regierenden zu dienen, wie das in der DDR regelmäßig der Fall war. Er soll vielmehr mit Expertise und Fachleuten das Für und Wider politischer Ziele diskutieren. Die Menschen wiederum müssen ungehinderten Zugang zu umfassenden und objektiven Informationen haben, um sich eine Meinung bilden zu können.

Beliebtestes Mittel, Menschen von der eigenen, möglicherweise noch unpopulären Agenda zu überzeugen, war, ist und bleibt das Schüren von Angst, dicht gefolgt von dem Erzeugen von Gemeinschaftsgefühl und Solidarität. Angst vor Armut und Not, Angst vor Katastrophen, Angst vor Krieg und Krisen oder Angst vor dem Tod triggert viele Menschen und lässt sie dankbar werden, verspricht die Politik doch Antworten, um diese Ängste zu eliminieren. Kommt dann noch ein wohliges Gefühl der Gemeinschaft im gemeinsamen

Kampf für oder gegen etwas oder jemanden hinzu, hat man die wohlgefällige Zustimmung der Menschen sicher, deren Wunsch nach Sicherheit und Lösung damit in Erfüllung ging und deren Willen anerkannt wurde.

Menschen jedoch, die sich davon nicht angesprochen fühlen, die sich nicht so schnell ängstigen lassen oder anderes wollen und meinen, wird man nicht erreichen. Deren Zustimmung wird versagt bleiben. Das kann politisch und demokratisch akzeptiert werden. Dem kann aber auch weiter und vor allem intensiver begegnet werden. Hier kommen dann wissenschaftliche Studien oder Expertenmeinungen ins Spiel, welche wahlweise die angstbegründenden Argumente oder die politischen Lösungsvorschläge untermauern sollen.

Hilft auch das nicht, die Menschen von der vermeintlich angstlösenden Politik zu überzeugen, braucht es die Moral und schließlich die richtige Haltung. Das Leben anderer zu schützen, solidarisch mit den Benachteiligten oder Armen zu sein, selbstlos das eigene Wohl hinter das Gemeinwohl zu stellen, sind nur ein paar wenige moralbasierte Grundsätze, denen man sich nur schwer erwehren kann, soll es nicht nach verwerflichem Egoismus klingen.

Wird Rassismus oder Rechtsradikalismus oder Faschismus hier und dort identifiziert, gilt es, sich möglichst öffentlichkeitswirksam dagegen zu stellen und damit Haltung zu beweisen. Weiterhin nicht überzeugte Menschen moralisch abzuwerten oder ihnen die richtige Haltung, vornehmlich gegen rechts, abzusprechen, ist zuweilen wirksamer als harte argumentative Überzeugungsarbeit. Denn dies diffamiert den Menschen als Person und nicht nur seine objektive Meinung.

Spätestens hier wird die diskursive Sachebene in der politischen Auseinandersetzung verlassen und eine Lösung im Konsens unmöglich. Lebt die Demokratie von der Auseinandersetzung unterschiedlicher Ansichten und Meinungen, hebelt diesen demokratischen Grundsatz jedes Diskreditieren oder Delegitimieren unliebsamer Meinungen aus. Bleiben Meinungen aufgrund moralischer Bewertungen ungesagt, wird das Grundrecht auf freie Meinungsäußerung als essenzielle Bedingung einer demokratischen Gesellschaft ausgehöhlt.

Die DDR-Diktatur hat es einem vergleichsweise leicht gemacht, wusste man, was gesagt werden darf und was nicht, mit wem über was gesprochen werden darf und bei wem man lieber schwieg, wollte man Konsequenzen wie Berufsverbot, Schulverweis, Haft, Verhör oder Ähnliches vermeiden.

Ich selbst wusste sehr bald, was ich wo sagen durfte und vor allem, wer was hören wollte. Ich habe genauso schnell gelernt, wann ich lieber schwieg, auch wenn es mir manches Mal sehr schwer viel, was mir die Beurteilung »vorlaut« einbrachte. Für mich war das schon alles an Konsequenzen. Ich lernte, mich auf meinem relativ kurzen Weg in der DDR zu zügeln. Für viele andere, selbst Kinder und Jugendliche waren die Konsequenzen sehr viel massiver.

Die heutige demokratische Gesellschaft macht es einem zuweilen schwerer. Selbstverständlich darf heute alles gesagt werden. Doch sind die moralbasierten Konsequenzen bei nicht mainstreamkonformen Meinungsäußerungen als Shitstorm in Social Media, Medienkampagnen, Anschwärzen beim Arbeitgeber oder Klagen nicht immer abseh- und selten kalkulierbar. Das gilt keineswegs nur für Positionen außerhalb des grundgesetzlichen Rahmens. Gesellschaftlich gefällte Urteile über einen Menschen, der abweichende Meinungen vertritt, sich mal im Wort vergreift oder gar leichtsinnig argumentiert, können auch in unserer Demokratie verheerend sein. Wer das vermeiden will, schweigt, Meinungsfreiheit hin oder her.

Das bringt mich zur AfD und dem Umgang mit einer Partei, die ohne Frage in Teilen und in ihrer Jugendorganisation vom Verfassungsschutz als gesichert extremistisch eingestuft wird. Mit dem Erstarken der AfD wurden die Forderungen aus dem vornehmlich roten und grünen Lager nach einem Parteiverbot lauter. So wie die AfD-Säule bei den verschiedenen Umfragen oder an Wahlsonntagen anwuchs, wurden auch die Beschimpfungen der potenziellen AfD-Wähler heftiger. Bezeichnungen als Demokratiefeinde, Idioten oder Nazis sollten die Wähler stigmatisieren und vom Kreuz auf dem Stimmzettel bei der AfD abhalten.

Ich misstraue der AfD, weil sie pro-russisch und anti-amerikanisch auftritt, in diesen Punkten oft nicht unterscheidbar von Die Linke ist, und das Einzige, was sie an den Vereinigten Staaten mag, scheint ausgerechnet Donald Trump zu sein. Ich finde es richtig, dass unsere Verfassungsschützer sehr genau unter die Lupe nehmen, was diese AfD so von sich gibt und welche Pläne sie verfolgt, ob einzelne ihrer Abgeordneten sich von Putin bezahlen ließen und wie weit ihre Ablehnung von Diversität tatsächlich geht.

Doch als Demokraten müssen wir beachten, dass der Verfassungsschutz bislang kaum belastbare Hinweise gefunden hat, um die AfD insgesamt für verfassungsfeindlich zu erklären, von einem Parteiverbot ganz abgesehen. Daher müssen wir es aushalten, dass diese Partei zu Wahlen antritt, und respektieren, wenn Wähler ihr Kreuz bei der AfD machen. Demokratie wäre einfach, wenn alle Parteien dasselbe verträten, und sie wird schwierig, wenn sie von den Rändern herausgefordert wird – ob das nun die für mich weiterhin nur bedingt von der SED zu trennende Die Linke ist oder eben diese angebliche Alternative für Deutschland.

Gleichzeitig sollten wir aufhorchen, wenn der amtierende Chef des Verfassungsschutzes Thomas Haldenwang der Meinung ist, dass »es nicht allein Aufgabe des Verfassungsschutzes sei, die Umfragewerte der AfD zu senken«, wie er bei der Vorstellung des Verfassungsschutzberichtes 2022 sagte, während er bei einer Podiumsdiskussion Ende 2023 in Berlin gleich noch seine Aufgabe formulierte, jetzt tätig zu werden, um eine Regierungsbeteiligung der AfD zu verhindern.[68]

Die Bemühungen, die Umfragewerte der AfD zu senken, nehmen zuweilen irritierende und befremdliche Formen jenseits des demokratischen politischen Diskurses an. So waren es erst nur die Veröffentlichungen des Recherchenetzwerkes »Correctiv«, die genau dann erschienen, als die Umfragewerte der Partei trotz all dieser Maßnahmen weiter auf sehr hohem Niveau stabil blieben. Kurze Zeit später wurden die dort besprochenen Abschiebungen als »Deportationen« bezeichnet und keine ganze Woche später wurde zu diesen Recherchеerkenntnissen eine »Szenische Lesung« am Berliner Ensemble aufgeführt und im öffentlich-rechtlichen Fernsehen gezeigt. Den darauf folgenden Demonstrationsaufrufen »gegen rechts«, denen sich

SPD, Bündnis 90 / Die Grünen, Jusos, Grüne Jugend und andere Linke, teilweise sogar linksextreme Verbände wie Extinction Rebellion oder die Antifa anschlossen, folgten teilweise Hunderttausende Teilnehmer.

Losgelöst von der inhaltlichen Ausrichtung der AfD, die politisch und publizistisch entlarvt gehört, ist dieses orchestrierte Vorgehen ein Beispiel dafür, wie sich der Demokratie bedient wird, um andere Meinungen und Ansichten zu diskreditieren, ja fast schon im sprichwörtlichen Sinn niederzubrüllen. Dieselben Politiker redeten gleichzeitig bei jeder sich bietenden Gelegenheit von Demokratiegefährdung oder dem dringend notwendigen Schutz der Demokratie, in der Regel in Verbindung mit anstehenden Wahlen.

Dabei ist das Grundgesetz, das nicht trotz, sondern wegen der Erfahrungen aus der Weimarer Republik so ist, wie es ist, ein stabiler, nahezu unumstößlicher Pfeiler im Schutz unserer Demokratie.

Das Grundgesetz der BRD und die Verfassung der DDR

Aus Sorge, die Spaltung Deutschlands mit einer westdeutschen Verfassung zu vertiefen,[69] wurde nach dem Krieg in den westlichen Besatzungszonen die Verfassung als provisorisches »Grundgesetz« erarbeitet, am 8. Mai 1949 vom Parlamentarischen Rat verabschiedet und am 23. Mai mit der Gründung der Bundesrepublik Deutschland feierlich verkündet.

Wichtige Mitglieder des Parlamentarischen Rates waren neben dem späteren Bundeskanzler Konrad Adenauer (CDU) der erste Bundespräsident Theodor Heuss (FDP/DVP) und Carlo Schmid (SPD), der 1966 in der Großen Koalition Bundesratsminister wurde. Schmid maßgeblich zu verdanken haben wir die inhaltliche Formulierung der Grundrechte und ihre Platzierung ganz am Anfang des Grundgesetzes, das konstruktive Misstrauensvotum, die Abschaffung der Todesstrafe, das Recht auf Kriegsdienstverweigerung und das Grundrecht auf Asyl. Heuss bringt den Namen »Bundesrepublik Deutschland«, die schwarz-rot-goldene Flagge als eines der Staatssymbole, den Zuschnitt des Amts des Bundespräsidenten und dessen Wahl durch die Bundesversammlung in die Grundgesetzerstellung ein. Ihm gelingt es zudem immer wieder, bei den strittigen Fragen zwischen Christ- und Sozialdemokraten Kompromisse zu schmieden.[70]

In diesem provisorischen Grundgesetz eines als vorläufig geltenden westdeutschen Bundesstaates wurden als wesentliche Prinzipien unter anderem die Sicherung der Gewaltenteilung zwischen Legislative, Exekutive und Judikative, die Stärkung der Parteien durch deren verfassungsmäßige Verankerung, die Stärkung des Grundsatzes der Rechtsstaatlichkeit durch die Schaffung des Bundesverfassungsgerichtes und der Verwaltungsgerichtsbarkeit und die Zweidrittelmehrheit mit dem Ziel der Erschwernis von Verfassungsänderungen verankert.[71]

Die Gliederung des Bundes in Länder sowie deren Mitwirkung bei der Gesetzgebung wird mit der sogenannten Ewigkeitsklausel in Artikel 79 Absatz 3 des Grundgesetzes ebenso sichergestellt wie die Unantastbarkeit der in Artikel 1 und Artikel 20 des Grundgesetzes festgeschriebenen Grundsätze.

Die Grundrechte stellen im Unterschied zur Weimarer Verfassung nunmehr unmittelbar geltendes Recht dar, das alle Staatsgewalt bindet und die, als subjektive Rechte formuliert, auch einklagbar sind. Manchmal hilft es, sich den Wortlaut von Artikel 1 des Grundgesetzes, der mit der Ewigkeitsklausel unabänderlich ist, zu vergegenwärtigen:

Art. 1 Abs. 1 GG: »Die Würde des Menschen ist unantastbar. Sie zu achten und zu schützen ist Verpflichtung aller staatlichen Gewalt.«

Art. 1 Abs. 2 GG: Das »Deutsche Volk bekennt sich darum zu unverletzlichen und unveräußerlichen Menschenrechten als Grundlage jeder menschlichen Gemeinschaft, des Friedens und der Gerechtigkeit in der Welt.«

Art. 1 Abs. 3 GG: »Die nachfolgenden Grundrechte binden Gesetzgebung, vollziehende Gewalt und Rechtsprechung als unmittelbar geltendes Recht.«

Solange das Grundgesetz in Deutschland gilt, kann von diesem Grundsatz nicht abgewichen werden. Jedes einzelne der im Wesentlichen in den ersten 19 Artikeln des Grundgesetzes verankerten Grundrechte ist Garant unserer (seit 1990 gemeinsamen) auf Freiheits- und Abwehrrechten errichteten parlamentarischen Demokratie.

Verankert sind zum Beispiel Rechte auf freie Entfaltung der Persönlichkeit, auf Leben, körperliche Unversehrtheit und Freiheit, auf Meinungsfreiheit, Pressefreiheit, Kunst-, Wissenschafts-, Forschungs- und Lehrfreiheit, auf Berufsfreiheit, Versammlungs- oder Vereinigungsfreiheit oder auf Freizügigkeit im gesamten Bundesgebiet. Ebenfalls festgelegt ist bereits seit 1949 die Gleichberechtigung von Mann und Frau. Diesen Passus in Art. 3 Absatz 2 des Grundgesetzes haben zwei der insgesamt nur vier Frauen des Parlamentarischen Rates (Elisabeth Selbert und Friederike Nadig) gegen erheblichen Widerstand auch aus der eigenen Partei, der SPD, für das Grundgesetz durchgesetzt.[72]

Geschützt werden zudem die eigene Wohnung, das Eigentum oder das Post- und Briefgeheimnis vor ungezügelten und ungeregelten Eingriffen des Staates. Ehe und Familie werden besonders geschützt und Bildung wird als Staatsauftrag definiert und formuliert.

Ebenfalls nach der Ewigkeitsklausel unveränderbar ist Artikel 20 des Grundgesetzes, welcher die Bundesrepublik unveränderbar als eine parlamentarische Demokratie festschreibt, in der alle Macht vom Volke ausgeht. Diese Macht des Volkes wird für jeweils eine Wahlperiode der Regierung übertragen. Der (föderale) Bundesstaat wird zudem als sozialer Rechtsstaat definiert. Das seit 1883 aufgebaute System staatlicher Sicherungssysteme wird in der Bundesrepublik fortgeführt und weiterentwickelt.[73]

Vor dem Hintergrund der beständigen Warnungen, unsere Demokratie sei in Gefahr, hilft es eventuell auch hier, sich den Wortlaut des Artikel 20 des Grundgesetzes immer wieder zu vergegenwärtigen:

Art. 20 Abs. 1 GG: »Die Bundesrepublik Deutschland ist ein demokratischer und sozialer Bundesstaat.«

Art. 20 Abs. 2 GG: »Alle Staatsgewalt geht vom Volke aus. Sie wird vom Volke in Wahlen und Abstimmungen und durch besondere Organe der Gesetzgebung, der vollziehenden Gewalt und der Rechtsprechung ausgeübt.«

Art. 20 Abs. 3 GG: »Die Gesetzgebung ist an die verfassungsmäßige Ordnung, die vollziehende Gewalt und die Rechtsprechung sind an Gesetz und Recht gebunden.«

Art. 20 Abs 4 GG: »Gegen jeden, der es unternimmt, diese Ordnung zu beseitigen, haben alle Deutschen das Recht zum Widerstand, wenn andere Abhilfe nicht möglich ist.«

Hier werden die vier Grundprinzipien der Bundesrepublik unabänderlich festgeschrieben: Demokratieprinzip, Bundesstaatlichkeit, Rechtsstaatlichkeit und Sozialstaatsprinzip.

Aus der Vergangenheit lernen und sich für die Zukunft wappnen: Dem 1949 neu geschaffenen Grundgesetz, dem auch der Geist der vormaligen demokratischen Anläufe innewohnt, ist dies nicht zuletzt dank ihrer Erschaffer und deren Hoffnungen, Erfahrungen und Sozialisationen in Kaiserreich, Weimarer Republik und Nationalsozialismus gelungen. Sie haben genau das zusammengebracht, was eine starke Demokratie braucht.

In der Präambel des Grundgesetzes spiegelte sich nicht nur dieser Geist, sondern auch Ziel und Wunsch nach einem vereinigten Deutschland wieder: »Im Bewußtsein seiner Verantwortung vor Gott und den Menschen, von dem Willen beseelt, seine nationale und staatliche Einheit zu wahren und als gleichberechtigtes Glied in einem vereinten Europa dem Frieden der Welt zu dienen, hat das Deutsche Volk in den Ländern Baden, Bayern, Bremen, Hamburg, Hessen, Niedersachsen, Nordrhein-Westfalen, Rheinland-Pfalz, Schleswig-Holstein, Württemberg-Baden und Württemberg-Hohenzollern, um dem staatlichen Leben für eine Übergangszeit eine neue Ordnung zu geben, Kraft seiner verfassungsgebenden Gewalt dieses Grundgesetz der Bundesrepublik Deutschland beschlossen. Es hat auch für jene Deutschen gehandelt, denen mitzuwirken versagt war. Das gesamte Deutsche Volk bleibt aufgefordert, in freier Selbstbestimmung die Einheit und Freiheit Deutschlands zu vollenden.«

Dieser Wunsch und Wille nach Wiedervereinigung und damit auch der provisorische Gedanke des Grundgesetzes blieb bis 1990 bestehen. Es steht außer Frage, dass unsere Demokratie genauso wenig Gott gegeben wie sie für ewig gesichert ist. Unsere Demokratie muss aktiv gelebt, bewahrt und geschützt werden. Dafür braucht es aber den Willen und die Kraft, sich der Anstrengung einer demokratischen Auseinandersetzung zu stellen. Es braucht den Mut, auch ungemütliche Fragen zu stellen, um ehrliche Antworten zu bekommen. Und es braucht die Akzeptanz, dass man für die eigenen Ideen und Vorschläge nicht immer eine gesellschaftliche Mehrheit erringen mag. Argumentative Überzeugungsarbeit ohne Angst und Drohungen macht eine Demokratie lebendig und erfolgreich.

Auch die Deutsche Demokratische Republik nannte sich dem Namen nach demokratisch und gab sich eine Verfassung. Diese Verfassung hatte ähnliche Persönlichkeitsrechte formuliert und orientierte sich dabei ebenfalls an der Weimarer Verfassung. In der staatlichen Praxis jedoch hatte dies wenig Bedeutung. Walter Ulbricht gab bereits 1945 die Maxime raus: »Es muss demokratisch aussehen, aber wir müssen alles in der Hand haben.«[74]

Entsprechend wurde die Verfassung der DDR dann auch gestaltet. Die in ihr formulierten Grundrechte ähnelten zwar denen des bundesdeutschen Grundgesetzes in manchen Teilen, jedoch fehlte insbesondere die Möglichkeit, diese auch gegenüber dem Staat durchzusetzen. Der sozialistische Staat kannte keine Gewaltenteilung, somit auch keine von der Regierung unabhängige »dritte Gewalt« im Sinne einer Verfassungs- oder Verwaltungsgerichtsbarkeit. Der Rechtspflege durch die Gerichte kam vielmehr die Aufgabe zu, die sozialistische Staatsmacht bei der Gestaltung der sozialistischen Gesellschaft zu unterstützen. Auf der Grundlage der festgelegten Gewalteneinheit nahm das Oberste Gericht der DDR zwar die Aufgabe der Rechtspflege wahr, aber war der Volkskammer verantwortlich und rechenschaftspflichtig.[75]

Die in der Verfassung der DDR formulierten Grundrechte existierten in der Lebenswirklichkeit des Sozialismus damit lediglich auf dem Papier. Hinzu kam, dass in der Verfassung nicht nur die theoretischen Grundrechte formuliert wurden. Daneben existierten immer auch die Grundpflichten, die den Bürgern ihre Aufgabe verdeutlichen sollte, aktiv am Aufbau einer sozialistischen und kommunistischen Gesellschaft mitzuwirken.[76]

Der Mensch dient dem Staat und nicht umgekehrt. Ausgehend von dieser sozialistisch-kollektiven Prämisse, dienten die in der Verfassung der DDR formulierten Grundrechte nicht der freien Entfaltung der Persönlichkeit, sondern der Formung von Sozialisten.

Die »sozialistischen Persönlichkeitsrechte« bestimmen die gesellschaftlich-politische Freiheit im Staat und berechtigen beziehungsweise verpflichten jeden Bürger dazu, das politische, wirtschaftliche, soziale und kulturelle Leben der »sozialistischen Gemeinschaft« und des sozialistischen Staates mitzubestimmen und mitzugestalten. »Arbeite mit, plane mit, regiere mit!« als sozialistisch-kollektiver Grundsatz wurde verfassungsrechtlich ausformuliert.[77]

Die Grundrechte waren damit keine Abwehrrechte des Einzelnen gegenüber dem Staat, sondern wurden instrumentalisiert, um die Gesellschaft auf ihrem »Weg des Sozialismus und des Kommunismus« zu entwickeln.[78]

Die Präambel der Verfassung der DDR beweist diesen Anspruch des sozialistischen Staates an seine Bürger: »In Fortsetzung der revolutionären Tradition der deutschen Arbeiterklasse und gestützt auf die Befreiung vom Faschismus hat das Volk der Deutschen Demokratischen Republik in Übereinstimmung mit den Prozessen der geschichtlichen Entwicklung unserer Epoche sein Recht auf sozial-ökonomische, staatliche und nationale Selbstbestimmung verwirklicht und gestaltet die entwickelte sozialistische Gesellschaft. Erfüllt von dem Willen, seine Geschicke frei zu bestimmen, unbeirrt auch weiter den Weg des Sozialismus und Kommunismus, des Friedens, der Demokratie und der Völkerfreundschaft zu gehen, hat sich das Volk der Deutschen Demokratischen Republik diese sozialistische Verfassung gegeben.«

So, wie der sozialistische Staat erwartete, dass ihm seine Bürger dienten und sie die sozialistische Gesellschaft in seinem Sinne weiter entwickelten, so sehr verweigerte er ihnen jede Individualität. Das Kollektiv stand im Mittelpunkt jeder Überlegung, Entscheidung und Handlung des SED-Regimes. Das war durch die Verfassung legitimiert, und war es nicht legitimiert, wurde es ignoriert. Allgegenwärtig und prägend im sozialistischen System der DDR war daher der Solidaritätsgedanke. Die Gemeinschaft prägte das Leben und die Gesellschaft.

Eine Gemeinschaft, die schließlich auch den großen Unterschied zur individualistisch geprägten Bundesrepublik ausmachte. Ein Unterschied, den viele Ostdeutsche später auch als Gewinn oder eben als mit der Wiedervereinigung erlebten Verlust im neuen westlich-kapitalistischen System empfanden. Bewahrt haben sich das Ideal dieser Gemeinschaft bis heute viele. So mancher fast schon im nostalgischen Trotz gegen das übergestülpte System.

Das sozialistische Ziel als Staatsform für die DDR zeigte sich klar in den Komponenten zur öffentlichen Wirtschaftsplanung (Artikel 21) oder zu den Eigentumsregelungen (Artikel 23, 25-27). Planwirtschaft war mit Artikel 21 in die Verfassung geschrieben: »Zur Sicherung der Lebensgrundlage und zur Steigerung des Wohlstandes seiner Bürger stellt der Staat durch die gesetzgebenden Organe, unter unmittelbarer Mitwirkung seiner Bürger, den öffentlichen Wirtschaftsplan auf. Die Überwachung seiner Durchführung ist Aufgabe der Volksvertretungen.«

Hierfür brauchte es den Zugriff auf Fabriken und Betriebe, der mit den Regelungen zur Eigentumsübertragung beziehungsweise zu den Enteignungen gelang. Eigentum war zwar auch in der DDR möglich und verpflichtet hier genauso wie im Grundgesetz der Bundesrepublik. Das DDR-Regime konnte mit Artikel 24 Absatz 2 jedoch Enteignungen im Namen des Gemeinwohls durchführen, welches es schon durch die Begründung einer wirtschaftlichen Machtstellung gefährdet sah. Gleiches galt für persönliches Eigentum. Nur Eigentum, das dem Gemeinwohl diente, wurde akzeptiert. Dabei bestimmt das sozialistische Regime, was *Gemeinwohl* ist. Und mit der sozialistischen Definition des Gemeinwohlstrebens gingen Planungen zur Umsetzung einher. Planwirtschaftliche Nichterfüllung oder gar kapitalistisches Gewinnstreben mit der Gefahr einer »wirtschaftlichen Machtstellung« bot einen Grund für Enteignungen.

Die DDR war ein einziges Volkseigentum, ganz im Sinne einer kollektivistischen solidarischen Gemeinschaft, die sich Sozialismus nannte und einer »Diktatur des Proletariats« folgte. Ganz im Sinne der von Marx und Engels definierten Periode einer revolutionären Umwandlung des Kapitalismus in den Kommunismus mit vollendeter Abschaffung der Klassenherrschaft, was die voll entfaltete wahre Demokratie darstellen sollte.[79]

So wurde also das Demokratische im Namen der Deutschen Demokratischen Republik begründet. Die Beschwörung der Gefahr für unsere gemeinsame freiheitliche Demokratie durch das linke und grüne politische Lager möglicherweise auch; gibt es hier offensichtlich eine Diskrepanz zwischen der westlich-freiheitlichen Definition von Demokratie und der sozialistisch-revolutionären Ansicht, was »Herrschaft des Volkes« zu sein hat.

In der DDR-Verfassung verankert wurden neben den gegenüber dem Staat nicht durchsetzbaren Grundrechten auch ausgeprägte kollektive soziale Rechte, wie zum Beispiel das Recht auf Arbeit, Erholung und Urlaub, Kranken- und Altersversorgung, gerechte Entlohnung oder Mitbestimmung in den Betrieben. Dieser Arbeiter- und Bauernstaat nahm damit zwar die soziale Gerechtigkeit in den Fokus, lies die Grundrechte jedoch ins Leere laufen.

Keine neue gemeinsame Verfassung nach 1990

Mit dem Zusammenbruch der DDR stellte sich im Osten die Frage nach einer neuen, diesmal tatsächlich demokratischen Verfassung. Ideen und Vorkehrungen dazu gab es einige. Umgesetzt wurde keine.

Stattdessen fand ein Beitreten der ehemaligen DDR zum Geltungsbereich des Grundgesetzes nach Artikel 23 GG statt. Der Volkskammerbeschluss auf einer kurzfristig einberufenen Sondersitzung am 23. August 1990 war mit 363 Ja- zu 62 Nein-Stimmen eindeutig und repräsentierte letztendlich auch die Stimmung und den überwiegenden Wunsch der Menschen in Ostdeutschland hinsichtlich ihrer Entscheidung für eine rasche Wiedervereinigung. Die Schaffung einer gemeinsamen Verfassung nach Artikel 146 GG hätte den Einigungsprozess mutmaßlich sehr verlangsamt. Das wollten die Ostdeutschen mehrheitlich nicht, auch wenn sie damit auf ihre aktive Beteiligung an der verfassungsmäßigen Gestaltung des künftigen Deutschland verzichteten. Sie hatten sich entschieden.

Doch wurde der starke Wunsch nach einer schnellen Wiedervereinigung gleichgesetzt mit dem Wunsch nach einer bedingungslosen Übernahme des ehemaligen Gebietes der DDR mit all den in ihr sozialisierten und noch immer lebenden Menschen und ohne jede Betrachtung und Diskussion gesellschaftlicher und vor allem institutioneller ostdeutscher Gegebenheiten, wie die gut ausgebaute Kinderbetreuung, das Schulsystem mit seinen Ganztagsschulen, die Berufsausbildung mit Abitur, verschiedene Ausbildungsberufe und so weiter. Das war 1990 schon ein völlig unterschätztes oder übersehenes gesamtgesellschaftliches und politisches Versäumnis. Es machte ein wirkliches Zusammenwachsen unmöglich. Eine Herausforderung, der wir »Gesamtdeutschen« bis heute kaum gerecht werden. Die Vorstellung, dass schon nach ein paar Jahren jeder »Ossi« im Westen angekommen sein wird, hat sich als Illusion erwiesen, das vom westlichen Überlegenheitsgefühl, welches nicht zuletzt aus dem Erfolg der eigenen freiheitlichen Demokratie erwuchs, genährt wurde.

Die Präambel des gemeinsamen Grundgesetzes lautet seitdem: »Im Bewusstsein seiner Verantwortung vor Gott und den Menschen, von dem Willen beseelt, als gleichberechtigtes Glied in einem vereinten Europa dem Frieden der Welt zu dienen, hat sich das Deutsche Volk kraft seiner verfassungsgebenden Gewalt dieses Grundgesetz gegeben. Die Deutschen in den Ländern Baden-Württemberg, Bayern, Berlin, Brandenburg, Bremen, Hamburg, Hessen, Mecklenburg-Vorpommern, Niedersachsen, Nordrhein-Westfalen, Rheinland-Pfalz, Saarland, Sachsen, Sachsen-Anhalt, Schleswig-Holstein und Thüringen haben in freier Selbstbestimmung die Einheit und Freiheit Deutschlands vollendet. Damit gilt dieses Grundgesetz für das gesamte Deutsche Volk.«

Auch wenn das Grundgesetz noch immer offiziell Grundgesetz heißt, ist aus dem anfänglichen Provisorium mittlerweile eine im Vergleich starke und beständige, vielleicht gar optimal zu nennende De-Facto-Verfassung geworden. Die im Grundgesetz verbrieften Grundrechte, die Regelungen unserer Staatsordnung, zu den Verfassungsorganen, zur Gesetzgebung, zur Rechtsprechung, zur Verwaltung, zum Finanzwesen und zum Verteidigungsfall bilden ein grundlegendes und stabiles Fundament unserer nun gemeinsamen freiheitlichen Demokratie. Diese auszuhebeln, ist nahezu unmöglich, diese zu leben und aktiv zu gestalten aber nicht. Und doch droht genau hier das Versagen einer sich an die Ränder treiben lassenden Gesellschaft.

Herausforderung soziale Marktwirtschaft

Mit dem Beitritt zum Geltungsbereich des Grundgesetzes der Bundesrepublik ist die DDR mit ihrem kompletten sozialistischen Erbe der kapitalistischen Gesellschaft der BRD beigetreten. Dieses Erbe ist damit zwar nicht komplett verschwunden, jedoch wurden ihre Wirtschaftsgüter größtenteils liquidiert, soweit sie mangels Käuferinteresse nicht privatisiert und in das kapitalistische, markwirtschaftliche Gefüge der Bundesrepublik überführt werden konnten.

Die soziale Marktwirtschaft hat mit ihren, zunächst von den westalliierten Siegermächten implementierten und geförderten, später von den jeweiligen Bundesregierungen gezielt ausgebauten und gestärkten Marktmechanismen Wohlstand und ein gutes Maß an sozialer Sicherheit in die westdeutsche Bevölkerung getragen. Privateigentum an den Produktionsmitteln, marktwirtschaftliche Preisbildung, Angebot und Nachfrage mit Konsumfreiheit und freiem Wettbewerb brachten Westdeutschland den wirtschaftlichen Aufschwung und den meisten Westdeutschen sozialen Aufstieg.

Diese kapitalistischen Marktmechanismen waren dem planwirtschaftlichen Sozialismus der DDR völlig fremd. Und dennoch sollte die bankrotte DDR innerhalb kürzester Zeit in diese gefestigten, weil erfolgreichen Strukturen überführt werden. Dass dies ein schweres Unterfangen würde, lag auf der Hand.

Wenn sich der westdeutsche Markt gen Osten erweitert

Die Kaufhallen des Ostens wurden geflutet mit Valensinasaft, Onken-Jogurt, Miracoli-Fertignudeln oder Rittersport-Schokolade. Statt Rondo sollte es nun Jacobs-Kaffee sein, Ofenpizza landete auf unseren Tellern und das Toilettenpapier des Westens war eh viel weicher als das Krepppapier der DDR. Die Konsumgüter der DDR waren abgeschrieben und blieben in den nun erstmals übervollen Regalen liegen. Man könnte das schon fast als einen Boykott an der Planwirtschaft interpretieren. Letztendlich war es wohl schlicht der Hunger der Menschen nach dem Neuen und Anderen, nach Westen.

Für Westdeutschland eröffnete sich mit der Wiedervereinigung ein zusätzlicher Markt. Der wirtschaftlich sowieso schon darbende Osten konnte mit seinen nun schon fast verpönten Konsumgütern nur noch mehr an Boden verlieren. Die jedem Einzelnen gegebene marktwirtschaftliche Entscheidungs- und Handlungsfreiheit brachte nun mal auch marktwirtschaftliche Konsequenzen mit sich. In Ostdeutschland verstärkte sich eine schon begonnene Abwärtsspirale jedoch dergestalt, dass sie so manchen Ostdeutschen sehr hart in der kapitalistischen Realität ankommen ließ. Beide Seiten der Medaille »Goldener Westen« offenbarten sich klar und manchmal auch brutal.

Vom Volkseigenen Betrieb zum privatwirtschaftlichen Unternehmen

Dieser Wechsel von einer Plan- zu einer Marktwirtschaft und zudem innerhalb kürzester Zeit, forderte den Ostdeutschen eine unfassbare Flexibilität in ihrer Anpassung an die neuen wirtschaftlichen, letztendlich aber auch gesellschaftlichen Bedingungen ab. Schließlich bedeutete eine solche wirtschaftliche Transformation, die Volkseigenen Betriebe (VEB) und damit das umfassende Industrievermögen der DDR in Privateigentum umzuwandeln.

Debatten um eine Wirtschaftsreform gab es dabei in der DDR schon ab Herbst 1989. Am Zentralen Runden Tisch brachte ein Vertreter von Demokratie Jetzt den konkreten Vorschlag ein, eine »Anstalt zur treuhändischen Verwaltung des Volkseigentums« zu gründen. Ein Vorschlag, der nach Beschluss des Ministerrates der DDR durch die letzte SED/PDS-Regierung mit der Gründung einer solchen Treuhandgesellschaft am 1. März 1990 umgesetzt wurde. Aufgabe dieser Treuhandanstalt war jedoch in erster Linie, das umfassende DDR-Industrievermögen mit über 8500 Betrieben und vier Millionen Beschäftigten im Hinblick auf eine mögliche Wiedervereinigung zu bewahren. Dafür sollten die Betriebe zügig in bundesdeutsche Rechtsformen (AGs und GmbHs) umgewandelt werden.[80]

Fluch oder Segen der Treuhandanstalt

Mit dem fulminanten Sieg der Konservativen bei der Volkskammerwahl am 18. März 1990 geriet die Treuhandanstalt wieder mehr in den politischen Diskurs, sollte doch die versprochene schnelle Wiedervereinigung auch vollzogen werden. Mit dem Treuhandgesetz vom 17. Juni 1990 wurde schließlich festgelegt, dass die Treuhand-Betriebe zur zügigen Etablierung einer »Sozialen Marktwirtschaft« in Ostdeutschland nun rasch privatisiert werden sollen. Eine fundamentale Änderung der Definition der Aufgabe und des Ziels der Treuhandanstalt gegenüber der ursprünglichen Idee vom *Runden Tisch*, die schon bald an Dynamik in der Umsetzung gewann, sowohl was die Privatisierungen und Reprivatisierungen als auch die Stilllegungen betraf.

Prägnante Zahlen, die schließlich auch zu einigen gesellschaftlichen Verwerfungen führten, sind wohl die 30 Prozent stillgelegter Betriebe und die 80 Prozent westdeutscher gegenüber 5 Prozent ostdeutscher Investoren. Insbesondere zahlreiche kostenintensive, traditionelle

Industriebranchen im Textil-, Metall-, Chemie- und Maschinenbausegment wurden restrukturiert beziehungsweise stillgelegt. Traditionsunternehmen schlossen und sehr viele Menschen verloren ihren Arbeitsplatz, was Diskussionen um eine drohende »Deindustrialisierung« Ostdeutschlands befeuerte.

Bereits Ende 1992 waren etwa 80 Prozent des Treuhand-Gesamtbestandes verwertet. Dieses hohe Tempo, das tödliche RAF-Attentat auf den Präsidenten der Treuhandanstalt Detlev K. Rohwedder 1991, weitere Skandale und Korruptionsvorwürfe ab 1993 lösten Proteste durch PDS, Belegschaften oder Gewerkschaften sowie intensive politische Kontroversen zur Bewertung der Arbeit von »marktradikal« bis »alternativlos« aus. Auf Antrag der SPD-Fraktion wurde vom Bundestag ein Untersuchungsausschuss zu den Handlungen und Entscheidungen der Treuhandanstalt eingesetzt. Am 31. Dezember 1994 wurde die Treuhandanstalt mit einem Defizit von circa 260 Milliarden D-Mark (statt einem erwarteten Erlös in bis zu dreistelliger Milliardenhöhe) aufgelöst.[81]

Bis heute sind die gesellschaftlichen Verwerfungen und Verletzungen der Ostdeutschen hinsichtlich der Rolle der Treuhandanstalt spürbar. Das Gefühl des »Ausverkaufs«, nicht zuletzt auch durch massive Preisnachlässe oder gar negative Kaufpreise im Rahmen der Verwertung des Industrievermögens der DDR, kann dabei nur schwerlich mit dem Argument der Notwendigkeit oder Alternativlosigkeit aufgefangen oder ausgeräumt werden. Ehemaliges Volkseigentum der DDR, das im Ursprung der Idee einer Treuhandanstalt mal bewahrt werden sollte, war nach Ende der Arbeit dieser, im Zuge der Wiedervereinigungsverhandlungen neu ausjustierten Anstalt, entweder aufgelöst oder in westdeutscher privater Hand. Die Notwendigkeit der Privatisierung wird kaum jemand bestreiten. Die Alternativlosigkeit in der Umsetzung schon eher. Hier gab es zwar den Untersuchungsausschuss, eine wirkliche gesamtgesellschaftliche Aufarbeitung gab es jedoch nicht. Das kann auch daran liegen, dass die meisten Westdeutschen das Thema wenig tangierte. Sicher auch, weil die gesamte Transformation Ostdeutschlands nur wenig Westdeutsche wirklich beeinflusste, so manchen noch nicht einmal interessierte.

Wenn jedoch Gefühle nicht ernst genommen und ihre Negativität nicht ausgeräumt wird, bleibt das Potenzial ihrer Ausbreitung wie ein Schwelbrand bestehen. Das ist in der Politik nicht anders als im privaten Leben. Ein Potenzial, dass nicht selten radikale Kräfte nutzen, und ein Thema, das bis heute in Ostdeutschland besprochen wird.

Von Perspektivlosigkeit und neuen Perspektiven

Massenarbeitslosigkeit machte sich im Osten breit. Da, wo vormals Vollbeschäftigung geherrscht und jede beziehungsweise jeder Arbeitsfähige einen Platz im planwirtschaftlichen System zugeteilt bekommen hatte, dominierte plötzlich so etwas wie planloses Chaos. Da, wo Selbstverantwortung über Jahrzehnte hinweg durch Fremdbestimmung ersetzt worden war, sollte nun innerhalb nur weniger Monate die eigene Kreativität, der eigene persönliche Plan, die eigene Bestimmung sehr viel mehr Raum bekommen als noch wenige Monate zuvor.

Meine Generation der »Wendekinder« hat dieses chaotische Durcheinander der wirtschaftlichen und gesellschaftlichen Zustände in einer Lebensphase erreicht, die ihr für eine selbstbestimmte Zukunft alles ermöglichte. Wir »Wendekinder« standen am Beginn unseres Lebens und verbrachten bis dahin nur eine überschaubare Zeit in der DDR. Meine Generation erlebte überwiegend eine Kindheit und frühe Jugend in relativer materieller Unbeschwertheit. Gebunden an eine klar vorgegebene Sozialkonformität, war uns dennoch im Rahmen der gegebenen systemischen Voraussetzungen eine kindliche Unbeschwertheit möglich. Mit der Wende eröffneten sich uns Perspektiven, die vorher unmöglich und traumhaft fern schienen. Eine meiner Mitschülerinnen zeigte mir bei einem späteren Treffen ihr Porsche-Modell 1:43 und versicherte mir, aber auch sich selbst, dass sie genauso einen mal fahren würde.

Ich denke oft an sie und noch mehr an diesen Satz, drückte er so viel gleichzeitig aus. Freiheit, dies erreichen zu können, Hoffnung auf ein materiell sorgloses Leben und Entschlossenheit, dies zu schaffen.

Das ist für mich fast schon symbolhaft für die Wende und die Veränderungen, die in erster Linie den Osten betrafen. Es ist mein Symbol für die unterschiedlichen Voraussetzungen der unterschiedlichen Generationen im Osten. Wir konnten unter neuen gesellschaftlichen Bedingungen unsere Leben beginnen, es in die Hand nehmen, uns etwas aufbauen. Gleichzeitig werden nicht wir, anders als unsere Altersgefährten im Westen, die Erbengeneration sein, deren Eltern sich mit dem Wirtschaftswunder der Nachkriegszeit Wohlstand aufgebaut hatten, sondern, so unser Wusch und unsere Hoffnung, unsere Kinder. So bleibt dieser Gedanke an meine damalige Mitschülerin zwar die Antwort schuldig, ob sie sich diesen Porsche je kaufen konnte. Doch ist es meine Generation, die zwar im Sozialismus sozialisiert wurde, im Kapitalismus aber ihr Wirtschaftswunder finden konnte.

Für die Generation meiner Eltern kam die Wende jedoch oftmals zu spät. Sie profitierten zwar am stärksten von den sozialen Projekten der DDR, waren aber auch am stärksten in ihren Lebensentscheidungen eingeschränkt. Sie waren am längsten in der DDR eingesperrt und litten am längsten unter den diktatorischen Freiheitsentzügen. Sie haben sich gleichzeitig am längsten in das sozialistische System gefügt, um sich schließlich auch unter diesen Bedingungen ein gutes Leben aufbauen zu können. Nicht jede und jeder wird diese Fügsamkeit in den Sozialismus bestätigen können oder wollen. Doch allein die zwanghafte Mitgliedschaft und die tatsächlichen Mitgliederzahlen von zum Beispiel 80 Prozent bei den Jung- und Thälmannpionieren, in der Freien Deutschen Jugend oder in der SED, die meistens Voraussetzung für schulisches oder berufliches Vorankommen war, zeigen eindrücklich die erwartete und auch geleistete Konformität.

Mein Vater kaufte sich nach seinem stets gehegten und dann doch langsam verfallenen alten Škoda S 100 direkt 1990 einen möglicherweise viel zu überteuerten roten Opel Kadett, der später geklaut und durch einen goldenen Audi 80 ersetzt wurde. Als Ingenieur hätte er es mit seiner sowohl fachlichen als auch sozialen Expertise im kapitalistischen Westen sicher auch zu einem Porsche geschafft, obgleich er wohl nie darauf Wert gelegt hätte. Aber diese Möglichkeit blieb ihm verwehrt. Sozialistische Planwirtschaft ließ zwar niemanden hungern, aber auch niemanden mehr besitzen als der arbeitende Durchschnitt besaß. Die sich bereichernde politische Elite der DDR bleibt hier bewusst außen vor.

So war es nicht verwunderlich, gleichwohl aber sehr bedauerlich und letztendlich für den Osten überaus nachteilig, dass überwiegend meine Generation auf der Suche nach einer verheißungsvolleren Zukunft den Osten verließ. Ohne den im Osten üblichen Gehaltsabschlag und mit gesicherter und vor allem positiver Perspektive gingen Hunderttausende zwischen 1989 und 1990 nach Westdeutschland.

Ostdeutschland war per se ein Auswanderungsland. Nach der Gründung der DDR gab es insgesamt drei Auswanderungswellen. Die Wochenzeitung *Die Zeit* hat 2019 sehr informative Grafiken dazu erstellt.[82] Zuerst 1953 nach dem Volksaufstand, dann nach dem Mauerfall 1989 und schließlich ab den 2000er-Jahren wurden starke Auswandererwellen gemessen. Insgesamt haben sich fast 3,7 Millionen Ostdeutsche für den Weg Richtung Westen entschieden. Das konnten die knapp 2,5 Millionen Westdeutschen, die umgekehrt in den Osten gezogen sind, nicht kompensieren. Der Niedergang vieler Orte war damit nahezu besiegelt.

Wie grundverschieden die Umstände in Ost und West waren, zeigt sich eindrücklich bei einem Vergleich meiner alten mit meiner neuen Heimatstadt. Während im brandenburgischen Eisenhüttenstadt ganze Straßenzüge und Schulen dem Erdboden gleichgemacht und abgerissen wurden, stand und steht im hessischen Oberursel der dringend notwendige Wohnungsbau und der weitere Ausbau der Schulen aufgrund der stetig wachsenden Zahl an Schülern nahezu täglich auf der kommunalpolitischen Tagesordnung. Man muss kein promovierter Psychologe sein, um zu ergründen, wo mehr Depressivität herrschte. Sicherlich kann argumentiert werden, dass es auch wenig prosperierende westdeutsche Städte gibt. Dennoch bleibt der Unterschied, dass im Osten Deutschlands viele Orte aktiv und teilweise massiv zurückgebaut wurden, während die Orte im Westen nicht oder nur langsam wuchsen. Eisenhüttenstadt hat seit der Wende die Hälfte ihrer Einwohner verloren.

Kapitel 3

Der Wandel im Bildungssystem

Besonders prägnant zeigte sich der auch gesellschaftspolitische Wandel zum Beispiel im Bildungssystem, das von zentralistisch organisiert in föderalistisch präferiert wechselte. Aus Polytechnischer Oberschule mit den Klassen eins bis zehn und der Erweiterten Oberschule mit den Klassen elf und zwölf (wahlweise auch sieben bis zwölf), wurde Grundschule länderspezifisch entweder von der ersten bis zur vierten oder auch bis zur sechsten Klasse und weiterführende Schule. Die weiterführenden Schulen gliederten sich in Haupt-, Real-, Gesamtschulen und Gymnasien. Es dauerte nun dreizehn Jahre bis zum Abitur. Während man in der DDR Mathematik, Deutsch, eine Fremdsprache und ein naturwissenschaftliches Fach im Abitur-Pflichtprüfungsprogramm hatte, ließ es sich nunmehr durchaus auch in Sport und Musik absolvieren. Es gab Unterschiede von Bundesland zu Bundesland, ja selbst von Schule zu Schule, je nachdem, was die jeweiligen Schulkonferenzen so beschlossen. Selbst die Schriftart, die die Grundschüler lernten, wurde nun von den Konferenzen der Schule selbst bestimmt. Da wechselte es schon mal von Schulausgangsschrift in vereinfachte Ausgangsschrift von einem Schuljahr zum anderen oder von einer Schule zur Nachbarschule. Ganztag war in der neuen westlichen Realität kein Thema, so wie Kinderbetreuung insgesamt noch völlig unterentwickelt war.

Die Pisa-Ergebnisse aus 2023, bei denen Deutschland das schlechteste Ergebnis seit Einführung dieses internationalen Vergleichs holte und in den Jahren zuvor auch schon regelmäßig weiter nach unten gerutscht war, zeigen, welche Chance hier verpasst wurde, etwas Erfolgreiches in etwas Gutes zu überführen. Die heutigen Diskussionen zur Bildungsreform hätten vor über dreißig Jahren im Rahmen der Wiedervereinigung möglicherweise echte Reformchancen hin zu einem zentralistischeren Bildungssystem eröffnet. Diese Chance wurde vertan, und die derzeitige Diskussion deutet sehr darauf hin, dass auf absehbare Zeit keine wirklichen und grundlegenden Reformen mehr möglich sind.

Meine Zulassung zum Abitur brachte mich im September 1990 noch auf eine Erweiterte Oberschule (EOS), um das Abitur dann schließlich an einem Gymnasium zu absolvieren. So, wie die Polytechnische Oberschule verschwand, verschwand auch die Berufsausbildung mit Abitur oder so mancher Ausbildungsberuf. Wurde gerade noch eine Ausbildung zum Beispiel zur Kinderkrankenschwester begonnen, war der Abschluss schließlich Hotelfachfrau – im Westen absolviert. Den Beruf Kinderkrankenschwester gab es mit der Wende genauso wenig, wie es noch Ausbildungsplätze im Osten gab.

Während das zentrale Bildungssystem und die sozialistischen Massenorganisationen gingen, kamen die zum Teil feierlichen Gelöbnisse, die nicht zuletzt auch das kollektivistische Gemeinschaftsgefühl stärken sollten, zurück. Das Netzwerk »Schule ohne Rassismus – Schule mit Courage« zum Beispiel begleitet und vernetzt seit 1995 Schulen bei ihrem Einsatz gegen Gewalt und Diskriminierung jeder Art. Wenn sich mindestens 70 Prozent der Schulgemeinde (vom Hausmeister bis zum Schüler) in einer geheimen Abstimmung dazu bekennen, das Selbstverständnis einer Courage-Schule annehmen zu wollen, werden sie und ihre Schule in das Netzwerk aufgenommen. Diese Aufnahme und das Anbringen des entsprechenden Schildes an der Schule werden dann in der Regel feierlich begleitet. Mindestens einmal im Jahr muss die Schule thematisch passende Aktionen planen und durchführen. 16 Landeskoordinationen und über einhundert Regionalkoordinationen beraten und unterstützen die Schulen. Ein staatliches Förderprogramm gibt finanzielle Mittel für die entsprechende Umsetzung.

Gegen das Ziel, Kinder und Jugendliche für die Gefahren von Rassismus, Diskriminierung oder Antisemitismus zu sensibilisieren, spricht ganz sicher nichts. Die Art und Weise der Umsetzung irritiert insbesondere vor dem Hintergrund der Erfahrungen einer inhaltlich gelenkten, sozialistisch-kollektiven Gelöbniskultur und kann mindestens diskutiert werden.

Klimaneutrale Schule zu werden oder zu sein, ist ebenfalls ein mittlerweile allseits beliebtes Ziel. Auch hierfür lassen sich ausreichend Anträge oder vorgegebene Prozedere im Internet finden und durch ein gemeinsames Einschwören der Schulgemeinde auf Klimaneutralität manifestieren. In der Sache zunächst völlig ungefährlich, ist Klima- wie Umweltschutz ein nachvollziehbares, positives und auf die Zukunft gerichtetes Ziel. Doch bietet es in der Umsetzung großes Potenzial der ideologischen Beeinflussung. Erst recht, wenn der Klimawandel als »Klimakatastrophe« dargestellt wird, die zur Rettung der Menschheit einzig den Weg von Vermeidung und Verzicht übrig lasse. Und da wohl kaum jemand freiwillig verzichtet, braucht es Verbote, dies durchzusetzen, so die Botschaft an die Schüler und über diese an die Elternhäuser. An Vorschlägen zur CO_2-Kompensation für den »Klimakiller Schule« mangelt es dann auch nicht.[83] So wird Verzicht und Verbot ganz subtil in die Schulgemeinde getragen, vermeintlich selbst gewählt. Wer möchte auch schon an einer klimakillenden Schule lernen?

Macht sich eine Schulgemeinde nicht gemeinsam auf den Weg zur Klimaneutralität, bieten die verpflichtende Teilnahme an Fridays-for-Future-Demonstrationen als Teil eines Schulprojektes sowie Klima thematisierende Unterrichtsmaterialien oder Dokumentarfilme eine gute Gelegenheit, jedem einzelnen Schüler die drohende Klimakatastrophe nahezubringen. So haben Kinder schon auch mal das Vergnügen, zum Beispiel im Vertretungsunterricht einen Dokumentarfilm gezeigt zu bekommen, der diese Klimakatastrophe beschreibt. In dem Bewusstsein heimgeschickt, dass wir alle sterben werden, erwärmt sich die Erde um 2 Grad, liegt es nicht selten an den Eltern, ruhige und sachliche Aufklärungsarbeit zu leisten. Tun sie dies nicht, bleibt ein beklemmendes Gefühl der Zukunftslosigkeit beim Kind zurück.

Viele Kinder und Jugendliche machen sich Sorgen um ihre Zukunft und entwickeln Ängste, die sie belasten. Die größten Sorgen macht den Kindern und Jugendlichen dabei neben dem Verlust eines Familienangehörigen oder der Partnerin oder des Partners und einem Kriegsausbruch in Deutschland der Klimawandel.[84] Häufig entstehen Angst und Wut bei den Kindern und Jugendlichen aufgrund der »Tatenlosigkeit der Politik«. Angesichts der regelmäßig in Erinnerung gerufenen drohenden Klimakatastrohe sind das nachvollziehbare Gefühle. Jedoch darf die Frage gestellt werden, wo der Ursachenkreis beginnt. Bei der durch die Schulen stets und ständig wach gehaltenen Katastrophenangst oder bei den Maßnahmen, die möglicherweise nie wirklich ausreichen würden, diese Angst zu besiegen?

Wir müssen auf die gebotene Neutralität der Lehrer vertrauen, die ihren Bildungsauftrag ernst nehmen und den ihnen anvertrauten Kindern nicht nur Mathe, Deutsch oder Kunst beibringen, sondern Diskussionsfreude genauso fördern wie das Vertrauen in die Zukunft und ihren eignen Anteil an der Gestaltung ihrer eigenen Zukunft. Jede Art von Dogmatismus beeinflusst nicht nur, er schadet.

Westdeutsche Gleichberechtigung

Galt in Ostdeutschland von Beginn an eine Art Arbeitspflicht für alle Bürger, wollte man nicht als asozial gelten, brauchten westdeutsche Frauen bis 1977 noch die Erlaubnis vom Ehemann, um einer Erwerbstätigkeit nachgehen zu dürfen. Die ostdeutsche Frau gehörte ans Fließband, in die Werkstatt oder an den Schreibtisch, während die westdeutsche Frau an den Kochtopf gebunden blieb. In ostdeutschen Familien war die Erwerbstätigkeit von Mann und Frau oder Vater und Mutter kein Thema. In westdeutschen Familien blieben die Mütter oder Frauen daheim, um die Kinder und den Ernährer der Familie zu versorgen. Für die Work-Life-Balance beider Ehepartner war das vielleicht von Vorteil. Für die Gleichberechtigung war das jedoch denkbar ungünstig, wenn nicht gar katastrophal. So hatte sich im Westen aus nachvollziehbarem Grund eine teilweise radikale feministische Frauenbewegung etabliert, um diese patriarchalischen Selbstverständlichkeiten und daraus resultierende Ungerechtigkeiten aufzubrechen und abzubauen.

Die von Außenministerin Annalena Baerbock postulierte feministische Außenpolitik kann sicherlich auch als ein Ergebnis dieser mit Nachdruck agierenden Frauenbewegung gesehen und eingeordnet werden. Doch löst sie in der Sache kein Gleichstellungsproblem. Mit dem brutalen Überfall der Hamas auf Israel wurden auch Hunderte Frauen, Mädchen und Kinder vergewaltigt, verstümmelt, verbrannt und verschleppt. Die feministische Außenpolitik der Außenministerin jedoch blieb verhältnismäßig leise. Im Gegenteil, bei einer Abstimmung über eine UN-Resolution gegen Israel, das sich daraufhin zur Wehr setzte, um auch die über 200 Geiseln zu befreien, enthielt sich Baerbock im Oktober 2023. Glaubwürdig, und auch darum geht es in der Politik, ist das nicht.

Die Stellung der westdeutschen Frau drückt sich am besten aus in der feministischen Gegenkultur, die sich seit Ende der 1970-er Jahre etablierte. Dazu gehörten eigene Zeitschriften, wie zum Beispiel *Emma*, oder eigene Treffpunkte und spezifische Diskussionsthemen. Erfolge dieser Frauenbewegung waren zum Beispiel die Abschaffung der Verpflichtung der Ehefrau zur Hausarbeit, die Änderung des Scheidungsrechts vom Schuld- zum Zerrüttungsprinzip oder die wirtschaftliche Besserstellung von Frauen, die Kinder betreuten. In jenen 1970-er Jahren verlor die Ehe in Westdeutschland zunehmend an gesellschaftlicher Geltungskraft und die Zahl der Single-Haushalte wuchs. Das stärkte die Emanzipationsbewegung. Ende 1976 wurde in West-Berlin das erste Frauenhaus gegründet und staatliche Gleichstellungbeauftragte wurden erst auf Länderebene, dann in Kommunen und schließlich auf Bundesebene installiert. Die SPD beschloss 1988 als zweite Partei nach den Grünen eine Frauenquote.[85]

Zwar wurde schon 1949 in Artikel 3 des Grundgesetzes die Gleichberechtigung von Mann und Frau festgeschrieben, jedoch lange nicht umgesetzt. Das Bürgerliche Gesetzbuch regelte das rechtliche Verhältnis von Frauen und Männern. Da das BGB noch aus der Kaiserzeit stammt und die entsprechenden Vorschriften in den Nachkriegsjahren weiterhin galten, sahen die Regelungen im Sinne des Mannes als alleinigem Oberhaupt der Familie auch noch kaiserzeitlich aus. Der Mann regelte alle ehelichen Angelegenheiten in letzter Instanz in alleiniger Entscheidungsbefugnis, während Frauen ohne die Zustimmung des Mannes weder ein eigenes Konto eröffnen noch arbeiten durften. Bis März 1953 sollten diese diskriminierenden Regelungen eigentlich durch neue ersetzt werden – so stand es in Artikel 117 des Grundgesetzes. Eilig hatte man es damit wohl nicht. Erst 1957 wurde über entsprechende Reformansätze im Bundestag abgestimmt, wobei die Erwerbstätigkeit der Ehefrau weiterhin strittig blieb. Insbesondere die Union wollte das Letztentscheidungsrecht des Ehemannes beibehalten, sodass schließlich nur ein Kompromiss gefunden wurde. Die Ehefrau sollte nun arbeiten dürfen, solange sie ihren häuslichen und ehelichen Pflichten nachkam beziehungsweise diese nicht vernachlässigte.

Um die Frau bei einer Scheidung vor dem finanziellen Ruin zu bewahren, wurde die Zugewinngemeinschaft eingeführt. Von umfassenden Änderungen kann damit kaum die Rede sein, wohl aber von einem ersten Schritt auf einem langen Weg zur Gleichberechtigung. Weitere kleine Schritte folgten mit dem gesetzlichen Mutterschutz ab 1968 oder der Stärkung des Sorgerechts der Mütter gegenüber den Vätern 1970.

Erst 1977 fiel mit einer erneuten Reform des Ehe- und Familienrechts dann endlich die ehepflichtige Bedingung für eine Erwerbstätigkeit der Frau weg. Aus der sog. Hausfrauenehe im Sinne von »Die Ehefrau führt den Haushalt in eigener Verantwortung.« (§1356 BGB) wurde eine Ehe im »gegenseitigen Einvernehmen«. 1994, also erst Jahre nach der Wiedervereinigung, wurde Artikel 3 Absatz 2 GG um den Satz ergänzt: »Der Staat fördert die tatsächliche Durchsetzung der Gleichstellung von Frauen und Männern und wirkt auf die Beseitigung bestehender Nachteile hin.« Die Gleichberechtigung von Männern und Frauen hat durch die deutsche Einheit sicher noch einmal einen Booster erfahren, gesellschaftlich abgeschlossen ist der Prozess aber noch lange nicht.

Die gesamtdeutsche Gleichberechtigung

Mit der Wiedervereinigung traf der bezüglich der Emanzipation noch immer in den Kinderschuhen steckende Westen auf einen Osten, der ihm hinsichtlich Selbstverständnis und Selbstwirksamkeit der Frauen um Längen voraus war.

Im Westen war 1990 eine rechtliche Gleichberechtigung von Männern und Frauen zwar in großen Teilen erreicht, gesellschaftlich verankert war sie aber noch lange nicht. Sie hinkte dem theoretischen Gesetzestext und vor allem dem Osten weit hinterher. Wie mühsam Gleichberechtigung zu erreichen war, zeigen Entwicklungen wie die der überaus marginalen Lohnanpassungen zwischen Männern und Frauen über Jahrzehnte hinweg. Verdienten Frauen 1970 als Angestellte oder Arbeiterinnen in der Industrie noch lediglich 60 Prozent des Durchschnittslohns eines Mannes, sollten es zwanzig Jahre später immer noch nur 65 Prozent sein. Ein Gender-Pay-Gap, der bis heute die nachhaltige patriarchische Sozialisierung zumindest der westlichen Gesellschaft verdeutlicht. Selbst mit den im Osten gleichberechtigt sozialisierten Frauen an ihrer Seite, bleibt eine wirklich gesellschaftlich gelebte Emanzipation ein weiterhin noch zu erfüllender Wunsch und Traum.

Es waren schließlich zwei Welten, die 1989 nicht nur wirtschaftlich, sondern auch gesellschaftlich aufeinanderprallten. Der Osten lag aufgrund der Planwirtschaft bankrott am Boden. Gleichzeitig hatte sich ein zwar aufgezwungener, dafür aber sehr stabiler gesellschaftlicher Zusammenhalt etabliert, der keinen Unterschied zwischen Frauen und Männern machte. Ein kollektives und überwiegend gleichberechtigtes Gesellschaftsgefüge hat die Ostdeutschen geprägt, das dem Westen in dieser Komplexität völlig fremd war.

Im Westen gab es trotz ihrer Festschreibung im Grundgesetz Jahrzehnte lang keine Gleichberechtigung oder gar Gleichstellung. Dafür wurden Emanzipation und Feminismus immer präsentere gesellschaftliche Themen mit all ihren Ausprägungen.

Wurde ich nach meiner feministischen Einstellung gefragt, habe ich immer verneint oder gar abgelehnt, eine Feministin zu sein. Aus einem mir völligen Selbstverständnis heraus, dass es für ein gleichberechtigtes Zusammenleben von Frauen und Männern keinen Feminismus braucht, da jede Frau jede Chance hat, bin ich in die westliche Gesellschaft gestartet und habe viele Jahre an diesem meinem Selbstverständnis festgehalten.

Die vielen gläsernen Decken, die hart kalkulierten und für Frauen undurchdringlichen Männernetzwerke, das ernüchternde Erkennen, dass Männer einem weniger zutrauen und dann auch noch erstaunt höflich einen (von ihnen unerwarteten) Erfolg honorieren, die Einsicht, dass nur wirklich starke und selbstbewusste Männer mit selbstbewussten Frauen auf Augenhöhe agieren können, die Wut, die sich zuweilen über diese permanente Unterschätzung und Benachteiligung breit machte, und schließlich ein Selbstbestimmungsgesetz, das Frauen in dessen Konsequenz zu negieren und zu demütigen vermag, haben mich nach vielen Jahren des patriarchalen Frustes doch noch zur sogenannten Feministin in unserer westlichen fortschrittlichen Welt werden lassen. Meine parteipolitische Arbeit in einem Umfeld, das Frauen eher an den Rand drängt, hat zudem erheblich zu meinem Perspektivwechsel beigetragen. Ein Perspektivwechsel, der gesamtgesellschaftlich größtenteils weiterhin aussteht. Nicht nur, dass teilweise niederschmetternde Wahlergebnisse und deren Analysen klar und zuweilen sehr umfassend das Problem beschreiben; der Vorteil einer besseren Sichtbarkeit und stärkeren Einbindung von Frauen in Diskussionen und Entscheidungsfindungen von Wirtschaft und Politik sollte eigentlich geschlechterübergreifend begriffen werden.

Meine Mutter, mein Vater, mein ganzes soziales Umfeld in meiner Kindheit und Jugend waren hinsichtlich gesellschaftlich akzeptierter Gleichberechtigung in der DDR vor vierzig Jahren schon wesentlich weiter, als wir es heute sind. So wurde ich mit meinem Umzug nach Hessen Anfang der 2000er hart konfrontiert mit den Selbstverständlichkeiten der westlichen, wenig gleichberechtigten und dafür umso feministischeren Welt. Arbeitende Frauen gab es, arbeitende (jüngere) Mütter kaum. So konnte ich mich des (möglicherweise übertriebenen) Eindrucks eines gefühlten Mittelalters nur schwer erwehren.

Arbeiten war für mich einst völlig geschlechtsunabhängig selbstverständlich und wurde nun, spätestens mit dem Mutterwerden, 13 Jahre nach der Wiedervereinigung, im Westen zu einem hart erkämpften Privileg. Die Erkenntnis war beklemmend, dass Kinder sowohl großes Glück sind, für Frauen in der Regel aber auch bedeuteten, mindestens bis zum dritten Lebensjahr zuallererst einmal die Betreuung und Erziehung des Nachwuchses übernehmen zu müssen. Fehlende Betreuungsplätze haben ganz subtil und trotzdem ganz klar die Mütter ohne eigen verdientes Geld und ohne berufliche Perspektive Babybrei kochend an den Herd gebunden.

In meinem Bestreben, diese fehlenden Betreuungsplätze für Kinder unter drei Jahren in meinem neuen Heimatort in Hessen zu schaffen, bin ich auch auf von Frauen höchstselbst getroffene Aussagen gestoßen, dass Kinder mindestens bis zu ihrem dritten Lebensjahr ausschließlich zu ihrer Mutter gehören, sollen sie keinen seelischen Schaden erleiden. Neben der Akzeptanz dieser und aller anderen Meinungen, liegt es angesichts derartiger Überzeugungen schon fast auf der Hand, dass die Frau als Frau an sich und ihre Rechte im nun bereits lange vereinigten Deutschland mehr und mehr zum gesellschaftlichen und wirtschaftlichen Thema werden. In einer sich zuweilen jedoch verstärkenden Art und Weise, die im gesellschaftlichen Osten oftmals kaum nachvollzogen und erst recht nicht verstanden wird.

Selbstbewusste, sich selbst versorgende und selbstwirksame Frauen kann es durchaus befremden, scheint sich Gleichberechtigung und Emanzipation vordergründig in einer bestenfalls weiblichen, mindestens aber neutralisierenden Sprache zu erschöpfen. Das nach Gender*Stern und Gender_Gap erschaffende Kunstgebilde des pausengesprochenen »...:innen« soll das sprachliche Maskulinum zwar verdrängen, hält im Grunde jedoch nur auf, irritiert und hat sehr wenig mit wirklicher, gelebter und über Generationen weiter getragener Gleichberechtigung gemein. Im Gegenteil scheint es wohl auch mangels fehlender anderer Ideen für die notwendige Durchsetzungsstärke insbesondere ein Instrument sich benachteiligt fühlender Frauen, die Weiblichkeit über eine eigens erschaffene Sprache zu betonen. Sprachliche Nachlässigkeit wird dabei nicht toleriert, Gendersprache zur Pflicht und eine Weigerung der Anwendung mit einer moralischen Aburteilung belegt.

Der Gender-Pay-Gap, die noch immer geringe Anzahl von Frauen in Führungspositionen (etwa 30 Prozent)[86] oder das in familiären

Ausnahmesituationen nahezu automatische Zurückfallen in alte Rollenmuster sind beste Indizien für eine hoch defizitäre Gleichberechtigung von Frauen und Männern im vereinigten Deutschland. Diese Tatsache und der für ostdeutsche Frauen reale Rückschritt hilft auch kein Gendersternchen zu beheben.

Wichtiger ist daher, dass alle Frauen die Balance finden zwischen dem Muttersein, der Karrierefrau und der gesellschaftlichen Selbstverständlichkeit, dass beides geht. Eben gerade so, wie es im Osten unserer Republik dank des umfassenden Kinderbetreuungssystems üblich war und gelebt wurde. Davon gelöst haben sich, trotz jahrzehntelanger westdeutscher Bemühungen, bis heute nur wenige ostdeutsche Frauen.

Gute Betreuungsmöglichkeiten erleichtern heute zwar den Berufswiedereinstieg, verpflichten jedoch nicht zur Arbeit oder gar Karriere. Das ist erfreulich anders als im System der DDR, in dem Frauen noch begründen mussten, wenn sie über den üblichen Mutterschutz hinaus mit dem Kind daheim blieben.

Mit dem immer drängender werdenden Fachkräftemangel rücken nun jedoch auch in Gesamtdeutschland wieder die Frauen und insbesondere die Mütter mehr und mehr in den Fokus marktwirtschaftlicher Überlegungen. So stieg die Erwerbstätigkeit von Müttern und Frauen ohne Kinder zwar an, jedoch arbeiten sie überwiegend und häufiger als Männer in Teilzeit. Die sogenannte Teilzeitfalle wird zum wirtschaftlichen Negativ-Faktor.

Da liegt es nahe, insbesondere Frauen durch weitere Maßnahmen (neben den zu schaffenden Betreuungsplätzen) in eine berufliche Tätigkeit beziehungsweise in eine berufliche Vollzeittätigkeit zu bringen. Überlegungen zu Teilzeitregelungen, wonach Mütter und Väter mit Beginn ihres Elternseins zwar gleichberechtigt, aber gesetzlich bestimmt jeweils nur noch 80 oder 70, 60, oder 50 Prozent ihres ursprünglichen Beschäftigtenpensums arbeiten sollen, klingen aus feministischer Sicht zunächst charmant. Der Wirtschaft würden Fachkräfte zufließen, die vorher zur Kinderbetreuung dem Arbeitsmarkt fernblieben. Und dennoch wäre es ein unverhältnismäßiger Eingriff in das Selbstbestimmungsrecht der Mütter und Väter. So absurd es klingt, so tatsächlich gab es genau solche Überlegungen aus dem linken politischen Spektrum. Gemeinsam mit den Vorschlägen zur Homeofficepflicht oder alternativ zum Homeofficerecht erscheinen Annäherungen an planwirtschaftliche Komponenten der DDR dabei nicht nur zufällig.

Die Ostdeutschen lebten von Beginn an Gleichberechtigung, ohne dass sie Feminismus, Emanzipation oder Gendersternchen dafür bemühen mussten, während die Gastarbeiter und ihre Familien den gesellschaftlichen und kulturellen Horizont der Westdeutschen erweiterten. Beides prägte die Menschen in Ost und West auf ganz unterschiedliche nachhaltige Art und Weise und gehört nun in unser gemeinsames gesellschaftliches Portfolio.

Die Rolle der Medien

Der öffentlich-rechtliche Rundfunk

Die *Aktuelle Kamera* – nun benannt als AK am Abend – wurde am 14. Dezember 1990 zum letzten Mal gesendet. Seit 1952 ausgestrahlt, sollte es die älteste Fernsehnachrichtensendung Deutschlands in diesem Format fortan nicht mehr geben. Dabei war zwar die *Aktuelle Kamera* bis Herbst 89 nur mäßig informativ gewesen und das Interesse an ihr war gering. Doch mit den sich überstürzenden Ereignissen nach dem Fall der Mauer hatte sie sich zur meist gesehenen Sendung des Deutschen Fernsehfunks entwickelt. Nun wurde nah am Geschehen, im Dienste des Zuschauers und in Kenntnis seiner Probleme ehrlich und damit erkennbar anders als kurz zuvor noch berichtet. Dieses eine Jahr der Wende vollzog sich auch im ostdeutschen Fernsehen. Die sozialistische Scheinwelt, die das ostdeutsche Fernsehen überspann und über die es nur ein gutes Jahr zuvor noch zu berichten galt, hatte sich aufgelöst, und damit auch der Parteiauftrag an die ostdeutschen Journalisten, diese Scheinwelt zu propagieren.

Stattdessen sollte es nun ein Vorabend füllendes Abendjournal mit zusammenfassenden Nachrichten zur gewohnten Nachrichtenzeit geben. Es wurde eine DFF-Länderkette entwickelt, die nun, auf der ehemaligen Frequenz des DFF2 ausgestrahlt, Nachrichten, Informationen und Trends für die neuen Bundesländer bereithielt. Westfernsehen konnte inzwischen ganz ungeniert geschaut werden, doch Ostfernsehen wurde eingeschaltet.

Und die Journalisten des Deutschen Fernsehfunks bewiesen ihre teilweise allumfassende Flexibilität und wechselten größtenteils von der sozialistischen Propaganda hin zu einer demokratischen Pressearbeit. Das hieß nun auch im Osten, die Menschen möglichst umfassend über die Vorgänge des staatlichen, politischen und gesellschaftlichen Lebens zu informieren.[87] Vom Lenker sollte der Journalist nun zum Moderator der öffentlichen Diskussion werden.[88]

Für den ein oder anderen ostdeutschen Journalisten wird dies eine Befreiung gewesen sein. Für manche war es aber möglicherweise doch ein zu hartes Brot, das kaum zu kauen war. Denn Journalisten in einer unabhängigen, objektiven Berichterstattung agieren als Anwälte ihrer Leser, Hörer und Zuschauer, wobei sie entscheiden, welche Nachrichten, Meinungen und Informationen sie verbreiten (Gatekeeper).[89]

Für die westdeutschen Journalisten sollte sich mit der Wende wenig ändern. Sie hatten in der Bundesrepublik von Beginn an frei berichten können. Anders als in der sowjetischen Besatzungszone, in der Staatsrundfunk und -fernsehen eine Grundlage der weiteren gesellschaftlichen Entwicklung war, gab es in den Besatzungszonen der Westalliierten keinen deutschen Staatsrundfunk mehr. Zwar verstanden auch demokratische deutsche Nachkriegspolitiker Rundfunk in erster Linie als staatliche Einrichtungen in der Tradition der Weimarer Republik. Doch die westlichen Alliierten drängten auf vom Staat unabhängige Radio- und Fernsehprogramme. Aus dem eher kooperativen Journalismus während der Weimarer Republik sollten nun der Politik gegenüber kritische Medien werden. Die Form der Organisation eines solchen staatsfernen Rundfunks führte zu langen Debatten. Schließlich wurden 1948 zunächst sechs autonome Landesrundfunkanstalten gegründet, die sich zusammenschlossen in der »Arbeitsgemeinschaft der öffentlich-rechtlichen Rundfunkanstalten der Bundesrepublik Deutschland«, kurz ARD genannt. Nach und nach kamen weitere Landesrundfunkanstalten mit ihren Regionalprogrammen hinzu, später als »dritte Programme« bezeichnet. Ab 1954 wurde das »Erste« als Gemeinschaftsprogramm der Anstalten ausgestrahlt. 1961 kam das Zweite Deutsche Fernsehen (ZDF) hinzu. Im gleichen Jahr entschied das Bundesverfassungsgericht, dass Rundfunk Ländersache sei und nicht dem Bund überantwortet werden dürfe. Einige ARD-Länderanstalten fusionierten und nach der Wiedervereinigung wurden ARD und ZDF auf den Osten ausgeweitet. Heute gibt es neun ARD-Anstalten.

Der Staatsvertrag zur Gründung des Zweiten Deutschen Fernsehens (ZDF) formulierte 1961 erstmals einen konkreten Programmauftrag, der einen objektiven Überblick über das Weltgeschehen, insbesondere ein umfassendes Bild der deutschen Wirklichkeit forderte. Das ZDF sollte zudem der Wiedervereinigung Deutschlands in Frieden und Freiheit sowie der Verständigung unter den Völkern dienen. Und es sollte dafür gesorgt werden, dass ARD und ZDF sich in den jeweiligen Angeboten unterschieden.[90]

So etablierte sich das ZDF als der buntere Sender mit etlichen Familienshows wie *Dalli-Dalli, Aktion Sorgenkind* oder *Der große Preis*. 1981 wurde zum ersten Mal *Wetten dass..?* gesendet. Ein Unterhaltungsformat, das in den Einschaltquoten nur noch von denen der Fußballspiele bei internationalen Wettbewerben übertroffen wurde.[91] 2023 wurde diese Erfolgssendung zum vorläufig letzten Mal ausgestrahlt.

Selbst an den ersten *Wetten-dass*-Moderator Frank Elstner kann ich mich noch gut erinnern. Und noch besser an Thomas Gottschalk, der die Show 1987 übernahm. Er wurde ein familiäres Gesicht in deutschen Wohnstuben beiderseits der Grenze. Markige, lockere Sprüche, Knietatscher hier und da waren seine Markenzeichen. Letzteres war bis vor ein paar Jahren vielleicht noch toleriert oder wurde beschämt überspielt, wäre heute aber absolut tabu. Gottschalk schien tatsächlich etwas aus der Zeit gefallen, doch eines ließ aufhorchen. Bei seinem Abschied 2023 sagte er, dass er zu Hause heute anders rede als im Fernsehen, und bevor er von einem Aufnahmeleiter angehalten würde, keinen Shitstorm zu provozieren oder herbeizureden, sage er lieber gar nichts mehr.

Dieses Statement eines der Großen des Unterhaltungsfernsehens offenbart eine neue Dimension der Empörungskultur. Gottschalk hat erkennbar nie radikales Gedankengut geäußert. Er ist ein Vertreter der bürgerlichen Mitte, manchmal etwas verrückter oder lockerer in seinen Wortmeldungen. Aber wenn das, was er als witzigen Common Sense so von sich gab und ihn damit zum Publikumsliebling avancieren ließ, heute nicht mehr ausgesprochen werden darf, auch wenn es für den ein oder anderen etwas drüber scheint, ist die vermeintliche Empörung die reale Unterdrückung des freien Wortes. Wird sie gesellschaftlich akzeptiert oder gar befördert, kann sie die Meinungsfreiheit in arge Bedrängnis bringen.

Der öffentlich-rechtliche Rundfunk war und ist bis heute zu einem großen Teil gebühren- und mit der Umstellung der Systematik 2021 von gerätebezogenen Gebühren auf haushaltbezogene Beiträge, beitragsfinanziert. Er kommt, abgesehen von der Deutschen Welle, ohne Steuergelder aus, was bewusst so konstruiert wurde, um die Sender nicht durch die Politik erpressbar zu machen. Gleichwohl kann man von einer »Quasisteuer« sprechen. Denn niemand kann die Zahlung verweigern, selbst dann nicht, wenn er weder Radio- noch Fernsehgerät besitzt. Jeder Beitragserhöhung müssen die Landtage zustimmen. Um die »Staatsferne« zu gewährleisten, tun sie dies (neuerdings manchmal mit nachvollziehbarem Murren) auf der Grundlage von Empfehlungen einer unabhängigen Kommission. Die zu Beginn erhobenen 5 D-Mark Fernsehgebühren teilten sich die ARD mit 3,60 D-Mark und das ZDF mit 1,10 D-Mark. Die restlichen 0,30 D-Mark bekam die Post. Täglich maximal zwanzig Minuten Werbung bildeten die zweite Einnahmequelle. Mehr Werbung war aus rechtlichen Gründen nicht möglich.[92]

Heute liegt der Rundfunkbeitrag bei 18,36 Euro je Haushalt im Monat. Damit verfügt der öffentlich-rechtliche Rundfunk (ARD, ZDF, Deutschlandradio und die Landesmedienanstalten) nunmehr über Beitragseinnahmen in Höhe von über 8 Milliarden Euro. Forderungen nach immer weiteren Beitragserhöhungen werden gesichert regelmäßig und auf Grundlage von zwar rechnerisch nachvollziehbaren, manchmal aber nicht mehr begründbaren Berechnungen zur Beitragshöhe erhoben und zumeist von den Ländern durchgewinkt.

Mittlerweile ist nun auch bei der einen oder anderen Landesregierung ein leichtes Zögern, weit entfernt jedoch von wirklichem Reformwillen, erkennbar.

Startete das ZDF 1963 noch mit 1800 Mitarbeitern, verteilt auf 400 Büros in Mainz,[93] arbeiten heute rund 3500 feste Mitarbeiter an den Standorten Mainz und Berlin sowie in 16 Inlands- und 18 Auslandsstudios.[94] Die ARD beschäftigt mittlerweile über 25 000 festangestellte Mitarbeiter und noch einmal so viele Freiberufler.[95]

Angesichts dieser personell und institutionell völlig überdimensionierten Rundfunkanstalten – der weltweit renommierte BBC kommt mit 21 300 Mitarbeitern aus und ist bei News wie Dokumentationen zumeist vor den deutschen Sendern – werden Reformen nun immer lauter gefordert. Sie können zwar noch immer beflissentlich überhört werden, der finanzielle Reformdruck bleibt jedoch und wächst mit jedem verlorenen Jahr einer notwendigen Neuaufstellung des öffentlich-rechtlichen Rundfunks.

Solange mit einem Zuschauermarktanteil von zuletzt 14,2 Prozent für das ZDF und rund 12 Prozent für die ARD beide Anstalten auf Platz eins und zwei des Medien-Rankings stehen,[96] scheint jede Forderung mindestens nach einer Reform der Beitragsfinanzierung ins Leere zu laufen, trotz mittlerweile massiver Untreue-Vorwürfe. Über Jahre lässt der öffentlich-rechtliche Rundfunk keinen Skandal aus, gönnt sich Spitzengehälter oder Honorare in Millionenhöhe, Massagesitze, private Essen auf Spesenrechnung oder verschwendet Beitragsmittel für nicht ordnungsgemäß ausgeschriebene und dazu noch völlig überzogene Umbauten und Renovierungen der Chefetage.

Werden dann noch Vorwürfe der Einflussnahme auf die Berichterstattung, wie zuletzt beim NDR laut, wonach es einen »politischen Filter« durch die Vorgesetzten in der Redaktion geben soll,[97] ist der Weg zum völligen Unverständnis mindestens hinsichtlich der Beitragsstruktur des öffentlich-rechtlichen Rundfunks bis hin zum Vorwurf der »Zwangsbeiträge« nicht weit.

Rundfunkstaatsvertrag beziehungsweise Medienstaatsvertrag

Mit der Marktliberalisierung des Fernsehens gelang es ab 1982, die publizistische Macht der Medien besser und breiter zu verteilen. Aus einst etwa zwanzig Programmen, die der Ausbau der Kabelnetze am Anfang in die Wohnungen der Menschen brachte, wurden in Konkurrenz zum öffentlich-rechtlichen Rundfunk bis heute etwa 350 private Sender, Mediatheken, Online-Angebote, Streamingdienste und diverse Social-Media-Kanäle mit nahezu unerschöpflichen Möglichkeiten, sich informieren oder bespaßen zu lassen.

Anfang der 1980er-Jahre gestartete politische Magazine und Kultursendungen der Privatsender wie *Spiegel TV Magazin*, *Stern TV*, *10 vor 11* oder *News & Stories* finden sich zum Teil heute noch im Programm. Mit Shows wie *Tutti-Frutti* wurde die Fernsehwelt bunter, schriller und zuweilen, aber nicht immer auch niveauloser. Steffi Graf und Boris Becker haben viele Menschen, so auch mich, vor den Bildschirm gezogen.

Die nunmehr abwechslungsreichere Fernsehwelt machte eine klare Regelung des dualen Rundfunksystems und vor allem der Grundversorgung der Menschen mit einem öffentlich-rechtlichen Rundfunk notwendig. 1987 wurde daher der erste Rundfunkstaatsvertrag von den Staatskanzleien der westlichen Bundesländer unterzeichnet.

Für die DDR wurde mit der Wende eine grundlegende Neuordnung der ostdeutschen Medienlandschaft möglich und nötig, da hier keine Mediengesetze existierten. So beschloss die Volkskammer Anfang

Februar 1990 eine Übergangslösung zur Gewährleistung der Meinungs-, Informations- und Medienfreiheit. Das darin gesetzte Ziel, ein Mediengesetz zu erarbeiten,[98] wurde durch die Wiedervereinigung überflüssig.

Man hatte sich im Einigungsvertrag darauf verständigt, dass der »Rundfunk der DDR« und der »Deutsche Fernsehfunk« als gemeinschaftliche staatsunabhängige, rechtsfähige Einrichtung bis maximal 31. Dezember 1991 weitergeführt und in dieser Zeit entweder durch einen gemeinsamen Staatsvertrag der Länder aufgelöst oder in Anstalten des öffentlichen Rechts einzelner oder mehrerer Länder überführt werden. Am 31. August 1991 wurde ein solcher gemeinsamer »Staatsvertrag über den Rundfunk im vereinten Deutschland« schließlich unterschrieben. Er trat am 1. Januar 1992 in Kraft.

Ein eigenständiges ostdeutsches Rundfunksystem konnte so nicht wachsen. Ostdeutsche Spezifika oder Überlegungen für eine gesamtdeutsche Regelung konnten zudem nicht aufgenommen werden. Offensichtlich haben auch hier strukturkonservativ eingestellte politische Entscheidungsträger aus dem Westen die Wiedervereinigung eher als administrativen, denn als innovativen Vorgang betrachtet und wollten diesen zudem noch unter hohem Zeitdruck schnell abhandeln.[99] Der nunmehr für Gesamtdeutschland geltende Rundfunkstaatsvertrag wurde seitdem fortwährend den aktuellen Gegebenheiten angepasst und erweitert.

2014 kam es zu einem wichtigen Urteil des Bundesverfassungsgerichtes, als es feststellte, dass eine Überrepräsentation staatlicher oder staatsnaher Vertreter in den Kontroll- und Aufsichtsgremien verfassungswidrig ist, und eine Änderung forderte. Dieser Forderung wurde mit der 17. Novelle des Rundfunkstaatsvertrages entsprochen und die Staatsferne damit weiter untermauert. Jedoch bleibt der Eindruck, dass neben diesen offiziell staatlichen und staatsnahen Vertretern auch solche in die Gremien entsandt werden, die mindestens mit einer gewünschten politischen Ausrichtung sympathisieren. Nicht die Kompetenz entscheidet dann über die Besetzung, sondern die politische Einstellung und Haltung. Leonhard Dobusch, damals seit drei Jahren

Mitglied des ZDF-Fernsehrates, bemerkte in seinem Gastbeitrag für den Deutschlandfunk, dass eine solche »Schattenstaatsbank« eher einer parteipolitischen Linie zur Mehrheit verhilft, als der kompetenteren Person zu einer Position im Rundfunkrat.[100]

Der politische Einfluss über die Besetzung der Rundfunkgremien im Gegensatz zur dringend notwendigen Unabhängigkeit des öffentlich-rechtlichen Rundfunks war im Prinzip schon seit seiner Gründung vorhanden und bleibt wohl bis zur tatsächlichen Entflechtung intensiv gesellschaftlich und politisch diskutiert.

Sitzt die CDU im Kanzleramt, ist die Wahrscheinlichkeit größer, dass bei der nächsten Besetzung etwa des ZDF-Chefredakteurs ein Kandidat zum Zuge kommt, der zwar keineswegs Parteisoldat, sondern anerkannter Journalist sein sollte, der aber der Union »näher« steht. Und vice versa gilt dies in Zeiten einer SPD-Kanzlerschaft. Ähnlich verhält es sich mit den jeweiligen Intendanten. Diese Landschaft ist angesichts von neun Landesrundfunkanstalten der ARD, manche von ihnen aus mehreren Bundesländern konstituiert, die von Koalitionen regiert werden, noch unübersichtlicher. Außerdem haben bei der Auswahl der Senderchefs die Rundfunkräte das Sagen, in die je nach Mandatsverteilung in den Parlamenten, Vertreter der Parteien und zudem noch die aus anderen Organisationen, wie Gewerkschaften (SPD-nah), Wirtschaftsverbänden (CDU-nah) und Umweltverbänden (Bündnis-Grüne-nah) entsendet werden. Nur ein kleiner Teil der Rundfunkräte, die sogenannten »Grauen«, gelten als wirklich parteiunabhängig, und um ihre Stimmen wird bei knappen Mehrheiten von den beiden großen Lagern gekämpft.

Mit dem Hessischen Rundfunkgesetz, das auf Druck der Bündnis-Grünen entsprechend geändert wurde, können zum Beispiel auch Vertreter muslimischer Glaubensgemeinschaften in den Rundfunkrat entsandt werden. So hatte auch ich die Gelegenheit eines Gesprächs mit der von verschiedenen Medien als Islamistin bezeichneten Khola Maryam Hübsch. Hübsch hatte in der Talkshow *Hart aber Fair* Anfang 2024 unter anderem ihre Sympathien für ein Kalifat auch in Deutschland bekräftigt, was unweigerlich die Frage aufwerfen muss, wie und vor allem warum

Vertreter extremer Ansichten Intendanten des öffentlich-rechtlichen Rundfunks beraten können und dürfen. Da die vorgeschlagenen Vertreter weder kontrolliert noch auf extremistische Überzeugungen überprüft werden, ist dies offenbar möglich. Mein Gespräch mit Hübsch gründete zwar auf ihr Ersuchen, als Mitglied der Ahmadiyya-Gemeinde mit mir über muslimische Frauen, ihre Stellung und die Spiritualität des Kopftuchtragens zu sprechen. Doch beendete ich unser Gespräch mit ihrem von mir nicht geduldeten und tolerierten Versuch der Täter-Opfer-Umkehr des Überfalls der terroristischen palästinensischen Hamas auf Israel. Etwa 4,7 Millionen Menschen bundesweit sehen täglich HR-Fernsehen und seit nunmehr drei Jahren sitzt Hübsch im Rundfunkrat des HR-Fernsehens und berät den Intendanten in allen Fragen des Islams. Angesichts Ihrer klaren und öffentlichen Aussagen zur Verteidigung des Kalifats und der Scharia und der damit verbundenen Abschaffung unserer freiheitlichen demokratischen Grundordnung, darf mindestens an ihrer Unabhängigkeit gezweifelt werden, insbesondere sind Rundfunkräte der Allgemeinheit verpflichtet.

Insgesamt hat sich ein unübersichtliches Gefüge etabliert. Als Faustformel darf wohl gelten: Beim Bayerischen Rundfunk rückt kein Journalist mit Sympathien für die SPD oder die Grünen auf den Chefsessel, und bei Radio Bremen sicher nicht so bald ein kantiger Christdemokrat oder gar Liberaler.

2009 wurden erstmals konkretisierte und gesetzlich festgeschriebene Formulierungen eines Programmauftrages des öffentlich-rechtlichen Rundfunks formuliert. Ein solcher Auftrag leitet sich zwar schon aus Artikel 5 des Grundgesetzes ab, jedoch sollte eine solche definitorische Konkretisierung den Programmverantwortlichen von ARD, ZDF und Deutschlandfunk insbesondere hinsichtlich Objektivität und Gemeinwohlorientierung Orientierung geben. Das ist vor dem Hintergrund der Funktion des öffentlich-rechtlichen Rundfunks nicht nur als Medium, sondern auch als wesentlicher Faktor der Meinungsbildung, wie das Bundesverfassungsgericht schon 1961 in seiner ersten Rundfunk-Entscheidung feststellte, ein bedeutsamer, längst überfälliger Schritt.

Dieser Auftrag bietet eine gute Grundlage für die regelmäßigen Diskussionen über die Arbeit und vor allem die Zufriedenheit mit der Arbeit des öffentlich-rechtlichen Rundfunks. Es ist daher von Vorteil, sich die entsprechenden Formulierungen genauer anzuschauen.

Danach sollen die öffentlich-rechtlichen Rundfunkanstalten durch die Herstellung und Verbreitung ihrer Angebote als Medium und Faktor des Prozesses freier individueller und öffentlicher Meinungsbildung wirken und dadurch die demokratischen, sozialen und kulturellen Bedürfnisse der Gesellschaft erfüllen. Dafür haben sie »in ihren Angeboten einen umfassenden Überblick über das internationale, europäische, nationale und regionale Geschehen in allen wesentlichen Lebensbereichen zu geben«. Sie sollen hierdurch »die internationale Verständigung, die europäische Integration, den gesellschaftlichen Zusammenhalt in Bund und Ländern fördern«. Zudem müssen die Angebote der Bildung, Information und Beratung genauso wie der Unterhaltung im Rahmen des öffentlich-rechtlichen Angebotsprofils dienen. Die öffentlich-rechtlichen Rundfunkanstalten haben somit auch Beiträge insbesondere zur Kultur anzubieten. Schließlich haben sie bei der Erfüllung ihres Auftrags die Grundsätze der Objektivität und Unparteilichkeit der Berichterstattung, die Meinungsvielfalt sowie die Ausgewogenheit ihrer Angebote zu berücksichtigen.[101]

Dieser konkret definierte Programmauftrag wurde zwischenzeitlich angepasst und ist in der am 1. Juli 2023 in Kraft getretenen Fassung des Medienstaatsvertrages in wesentlichen Punkten ergänzt worden. Nunmehr soll nicht mehr nur die internationale Verständigung, die europäische Integration und der gesellschaftliche Zusammenhalt in Bund und Ländern gefördert werden, sondern auch der gesamtgesellschaftliche Diskurs. Die öffentlich-rechtlichen Rundfunkanstalten haben zudem nun auch die Aufgabe, ein Gesamtangebot für alle zu unterbreiten, wobei sie die Möglichkeiten nutzen sollen, die ihnen aus der Beitragsfinanzierung erwachsen. Sie sollen durch eigene Impulse und Perspektiven zur medialen Angebotsvielfalt beitragen. Nunmehr werden explizit alle Bevölkerungsgruppen bei der Teilhabe an der Informationsgesellschaft berücksichtigt, wobei die Belange von Kindern, Jugendlichen und jungen Erwachsenen, von Menschen mit Behinderungen und die Anliegen von Familien besonders betont werden. Dieser Auftrag soll in seiner gesamten Breite auf der ersten Auswahlebene der eigenen Portale und über alle Tageszeiten hinweg in den Vollprogrammen wahrnehmbar sein.

Ergänzt wurde zudem, dass die öffentlich-rechtlichen Rundfunkanstalten bei der Erfüllung ihres Auftrags der verfassungsmäßigen Ordnung und in besonderem Maße der Einhaltung journalistischer Standards, insbesondere zur Gewährleistung einer unabhängigen, sachlichen, wahrheitsgemäßen und umfassenden Information und Berichterstattung wie auch zur Achtung von Persönlichkeitsrechten verpflichtet sind.[102]

Diese Erweiterung und Flexibilisierung ist wohl auch der gesamtgesellschaftlichen Stimmung geschuldet, in der die Debattenkultur zu verrohen droht, und Schwarz-Weiß-Denken, Stigmatisierungen und Diffamierungen differenzierte und gesittete Auseinandersetzungen zunehmend ersetzen. Die stark zunehmende Nutzung von Social-Media-Plattformen sowohl für die Informationsbeschaffung als auch für politische Diskussionen stellen auch die Medien in einer gesamtgesellschaftlichen Stimmung, in der sich Meinungen im harten Widerspruch gegenüberstehen, vor neue Herausforderungen.

Ausgewogenheit in der medialen Berichterstattung, zumal von einem gebührenfinanzierten öffentlich-rechtlichen Rundfunk mit explizitem Auftrag ist daher ein unerlässlicher Grundpfeiler für eine breite und friedliche Diskussion, die eine Annäherung auch in der Meinungsbildung möglich macht.

Im Unterschied zu den Medien im Sozialismus der DDR, deren Funktion einzig in einem planmäßig geförderten Prozess zum Aufbau des Sozialismus gesehen wurde, ist Aufgabe eines funktionierenden demokratischen Journalismus die möglichst umfassende Information des Bürgers über die Vorgänge des staatlichen, politischen und gesellschaftlichen Lebens. Ein entsprechender Auftrag für den öffentlich-rechtlichen Rundfunk wurde noch einmal verstärkend medienstaatsvertraglich formuliert. Um dieser Aufgabe gerecht zu werden, gelten für die Journalisten, die Teil der demokratischen und erst recht der öffentlich-rechtlichen Presse sind, Berufsgrundsätze. Zu ihnen zählen das Streben nach Wahrhaftigkeit, die Richtigstellung unzutreffender Mitteilungen und das Festlegen auf verantwortungsethisches Handeln. Grundsätze, die Grundlage für eine ausgewogene Presse-Handhabung sind und gemeinsam mit verschiedenen nationalen und internationalen Pressekodizes der Selbstkontrolle der Medien dienen und vor Missbrauch der Medienfreiheit schützen sollen.[103]

Dem öffentlich-rechtlichen Rundfunk kommt im Besonderen und ebenso wie den privaten Rundfunkmedien als maßgebliche Meinungsbildner ein erheblicher Teil der Verantwortung für die Ausgestaltung unserer freiheitlichen Demokratie und damit eine wesentliche Machtposition innerhalb unseres gesellschaftlichen Gefüges zu. Medien besitzen damit die Macht, gesellschaftliche Entwicklungen zu beeinflussen. Das ist nicht nur in demokratischen Systemen relevant, sondern wurde auch schon von nationalsozialistischen und sozialistischen Diktatoren erkannt und für den Aufbau, Ausbau und Erhalt ihrer eigenen Macht genutzt.

Um Diktaturen mit Hilfe der Medien gesellschaftlich zu verankern, braucht es intrinsisch oder extrinsisch überzeugte Medienvertreter. Die ideologische Einbindung der Journalisten ins nationalsozialistische oder marxistisch-leninistische Denksystem war daher nicht nur als »conditio sine qua non« akzeptiert.[104] Sie war Bedingung ihrer (erfolgreichen) Arbeit. Es brauchte eine systemkonforme Haltung, Überzeugung und Identifikation mit dem zu protegierenden diktatorischen System, selbst auf die Gefahr hin, sich in eine Scheinwelt zu begeben oder diese gar zu erschaffen.

Die Gefahr von Scheinwelten existiert damit insbesondere in diktatorischen Pressesystemen. Journalisten konstruieren zuweilen jedoch auch völlig unabhängig vom politischen System, aber abhängig von ihrer eigenen Gedankenwelt und Haltung auf ihre ganz eigene Art und Weise Scheinwirklichkeiten, die sie den Bürgern als einzig Gutes präsentieren. Es ist daher nicht nur konsequent, die Erfüllung des Rundfunkauftrages sowohl politisch als auch insbesondere gesellschaftlich einzufordern, es ist unbedingte demokratische Notwendigkeit. Erst recht kann sowohl eine eigene Meinung, Haltung und Überzeugung im Verbund mit einer interessengeleiteten Personalpolitik die Inhalte der öffentlich-rechtlichen Sender beeinflussen, als auch die wechselseitigen Abhängigkeiten zwischen Journalisten und Politikern. So wie politische Entscheidungen öffentlich legitimiert werden müssen, so sind Journalisten auf den Zugang zu Informationen angewiesen, um Reichweiten und Quoten zu generieren.[105]

Objektive Berichterstattung durch unabhängige Journalisten – Ziel und Bedingung demokratischer Pressearbeit

Eine wahrhafte, ausgewogene, verantwortungsethische Arbeit unabhängiger, objektiver Journalisten ist ebenso Grundlage und Voraussetzung einer freien individuellen und öffentlichen demokratischen Meinungsbildung wie sie grundgesetzlicher Auftrag ist. Dies gilt in besonderem Maße für den überwiegend beitragsfinanzierten öffentlich-rechtlichen Rundfunk und unterscheidet die ideologiegeleitete von der demokratischen Medienarbeit. Im Sinne des auch im Medienstaatsvertrag definierten Rundfunkauftrages müssen Journalisten daher eine unabhängige, sachliche, wahrheitsgemäße und umfassende Information und Berichterstattung gewährleisten und dabei objektiv und unparteilich eine möglichst breite Themen- und Meinungsvielfalt darstellen. Soweit die Theorie.

Jeder Mensch ist geprägt von Wertvorstellungen, Erfahrungen, Ideen, Wünschen, Hoffnungen, Kenntnissen und (mehr oder weniger lückenhaftem) Wissen, woraus er sich seine eigene Meinung bildet. Der öffentlich-rechtliche Rundfunk wirkt bei dieser freien individuellen Meinungsbildung sowohl als Medium, als auch als Faktor des Prozesses eben genau dieser Meinungsbildung mit. Nun ist auch jeder Journalist einer solchen individuellen Meinungsbildung unterworfen. Er bildet sich seine eigene Meinung und hat auch eine eigene

Meinung. Meinungen prägen unser Weltbild, unsere politischen, gesellschaftlichen und auch privaten Präferenzen. Meinung ist daher nirgendwo anders so gefragt und notwendig wie in der Politik, prägt und entwickelt diese doch den gesellschaftlichen Weg. Gleichzeitig ist Meinung nirgendwo anders so gefährlich und wenig förderlich wie im Journalismus, zumindest an den Stellen, wo sie nicht klar als Kommentierung kenntlich gemacht, sondern als harte Information ausgegeben wird. Das gilt erst recht, wo meinungsstarke Journalisten die Inhalte eines medienstaatsvertraglich geförderten und gebundenen öffentlich-rechtlichen Rundfunks bestimmen.

Die Algorithmen des Internets zeigen den Wirkmechanismus der Präferenzen sehr anschaulich. Informationen, Nachrichten, Berichte – all dies wird nach der eigenen Präferenz sortiert und selektiv zur Verfügung gestellt. Man bewegt sich in seiner eigenen Blase oder Bubble, umgeben von mindestens ähnlich gelagerten Meinungsbildnern. Wie unabhängig und objektiv kann ein Journalist dann tatsächlich noch sein, läuft er doch selbst Gefahr, sich in seiner eigenen Meinungsblase zu bewegen?

Ein Blick auf die politischen Präferenzen der Volontäre des öffentlich-rechtlichen Rundfunks verdeutlicht das Problem: Mehr als 90 Prozent der Volontäre sind grün, links oder sozialdemokratisch orientiert. Eine konservative oder gar liberale Präferenz ist nur noch marginal erkennbar und kaum noch messbar.[106]

Vor dem Hintergrund, dass Journalisten als »Gatekeeper« agieren und entscheiden, welche Themen relevant und berichtenswert sind, entsteht bei mir mindestens Unwohlsein, wenn nicht gar Skepsis. Schließlich präsentieren Journalisten den Zuschauern und Usern zuweilen auch ihre (eigenen) Wirklichkeiten, deren Grundlage ihre eigenen Präferenzen sind. Eine solch klar einseitige Präferenz, wie bei den Volontären des öffentlich-rechtlichen Rundfunks festgestellt, behindert die Herstellung wirklicher Themen- und Meinungsvielfalt – obwohl diese nicht nur angestrebt wird, sondern grundgesetzlicher Auftrag und demokratiewahrend ist.

Kommt zu dieser Voreingenommenheit noch Effekthascherei hinzu, denn auch der öffentlich-rechtliche Rundfunk muss und will sich in der immer vielfältigeren Medienwelt behaupten und Botschaften setzen, entsteht ein Cocktail, mit nur noch wenig Neutralität und Objektivität, aber ganz viel Meinung und Haltung.

Legitimationskrise des öffentlich-rechtlichen Rundfunks?

Aus den zugegebenermaßen vereinzelten Einschätzungen, der öffentlich-rechtliche Rundfunk sei »Staatsfunk« und werde durch »Zwangsgebühren« finanziert, lässt sich sicher nicht gleich eine Legitimationskrise des öffentlich-rechtlichen Rundfunks schließen. Dennoch werfen solche »Misstrauensvoten« durchaus die Frage nach ihrer Entstehungsgeschichte auf, der es lohnt nachzugehen.

Schaut man auf die verschiedenen Studien zur Glaubwürdigkeit der und zum Vertrauen in die öffentlich-rechtlichen Medien, zeichnet sich ein klares Bild: Die Mehrheit der Menschen vertraut ihnen. So kommen der ARD/ZDF Massenkommunikationstrend 2022 und eine Studie der Konrad-Adenauer-Stiftung zu ähnlichen Ergebnissen, wenn sie jeweils feststellen, dass die öffentlich-rechtlichen Medien über alle Generationen hinweg als gesellschaftlich relevant eingeschätzt werden,[107] denen zudem mehrheitlich vertraut wird und deren politische Nachrichten als glaubwürdig gelten.[108]

Auch wenn das Medienvertrauen noch hoch ist, ist das Vertrauen in das öffentlich-rechtliche Fernsehen im Vergleich zu allen früheren Erhebungen seit 2016 jedoch klar gesunken. Es sind weniger Menschen, die heute noch sagen, dass sie ARD oder ZDF vertrauen, und es sind vor allem mehr Menschen, die angeben, nicht mehr zu vertrauen.[109]

Medien-Vertrauen setzt ein Mindestmaß an Gewissheit voraus, objektiv und umfassend informiert zu werden. Die Menschen müssen sich auf unparteiische und unabhängige meinungs- und haltungsfreie Berichterstattung verlassen können, um sich ein eigenes Meinungsbild zu schaffen. Zudem kann schon der Verdacht einer obrigkeitsgeführten Medienarbeit zu berechtigtem oder unberechtigtem Misstrauen führen. Menschen, die das Gefühl haben, die (öffentlich-rechtlichen)

Medien senden nur das, was die herrschende Elite vorgibt, vertrauen nicht.[110] Erst recht nicht, wenn man in der DDR aufwuchs und über Jahrzehnte durch die Einseitigkeit der staatlichen Medien für noch so kleine Nuancen möglicher gezielter Manipulationen sensibilisiert wurde. Ist dies tatsächlich ein Grund, dass deutlich weniger Ostdeutsche als Westdeutsche den öffentlich-rechtlichen Medien vertrauen?[111]

Manipulation zu beschreiben ist nicht einfach, handelt es sich zumeist um ein Gefühl des Unwohlseins über eine Unwucht in der Berichterstattung. Spricht man über dieses Unbehagen, verlangen die Unterstützer der öffentlich-rechtlichen Medien postwendend Beweise. Doch wie beweist man ein Gefühl, manipuliert zu werden?

Manipulationen geschehen verdeckt, werden geschickt getarnt und beruhen in der Regel auf Tatsachen. Tatsachen, die für sich genommen nicht in Frage stehen, aber in ihrer Kombination oder Darstellung so gedreht werden, dass eine neue Wahrheit entsteht, ohne sie direkt auszusprechen. Das kann etwa mit einer Wetterkarte im Sommer beginnen, bei der Temperaturen im oberen 20-Grad-Celsius-Bereich heute als rot bis tiefrot markiert werden, während vor einigen Jahren dieses Wohlfühl-Spektrum noch gelb bis rosa eingefärbt war. Wo damals noch ein fröhlicher Frühsommertag dargestellt wurde, wird heute also Hitze, Gefahr und Bedrohung suggeriert. So lassen sich Meinungsbilder erzeugen, die entweder nützlich sind oder schlicht der eigenen journalistischen Meinung entsprechen.

Der öffentlich-rechtliche Rundfunk ist spätestens durch den Medienstaatsvertrag zur unabhängigen Berichterstattung verpflichtet. Neben der Unabhängigkeit als Grundlage der privaten und öffentlichen Meinungsbildung können genauso auch Objektivität oder Neutralität in die Vertrauenswaagschale geworfen werden. Drei notwendige, wenn auch unterschiedliche Grundsätze, auf die sich die Menschen, die die Nachrichten und Berichte für ihre eigene Meinungsbildung konsumieren, verlassen.

Kommen Zweifel an der Neutralität auf oder wird die Unabhängigkeit in Frage gestellt und Objektivität vermisst, bleibt kein Raum für Vertrauen. Und nicht nur die Ostdeutschen scheinen mehr zu zweifeln und zu vermissen als die Westdeutschen. Auch vertrauen die Anhänger von

Bündnis90/Die Grünen, SPD und Die Linke signifikant mehr den öffentlich-rechtlichen Medien als Anhänger der CDU/CSU, FDP und AfD.[112]

Das ist ein Links-Rechts-Ausschlag, der nicht mehr nur mit einem vereinzelten und diffusen Gefühl oder Eindruck erklärbar ist. Hier entstehen gegensätzliche Mehrheiten, die, im Medienspektrum forciert, eine Spaltung der Gesellschaft entweder erst in Gang setzen oder vorantreiben und zementieren. Die in den öffentlich-rechtlichen Medien erzählte Wahrheit entspricht immer weniger der gefühlten Wahrheit der Mehrheit unserer Gesellschaft. Nur, wessen Wahrheit wird hier ersponnen?

Schon der journalistische Codex erfordert eine wahrhaftige Berichterstattung. Doch allein der kleine Darbietungsspielraum für eine eigentlich unstrittige Faktenlage, der sich mit der Bildgestaltung, den Worten zwischen den Zeilen oder der Themen- oder Gästeauswahl eröffnet, kann bereits eine stark manipulative Wirkung entfalten und eine neue Wahrheit erschaffen, die sich bei beständiger Wiederholung gesellschaftlich etablieren lässt.

Ist die *Tagesschau* von heute die *Aktuelle Kamera* von damals?

Selbstverständlich nicht, war die *Aktuelle Kamera* ja zum Teil des Fernsehdienstes des DDR-Politbüros geworden[113] und wollte man ja nicht das Narrativ des »Staatsfunks« für den öffentlich-rechtlichen Rundfunk bedienen. So klar und deutlich lässt sich eine solche Frage beantworten. Doch leider wird damit nicht die offensichtlich tief empfundene Skepsis gegenüber der Objektivität und Unabhängigkeit der öffentlich-rechtlichen Medien bei mittlerweile fast 40 Prozent der Menschen insgesamt und fast der Hälfte der Ostdeutschen beseitigt.

Wie nun lässt sich dieses diffuse Gefühl der Voreingenommenheit und Einseitigkeit der Redaktionen beweisen, entsteht der Eindruck doch zumeist aufgrund wenig greifbarer und klar beweisbarer Zwischentöne? In einem Gastbeitrag für die *FAZ* hat Bernd Stegemann, Professor für Dramaturgie an der Hochschule für Schauspielkunst

Ernst Busch in Berlin und Autor politischer Sachbücher, so kurz wie eindrücklich dargestellt, was dem einen oder anderen und auch mir zum Greifen der untergeschobenen Manipulation fehlte – die Techniken einer gezielten Beeinflussung. Dabei ist es einfach, wird es erst einmal sichtbar gemacht.

Der Schnitt und die Collage der Sequenzen bestimmen in der Bildberichterstattung die Aussage.[114] Als Beispiel für die »Verführungskraft des Filmschnittes« wählte Stegemann einen dreiminütigen Bericht über die engere Zusammenarbeit zwischen der EU und Tunesien bei der Eindämmung der Migration im *heute-journal* vom 16. Juli 2023. Dabei ist jedes gezeigte Bild des Berichts echt, nichts ist inszeniert und Experten belegen die Einordnung der Situation.

Jedoch wird durch die geschickte Anordnung der Bilder deren wahrer Inhalt verändert.[115] Es beginnt mit einfühlsamen Bildern eines recht verzweifelt wirkenden Flüchtlings auf trostlosen Straßen in einem notdürftig errichteten Flüchtlingslager. Interviewt wird ein junger Mann aus Guinea, vorgestellt als Mohammed, dessen Flucht einmal schon von der Küstenwache verhindert wurde, er es jedoch wieder versuchen wird. »Bis hierher sind die Kameraeinstellungen nah an der Person, und in einer Großaufnahme der unruhigen Hände von Mohammed wird seine Anspannung fühlbar«, so der Autor.

Und dann der jähe Perspektivwechsel: »Aus der Untersicht wird der Aufmarsch der EU-Vertreter gefilmt, die über den roten Teppich eines Rollfelds schreiten, als wollten sie wie in *Independence Day* die Welt erobern. Die Collage beider Sequenzen erzeugt eine Aussage, wie ein junger, nervöser Mann um sein Leben kämpft, während die Macht von drei weißen Politikern genau dieses verhindern will. Und tatsächlich wiederholt die Offstimme noch einmal diesen Inhalt. Zu den Bildern von Mohammed spricht sie ›Er will es wieder versuchen‹ und leitet damit zu den Bildern vom roten Teppich über – ›und sie wollen es verhindern‹. Ein Kinotrailer aus dem Filmgenre David gegen Goliath hätte ähnliche Bilder finden können.«

Schließlich enden die nachfolgenden Einstellungen der EU-Vertreter, die Hände schütteln und Treppen besteigen, mit einem Statement der rechtspopulistischen italienischen Ministerpräsidentin Girgia Meloni. Stegemann: »Dass die rechtspopulistische Politikerin die Einzige ist, die an dieser Stelle zu Wort kommt, und nicht Ursula von der Leyen oder Mark Rutte, die ebenfalls zum Team Europa gehören, bestätigt die bisherige Wertung: Migration steuern zu wollen ist rechte Unheilspolitik.«[116]

Bildtechnisch geschickt wird hier ganz subtil eine Ohnmacht eines Opfers suggeriert, das der Macht von angeblichen Tätern gegenübersteht.

Aber nicht nur subtil werden Botschaften gesetzt. Ganz direkt werden Vorschläge zur begrenzenden Migrationspolitik im ZDF von Theo Koll zum Beispiel auch mal als »strategisches, wahlweise populistisches Blinken an die mit der AfD liebäugelnden Wähler« [117] bezeichnet. Oder Georg Restle vom WDR sieht in einem *Monitor*-Beitrag nur eine »sogenannte« Migrationskrise[118] zu bewältigen. Der zwischen der EU-Kommission und dem auch für viele Deutsche als Urlaubsland geltenden Tunesien geschlossene Migrationspakt wird als ein Teil eben dieses *Monitor*-Beitrages dann auch mit »EU-Tunesien-Deal: Abschottung um jeden Preis?« in der ARD-Mediathek[119] oder mit »EU-Tunesien-Pakt: Tödlicher Deal« beziehungsweise »Flüchtlings-Deal: Verdursten in der Wüste?« auf YouTube[120] betitelt. Weitere *Monitor*-Beiträge, die sich mit dem Migrationsthema befassen, werden ähnlich einseitig mit »EU-Migrationspakt: Unrecht als Gesetz?«[121] oder »Vergessene Tote: Europas neue Abschottungspolitik«[122] überschrieben und inhaltlich ebenso entsprechend ausgerichtet.

Der Migrationspakt, bebildert mit dem Händeschütteln zwischen dem tunesischen Präsidenten Kais Saied und der EU-Kommissionspräsidenten Ursula von der Leyen oder der Bundesinnenministerin Faeser wird als ein Pakt mit einem Autokraten beschrieben. Ein solcher Beitrag, in dem der Moderator Georg Restle seine eigene Ansicht zur (neuen) Migrationspolitik mit »Abschotten, Einsperren, Abschieben als fast einzige Antwort der Politik« ausgesprochen nachdrücklich formuliert, lässt dem Zuschauer nur noch wenig Raum, sich eine eigene Meinung zu bilden.

Während in solchen Fällen sehr viel persönliche Überzeugungen der Journalisten vermittelt wird, geht man mit den Fakten eher zurückhaltend um, und zwar auf beiden Seiten des Spektrums: Was spricht dafür, die Zuwanderungspolitik so zu belassen, wie sie ist, also weitgehend unbeschränkt, und was spricht dagegen? Letztere Frage haben häufig nur Politiker der AfD beantwortet, nicht immer fair, oft überspitzt, mitunter voller Ressentiments. Da sie die einzigen waren, die eine kritische Position zur Migration formulierten, sollte es niemanden wundern, dass diese Partei so viel Zuspruch erfuhr und erfährt. Die anderen Parteien und vor allem die öffentlich-rechtlichen Medien gewährten der AfD gewissermaßen ein Monopol auf Kritik an der aktuellen Migrationspolitik.

Was machen solche Bilder, solche Botschaften mit den Menschen, die diese regelmäßig konsumieren und auf deren objektive Darstellung vertrauen? Was macht das mit Menschen, die glauben, sich eine eigene Meinung zu bilden und doch eine andere Meinung untergeschoben bekommen? Was passiert mit einer Gesellschaft, die permanent Meinung und nicht Information gesendet bekommt?

Migration wird zum moralischen Spielball, und vom Zuschauer wird im Ergebnis eine »richtige« Haltung abgefordert: Haltung durch Parteinahme für die ohnmächtigen, hilfesuchenden Menschen in ihren lebensbedrohlichen Versuchen, ins rettende Europa zu fliehen. Wer anderer Meinung ist, bekommt in den Beiträgen allenfalls mal ein paar Rechtsradikale oder AfDler präsentiert, die »dagegen« seien. Da wird schnell klar, was die »gute« und was die »böse« Seite ist. Sachlichkeit bleibt so auf der Strecke. Stegemann formuliert es sehr passend, wenn er sagt: »Wer die politische Stoßrichtung begrüßt, mag die Manipulation für nebensächlich oder gar richtig halten, doch wer mit der Aussage hadert, dem stoßen die Versuche der unterschwelligen Beeinflussung übel auf.«[123]

Das Problem mit der eigenen Meinung und richtigen Haltung

Das Hinterfragen der Art der Präsentation der Beiträge des öffentlich-rechtlichen Rundfunks im Sinne einer gesunden Skepsis gegenüber sämtlichen dargebotenen medialen Inhalten, ist und bleibt unbedingte Voraussetzung für die Bildung einer eigenen unabhängigen Meinung.

Es hilft zudem, die Medienvertreter und deren persönliche Einstellungen besser kennenzulernen. Da hilft zuweilen schon ein Blick in deren privat betriebene Social-Media-Accounts, um mehr über ihre persönliche Einstellung zu erfahren. So wandte sich der WDR-Journalist Sulaiman Tadmory in einer Insta-Story gegen die Abschiebung von ausreisepflichtigen Asylbewerbern: »Lieber @bundeskanzler Ist das jetzt schlau die Menschen mit Abschiebung zu drohen? Oder führt das zu einem großen Vertrauensbruch? Diese Millionen Menschen wurden nicht abgeschoben, jedoch sich unsicher und bedroht fühlen.«[124]

Der NDR-Moderator Michael Abdollahi veröffentlichte ein Video, in dem er Friedrich Merz aus tiefstem Herzen den Mittelfinger zeigte.[125]

Sebastian Hotz, alias El Hotzo, der vom BR den Bayerischen Kabarettpreis 2023 zugesprochen bekam, hetzte mit »Ihr dummen Wichser« auf X gegen die Initiative Neue Soziale Marktwirtschaft, die auf dieser Plattform für kapitalistische Wirtschaftspolitik wirbt.[126]

Dominik Rzepka, Redakteur im ZDF-Hauptstadtstudio, kritisierte Friedrich Merz auf X, als er seine Rede zu Israel mit dem Dank an die anderen Parteivorsitzenden eröffnete, mit »DAS ist das Erste, das einem einfällt, wenn man zu Israel im Bundestag spricht?«[127] Was genau ihn störte, bleibt sein Geheimnis, ließ er ja auch den wichtigen Teil, des Bezugs des Dankes von Merz auf die schnelle Einigung einer gemeinsamen Erklärung der Bundesregierung zur Bekundung der Solidarität mit Israel, bewusst weg. Seine fehlende professionelle Distanz stellte er hingegen öffentlich zur Schau.

Wie steht es um die Objektivität und Unparteilichkeit im öffentlich-rechtlichen Rundfunk? Auf diese Frage in einem Insta-Live antwortete Kai Gniffke, ARD-Vorsitzender und SPD-Mitglied, dass er erwarte, private Meinung und Bericht fürs Programm professionell strikt trennen zu können, dass ein Journalist seinen Job beherrscht. Gleichzeitig sei ihm »piepenhagen«[128] was ein Journalist privat denkt oder wählt. Gerne verwendet er bei Fragen nach Objektivität wiederholt den Vergleich mit einem Chirurgen, dem es als Mitglied der AfD auch egal sein würde, ob er einen Grünen-, CDU- oder AfD-Anhänger behandelt. Dabei verkennt er jedoch trefflich, dass ein (auch wertegeleiteter) Chirurg reines Handwerk anwendet, um Leben zu retten, ein Journalist hingegen zwar auch sein journalistisches Handwerkszeug beherrschen muss, aber sehr wohl viel mehr von seinen Einstellungen und Werten zum Beispiel bei der Themenauswahl geleitet werden kann, als ein Chirurg bei der Auswahl des Patienten oder der Behandlungsform.

Wie viel Perspektive steckt im öffentlich-rechtlichen Rundfunk?

Regelmäßig werden Vorwürfe der Voreingenommenheit gegenüber dem öffentlich-rechtlichen Rundfunk laut, denen nahezu schlafwandlerisch postwendend mit dem Journalistencodex, der für alle gilt und dem sich selbstverständlich auch die Journalisten des öffentlich-rechtlichen Rundfunks verpflichtet fühlen, begegnet wird. Selbstverständlich stehen sie im (besonderen) Auftrag der Erfüllung des Rundfunkstaatsvertrages. Wie selbstverständlich Objektivität jedoch gelebt oder möglicherweise doch vernachlässigt wird, lässt sich wiederum nur schwer greifen oder sichtbar machen, fällt bei genauer Betrachtung jedoch ins Auge, ja zuweilen sogar wie Schuppen von den Augen.

Stefan Brandenburg vom WDR hat die fehlende Perspektivenvielfalt in den Redaktionen jüngst selbst sogar bestätigt, aber zugleich versichert, die Professionalität der Redakteure sei so groß, dass sie die einseitige Wahrnehmung ihrer eigenen Lebenswirklichkeit zu korrigieren wüssten.[129] Wie realistisch ist das jedoch, haben sich die Journalisten in einer Redaktion oder einem Studio mehrheitlich einer fortschrittlichen Progressivität verschrieben. Dann bliebe das Fahrrad fahrende, Klimakleber beklatschende, Gerechtigkeit fordernde, Flugreisen verachtende, antidiskriminierende, strikt gendernde Milieu unter sich. Noch so intensiv geführte Diskussionen in den Redaktionen werden dann möglicherweise doch nur noch zur optimalen Abstufung der immer noch progressiven Medienbeiträge geführt.

Viele Menschen wollen das Klima schützen. Aber durch Internet, Chatten, Postings von Selfies in sozialen Netzwerken und Streamen von Netflix-Filmen wird doch längst mehr CO_2 emittiert als durch alle Flugreisen der Welt. Warum wird der Gebrauch des Internets trotzdem so viel seltener als »Klimasünde« gebrandmarkt? Weil die ARD- und ZDF-Mitarbeiter ihre X- oder Insta- oder TikTok-Kanäle ungehemmt nutzen wollen, anstatt ihre Follower zur digitalen Abstinenz aufrufen zu müssen?

Viele Meschen treten für die Wahrung von Menschenrechten ein. Aber die sind noch nicht bedroht, wenn man die schrankenlose Migrationspolitik korrigieren will.

Viele Menschen sind gegen Rassismus. Aber der beginnt noch nicht, wenn man sich aus ehrlichem Interesse in einem Gespräch erkundigt, woher eine andere Person oder deren Familie stamme.

Viele Menschen sind gegen sexuelle Diskriminierung. Derer macht man sich aber nicht schuldig, lehnt man die Behauptung ab, das biologische Geschlecht sei nur ein »soziales Konstrukt«. Denn nicht wenige Menschen halten an dem fest, was unter anderem die Medizin-Nobelpreisträgerin Christiane Nüsslein-Volhard sagt, als sie feststellt, dass es biologisch nur zwei Geschlechter gibt.[130] »Transphob« sind diese Menschen deshalb jedoch keineswegs.

Eine gesunde Skepsis bei den Nutzern der mittlerweile sehr unterschiedlichen öffentlich-rechtlichen Plattformen ist nicht nur angebracht, sie ist essenziell für eine angemessene Einordnung der Beiträge und damit Grundlage einer unabhängigen persönlichen Meinungsbildung. Folge ich meiner Skepsis, stoße ich leider allzu oft auf eine progressiv-linke Einseitigkeit der Beiträge, die immer wieder eine »richtige« Haltung zu fordern scheinen. Doch woher rührt das stets mitschwingende Gefühl dieser Schlagseite? Da reine Gefühle den immer und postwendend geforderten Beweis schuldig blieben, hilft es nur, sich Gezeigtes und Gesendetes genauer anzuschauen und zwischen den Zeilen zu lesen.

So umarmte und herzte die Moderatorin Nagah Amiri in der hr-Sendung »Sexy Klimaaktivismus (5)« der *Never Ever*-Reihe vom

15. Juli 2023 eine Aktivistin der Klimaendzeitsekte »Extinction Rebellion«, verabschiedete sie mit den warmen Worten: »Danke, dass es dich gibt und dass du hier bei uns im Gespräch dabei warst.« Sie lässt dabei nicht nur jede professionelle journalistische Distanz vermissen, sie zeigt ganz offen und selbstbewusst, wo sie steht. Die komplette Einseitigkeit ihrer Sendung ist frappierend: Es werden die Agro-SUV-Fahrer oder CDU und FDP als Ursache für einen Stillstand in der Klimapolitik ausgemacht oder wirtschaftliche Interessen werden mit »Geld über Leben« betitelt.

In der BR-Sendung *Jetzt red i* bemängelte ein junger Mann einen Rechtsruck in Bayern. Dass er Sprecher der Grünen Jugend Freising ist, verschwiegen er und der Sender gleichermaßen.

Bundeskanzler Olaf Scholz ging mit seiner Town-Hall-Reihe ins Kanzler-Gespräch mit Bürgern, um zuzuhören und zu erfahren, was sie bewegt, wie er versichern ließ. In jedem der sechzehn Bundesländer wurde ein solcher Bürgerdialog angeboten, mit wohl ausgewählten Gästen und Fragestellern.

In einem Bürgerdialog im thüringischen Erfurt, der auf Phoenix ausgestrahlt wurde, konnte der Kanzler auch die Frage eines jungen Vertreters der Links-Partei nach der Wiedereinführung der Wohngemeinnützigkeit oder einer jungen Bündnis-Grünen nach Klimaschutzmaßnahmen beantworten. Transparent gemacht wurden diese Parteizugehörigkeiten freilich nicht.

In einem Bürgerdialog im rheinland-pfälzischen Bendorf waren fünf der dreißig Fragesteller Mitglieder der Grünen oder der SPD. Auch diese Parteizugehörigkeiten wurden dem Zuschauer nicht offenbart. Wohlkalkulierte Fragen, die wohlkalkulierte Antworten des Kanzlers und damit Werbung für seine sozialdemokratische Agenda ermöglichen, wurden getarnt als Bürgerdialog im öffentlich-rechtlichen Rundfunk ausgestrahlt.

Eine vermeintliche Passantin wurde für das ZDF in Berlin zur autofreien Friedrichstraße befragt. Ihre natürlich positive Einschätzung teilte sie den Zuschauern gerne mit, ihre parteipolitische Tätigkeit als Kandidatin der Grünen für den Landtag in Mecklenburg-Vorpommern und als Sprecherin der Landesarbeitsgemeinschaft Energie und Klima der Bündnis-Grünen wurde hingegen verschwiegen.

Der Discounter Penny startet »Wahre Kosten« mit höheren Verkaufspreisen, die die tatsächlichen Kosten der Produkte abbilden sollen, also unter Hinzurechnung beispielsweise von Auswirkungen auf das Klima. Der WDR produziert für die *Tagesschau* einen Beitrag dazu, in dem auch Kunden zu Wort kommen. Eine Kundin, die diese Aktion im Interview lobt, ist dabei entweder nur zufällig zu dieser Zeit im Discounter oder zufälligerweise auch Produktionsassistentin für ein Radioformat des Senders. Das geneigte Publikum erfährt das in der Sendung nicht. Für eine professionell arbeitende Redaktion zudem sehr viel Zufall, wie auch der ein oder andere kritische Zuschauer feststellte und öffentlich monierte.

Die beschwichtigenden Relativierungsversuche und Ausweichmanöver des WDR, dies als Missverständnis und Missgeschick darstellen zu wollen, können zwar als Versuch, die Wogen zu glätten gelten, helfen jedoch wenig, Vertrauen zu schaffen.

Wie viel Zufall steckt hinter diesen häufigen »Missgeschicken«? Die Regelmäßigkeit, in der in Talksendungen mit Bürgerbeteiligung Fragesteller sitzen, oder in der auf den Straßen Passanten die Kamerateams queren, die entweder den Bündnis-Grünen oder der SPD mindestens nahestehen oder gleich Parteimitglieder sind, lässt an reinen Zufällen zweifeln. Die Einseitigkeit, mit der diese »Missgeschicke« passieren, grenzen an Absicht. Es bleibt der Verdacht, dass in solchen Fällen die persönliche Meinung der Journalisten nicht nur die Regie über die Sendung führt, sondern auch über das, was, angeblich zufällig, diese oder jener hier und da ins Mikrofon spricht.

Fehler unterlaufen uns allen. Vertrauen und Glaubwürdigkeit schwinden jedoch einmal mehr, scheinen diese sich wiederholenden Fehler immer nur in eine politische Richtung zu passieren. Passanten, die auf der Straße zufällig vor die öffentlich-rechtliche Kamera laufen und sich über zu wenig Parkplätze oder zu schmale Straßen für Autos und zu breite Fahrradwege beschweren oder mehr Wohneigentum und Vermieterschutz fordern, findet man kaum. Und es werden auch kaum Zitate von Grünen oder Sozialdemokraten verkürzt und damit verfälscht, während dies bei Politikern von Union oder FDP durchaus passiert. »Gäbe es diese Fehler auf allen Seiten des politischen Spektrums, so müsste man sich um die Qualität der Mitarbeiter sorgen, aber nicht um ihre politisch einseitige Ausrichtung«, schreibt dazu *FAZ*-Gastautor Bernd Stegemann.[131]

Die Anhänger der Grünen und der SPD danken diesem öffentlich-rechtlichen Support jedenfalls mit dem im Vergleich zu den Anhängern von Union, FDP und AfD mit Abstand größten Vertrauen in die öffentlich-rechtlichen Medien.[132]

Der versteckte Antisemitismus im öffentlich-rechtlichen Rundfunk

Zum überwiegend links-grünen, progressiven Einstellungsspektrum der Journalisten gesellt sich auf erschreckend klare Art und Weise bei einigen prominenten Vertretern eine Haltung, die auch antisemitische Züge aufzuweisen scheint.

Am 7. Oktober 2023 läuft in der ARD *Verstehen Sie Spaß?*. Am 7. Oktober 2023 überfällt auch die palästinensische Terrororganisation Hamas Israel und richtet auf barbarische Weise mehr als 1200 Menschen, Kinder, Frauen, Männer, Junge und Alte, hin. In der ARD gibt es an diesem Abend einen genau zwanzigminütigen Brennpunkt, um anschließend zum Sendeplan zurückzukehren.

In den Berichten zum Terrorangriff in den Tagen und Wochen danach wird fortwährend, wiederholend, fast schon stoisch ignorant angesichts der offensichtlichen Tatsache des Überfalls durch Terroristen von palästinensischen »Kämpfern« der Hamas berichtet. Es wird genauso fortwährend von pro-palästinensischen anstatt antisemitischen oder islamistischen Demos auf deutschen Straßen gesprochen, selbst wenn auf diesen eindeutige Hetze gegen Israel und Judenhass propagiert, Barrikaden angezündet und Polizisten angegriffen werden.

Ein massiver Raketenbeschuss gegen Israel aus dem Gaza-Streifen und dem Libanon fand kaum Platz in den Nachrichten der öffentlich-rechtlichen Medien. Propaganda der Hamas zu einem angeblichen Raketenbeschuss eines palästinensischen Krankenhauses durch die israelische IDF wurde hingegen ungeprüft übernommen und mit der terroristischen Hamas-Angabe von 500 Toten verbreitet. Diese terroristische Propaganda der Hamas wurde bei Phoenix gar mit den Aussagen des demokratischen Staates Israel gleichgesetzt. Ein Phoenix-Journalist fertigte in einem Interview mit dem Israelischen Botschafter dessen Hinweis, es gebe Beweise zur palästinensischen Herkunft der Rakete und Hamas lüge offenkundig, mit »ich hab Sie verstanden, wir haben sie verstanden, wir werden das an dieser Stelle jetzt nicht auflösen können«[133] kurzerhand ab. Die fatale Missinformation machte auch dank des öffentlich-rechtlichen Rundfunks rasend schnell die Runde. Ein Fehler, der im Nachgang nur halbherzig eingestanden und deren Richtigstellung von der Öffentlichkeit kaum zur Kenntnis genommen wurde.

Im Gegenteil, das ZDF-*Auslandsjournal* moderierte seine Sendung selbst einen Tag nach Bekanntwerden der falschen Angaben der Hamas noch immer mit dem Angriff Israels auf eine Klinik in Gaza mit »möglicherweise« Hunderten Toten an, »was zu Wut, Hass und Trauer in Nahost« und zu zahlreichen pro-palästinensischen Protesten in Amman, Beirut und Teheran führte.[134] In der Sendung kamen etliche Stimmen aus dem Westjordanland zu Wort, die im Stil der Hamas-Propaganda von einem Genozid an Palästinensern, von Säuberungen und Besatzung durch Israel sprachen. Ist das noch Ahnungslosigkeit, bewusste Stimmungsmache oder schon tief sitzender Antisemitismus, der einem Millionenpublikum erschreckend selbstverständlich präsentiert wird?

Der freie Journalist Malcolm Ohanwe hetzte beständig auf seinem X-Account gegen Israel. Erst nach seinen Posts zu den Terrorattacken der Hamas auf Israel haben seine Arbeitgeber Arte und Bayerischer Rundfunk die Zusammenarbeit mit ihm schließlich beendet und sich eindeutig von seinen Aussagen distanziert.

In den ARD-Krimiserien *WaPo Berlin* und *WaPo Duisburg* spielen gleich zwei Schauspieler eine tragende Rolle, die ihre pro-palästinensischen Sympathien trotz der Terroranschläge der Hamas auf Israel klar und öffentlich zeigten. Maradona Akkouch postet ein »We support Gaza«-Bild und Yasi Cetinkaya gefällt die antisemitische, später als verfassungsfeindlich eingestufte und verbotene Parole »From the river to the see Palestine will be free«. Auch ARD-*Brisant* sah bis dahin in diesem klar Israel-feindlichen, antisemitischen Schlachtruf eher einen Slogan für ein freies Palästina als ein Aufruf zur Vernichtung Israels.

Elisa Bas vom SWR-Format *Migratöchter* und zudem Fridays-for-Future-Aktivistin teilt auf ihrem Instagram-Account Beiträge, die Israel der Lüge bezichtigen, da es für die bei dem Überfall der Hamas auf Israel geköpften Babys oder die »vermeintlichen« Massenvergewaltigungen von Frauen keinerlei Beweise gebe, die Israel des Genozids an Palästinensern beschuldigen und Freiheit für Palästina fordern. Ihrer Meinung nach herrsche in Deutschland eine »Pogrom-Stimmung gegen Palästineser:innen«, die Dr. Josef Schuster, der Präsident des Zentralrats der Juden in Deutschland, durch einen Gastkommentar in *Bild* angeheizt habe.[135] Bas teilt zudem öffentlich die Auffassung, dass die »Abschaffung der weißen Vorherrschaft« für alle von Vorteil sei.[136] Unwidersprochen vom öffentlich-rechtlichen Rundfunk bleiben ihre Äußerungen schließlich nicht. Das Interview mit Bas wird vom Instagram-Profil »Migratöchter« des SWR entfernt beziehungsweise archiviert und Elisa Bas geht erstmal offline.

Ein weiteres Mal musste der SWR aktiv werden, als sechs Monate nach dem Terrorangriff der Hamas auf Israel die Moderatorin des digitalen Dialog-Formates *Mix-Talk*, Helen Fares, auf ihrem privaten Instagram-Account ihrem Israel-Hass freien Lauf ließ. Fares rief zum Boykott israelischer Waren auf. Mit einer spezifischen App, für die sie in dem Video Werbung machte, könne man solche Produkte im Supermarkt identifizieren. Die Ähnlichkeit ihrer antisemitischen Botschaft mit der Nazi-Parole »Kauft nicht bei Juden« löste zuerst öffentliche Empörung aus[137] und ließ dann den SWR zu der Entscheidung gelangen, die Moderatorin von der Sendung abzuziehen. Der SWR sah in diesem Fall den Grundsatz der Unabhängigkeit gefährdet. Immerhin. Auf Instagram versicherte Fares nach ihrer Entlassung, sie habe bei einem Gespräch *vor* ihrer Vertragsunterzeichnung dem SWR klar und deutlich gesagt, dass sie Journalistin UND Aktivistin sei und unter anderem über Palästina sprechen würde und das nicht ändere.[138]

»Journalistin UND Aktivistin«. Damit hätte der SWR eine Mitarbeiterin eingestellt, die sich so eindeutig zur Subjektivität und zur Tendenz-Berichterstattung bekannt haben will, dass es schon skandalös anmutet. Zudem bleibt die Frage, warum bei einem Sender des öffentlich-rechtlichen Rundfunks derartige antisemitische Offenbarungen nicht nur geschehen können, sondern auch zu lange geduldet werden. Angesichts dieser Beispiele kann man nicht mehr von Ahnungslosigkeit, sondern muss von bewusster Stimmungsmache sprechen. Der Verdacht eines strukturellen Antisemitismusproblems im öffentlich-rechtlichen Rundfunk drängt sich mir förmlich auf.

Ein Bekenntnis zum Existenzrecht des Staates Israel und gegen jeden Antisemitismus scheint nicht nur in der Kulturbranche angebracht. Auch im öffentlich-rechtlichen Rundfunk braucht es ein solches Leitbild und die darauf verpflichtende Unterschrift vor jeder Zusammenarbeit.

Die linke Schlagseite des öffentlich-rechtlichen Rundfunks – Beispiele

Es wäre zu einfach, sich auf die leidlich noch vertrauende Mehrheit der Konsumenten des öffentlich-rechtlichen Rundfunks zurückzuziehen, um einfach so weiterzumachen, ohne die Frage zu stellen, warum den öffentlich-rechtlichen Medien und ihren Nachrichten fast die Hälfte der Zuschauer misstrauen.

Dem kritischen Betrachter fallen neben den kalkulierten Missgeschicken bei der Auswahl der Interviewpartner noch so manch weitere Beispiele linker progressiver Einseitigkeit ein, die Parteilichkeit erkennen lassen, wo Objektivität mindestens staatsvertraglich geboten ist.

Da das Angebot an verschiedenen Online-Formaten, Magazinen, Satire-, Talk-, Bildungs- oder Kultursendungen schon fast unübersichtlich geworden ist, seien hier nur ein paar wenige Auffälligkeiten dargestellt. Sicherlich könnte die Liste umfassend erweitert werden. Ich zumindest habe mich entschieden, meinen Konsum öffentlich-rechtlicher Medien einzuschränken. Viele andere in meinem Umfeld offensichtlich auch, schenke ich ihren Aussagen »das schaue ich schon lange nicht mehr« Glauben. Dabei muss man hinsehen, muss man kritisieren. Andernfalls bekommt eine mögliche Einflussnahme auf die öffentliche Meinungsbildung zu viel unwidersprochenen Raum.

Das Klima-Wetter von Özden Teril

Mit der täglichen Wettervorhersage als festem Bestandteil des öffentlich-rechtlichen Fernsehens von ARD und ZDF soll der Zuschauer oder die Zuschauerin erfahren, welches Wetter ihn oder sie morgen, übermorgen und die nächsten Tage erwartet, ob ein Regenschirm oder eine etwas dickere oder dünnere Jacke einzupacken ist, die Gartenparty ins Wasser fällt, die Blumen zu gießen oder mit Frostschutz zu versehen sind oder lieber der Bus/die Bahn statt das Fahrrad zur Arbeit genommen werden sollte. So weit so gut und richtig.

Der ZDF-Wetterexperte Özden Teril geht noch einen Schritt weiter. Bei ihm gibt es nicht nur das Wetter in der Vorausschau. Özden Teril gibt in nur 60 Sekunden direkt noch stark und eindrücklich bebilderte Klimawandelerklärungen zum Wetter dazu. Wer eigentlich nur wissen möchte, ob er am nächsten Tag dicke Socken anziehen sollte, um kalte Füße zu vermeiden, muss zuerst durch die einminütigen Klima-Erklärungen des Özden Teril. Der Meteorologe, der manchmal »an der Menschheit generell« zweifelt, wenn sie »die globale Erhitzung quasi leugne(t)« sieht sich selbst in seiner öffentlichen Aufgabe als der Gesellschaft verpflichtet.[139]

Was aber erwartet der Zuschauer, für den er schließlich das Wetter präsentieren soll? Sicherlich Informationen über Temperatur, Wind, Regen, Sonne für den nächsten und übernächsten Tag. Eventuell auch noch eine Vorschau auf die gesamte Woche. Wetterwarnungen wie

Sturm, Hochwasser, Hitzewarnungen sicher auch noch. Doch einen meinungsbasierten Klimakurzfilm wohl eher nicht. Dem Zuschauer wird Klima-Aufklärung aufgedrängt, ohne dass er den Button »Werbung überspringen« wählen kann. Ich selbst nutze lieber Wetter-Apps auf meinem Handy, da ich weder Aufklärung benötige noch mir Terils Meinung aufnötigen lassen möchte.

Hat man Terils Klima-Belehrung hinter sich gebracht, wird eine Wetterkarte präsentiert, die selbst bei Temperaturen um die 28 Grad Celsius dort dunkelrot-gefährlich eingefärbt ist, wo noch vor 15 Jahren eine fröhliche Sonne von der leicht bewölkt anmutenden Wetterkarte lachte.

Im ZDF wird das Klimathema geschickt im Wetterbericht untergebracht. In der ARD wird das Klima direkt in den Nachrichten der *Tagesschau* thematisiert. Seit 2019 ist das Klima mit Klimastreiks, Klimakonferenzen und Hitzesommern das dort am häufigsten angesprochene Thema.[140] Nur Corona hat das Klima in der Zeit zwischen 2020 bis 2023 noch übertroffen.

»Meine Oma ist ne alte Umweltsau!«

Um der im öffentlich-rechtlichen Rundfunk für geboten erachteten Klimaaufmerksamkeit gerecht zu werden, singt auch der WDR-Kinderchor das Lied »Meine Oma fährt im Hühnerstall Motorrad« [141], jedoch klimamodern umgetextet in:

> »Meine Oma fährt im Hühnerstall Motorrad. Das sind tausend Liter Super jeden Monat. Meine Oma ist 'ne alte Umweltsau!
> Meine Oma sagt: ›Motorradfahren ist voll cool.‹ Sie benutzt das Ding im Altersheim als Rollstuhl. Meine Oma ist 'ne alte Umweltsau!
> Meine Oma fährt im SUV beim Arzt vor, überfährt dabei zwei Opis mit Rollator. Meine Oma ist 'ne alte Umweltsau!
> Meine Oma brät sich jeden Tag 'n Kotelett, weil Discounterfleisch so gut wie gar nichts kostet. Meine Oma ist 'ne alte Umweltsau!

> Meine Oma fliegt nicht mehr, sie ist geläutert. Stattdessen macht sie jetzt zehn Mal im Jahr 'ne Kreuzfahrt. Meine Oma ist doch keine Umweltsau!
> (O-Ton Greta Tunberg) *We will not let you get away with this!*«

Im rebellischen Einklang mit Greta Tunberg wird der letzte Satz dann auch noch in ihrem O-Ton von den Kindern des WDR-Kinderchors synchron und mit finsterem Blick mitgesprochen. Von erwachsenen Menschen wird hier eine politische Botschaft produziert, die von Kindern fröhlich singend platziert wird. Eine durchaus bekannte Strategie, hat sich doch die DDR ebenso gerne der Kinder bedient, um die vermeintliche Stärke des Sozialismus und die »Entwicklung und Festigung des Arbeiter- und Bauernstaates« zu demonstrieren. Mit Liedern wie »Wenn ich groß bin, gehe ich zur Volksarmee«, »Der Volkspolizist«, »Unsere Heimat« oder »Kleine weiße Friedenstaube« hat die Pionierorganisation mit Kinderstimmen ihre Solidarität mit der DDR demonstriert. Die FDJ hatte mit »Sag mir, wo du stehst« ihre fast schon bedrohlich klingende Hymne:

> »1. Zurück oder vorwärts, du musst dich entschließen. Wir bringen die Zeit nach vorn Stück um Stück. Du kannst nicht bei uns und bei ihnen genießen, denn wenn du im Kreis gehst, dann bleibst du zurück. Sag mir, wo du stehst, sag mir, wo du stehst, sag mir, wo du stehst und welchen Weg du gehst.
> 2. Du gibst, wenn du redest, vielleicht dir die Blöße, noch nie überlegt zu haben, wohin. Schmälerst durch Schweigen die eigene Größe. Ich sag dir, dann fehlt deinem Leben der Sinn. Sag mir, wo du stehst, sag mir, wo du stehst, sag mir, wo du stehst und welchen Weg du gehst.
> 3. Wir haben ein Recht darauf dich zu erkennen. Auch nickende Masken nützen uns nicht. Ich will beim richtigen Namen dich nennen und darum zeig mir dein wahres Gesicht. Sag mir, wo du stehst, sag mir, wo du stehst, sag mir, wo du stehst und welchen Weg du gehst.

> Refrain: Sag mir, wo du stehst, sag mir, wo du stehst, sag mir, wo du stehst und welchen Weg du gehst. Sag mir, wo du stehst, sag mir, wo du stehst, sag mir, wo du stehst und welchen Weg du gehst.«[142]

Der Autor und Sänger der Hymne, Hartmut König, hat in der DDR eine geradlinige und steile Karriere hingelegt. Begonnen mit dem Volontariat beim Zentralorgan des ZK, *Neues Deutschland*, wird er 1967 in die Partei aufgenommen. Es folgen das Journalistikstudium am Roten Kloster in Leipzig, ab 1973 drei Jahre in Prag als Chefredakteur der *Weltstudentennachrichten*, anschließend Promotion und FDJ-Zentralrat.[143]

Monitor

Das ARD-Magazin *Monitor* widmet sich intensiv dem Rechtsradikalismus, einschließlich AfD, Rassismus und Antisemitismus und außerdem mit durchgängig kritischer Kommentierung der CDU und etwas seltener der FDP – gerne auch in direktem Zusammenhang zu den vorgenannten Themen.

Bündnis-Grüne, SPD und Die Linke oder der Linksextremismus im vorparlamentarischen Raum, etwa in Form der Antifa, kommen selten bis gar nicht und erst recht nicht in einer kritischen Darstellung vor. Dabei sind diese mindestens genauso Teil unserer gesellschaftlichen Strukturen und Bewegungen. Eine gleichgewichtige Befassung wäre im Sinne der Ausgewogenheit und Objektivität, auf die der öffentlich-rechtliche Rundfunk verpflichtet ist, geboten.

Eine Verpflichtung, die hier mehr als nur vernachlässigt wird. Völlig einseitig und blind auf dem linksextremen Auge wird wiederholt linke Partei ergriffen. Antisemitismus wird nur drei Monate vor dem brutalen Terrorangriff der Hamas auf Israel überwiegend mit deutschem Rechtsextremismus in Verbindung gebracht. Islamistischer oder linker Antisemitismus wird nicht nur nicht thematisiert, er wird bewusst verschwiegen, als es zum Beispiel um Antisemitismus in den Schulen geht. Stattdessen werden die hohen Umfragewerte für die AfD in Ostdeutschland als Beleg für ostdeutschen Antisemitismus gedeutet. Gleichzeitig wird mit der Öffnung der Medienbühne auch für mehr private Formate nahezu gleichzeitig mehr Antisemitismus und Rassismus und deren Manifestierung in und durch diese Formate befürchtet, ja prophezeit. *Monitor*-Chef Restle behauptet schließlich: »Wir haben große Kulturkämpfe, die von rechts in diesem Land geführt werden, die zum Teil von der Springer-Presse mit gepusht werden.«[144]

Leider verzichtet er auf jeden Beleg. Meint er die Springer-Presse, die in Form der *Bild*-Zeitung 2015 im Einklang mit Angela Merkels »Wir-schaffen-das«-Parole die Großkampagne »Refugees Welcome« gefahren hat? Die Springer-Presse, die lange vor der Hamas-Attacke auf Israel auf die Gefahr eines muslimischen Antisemitismus hingewiesen hat?[145]

Auf X unterhält Restle einen eigenen Account, auf dem seine Meinung unübersehbar ist. Während linke oder grüne politische Vorhaben wie zum Beispiel das Bürgergeld oder das Heizungsgesetz nachdrücklich befürwortet und die »Abschottung« in der Flüchtlingskrise abgelehnt werden, finden Posts vornehmlich gegen die CDU, die AfD und die FDP immer wieder Platz in der als privat gekennzeichneten Timeline. Es scheint in der gesamten Betrachtung jedoch fast so, als habe sich der Chefredakteur mit *Monitor* ein eigenes öffentlich-rechtlich finanziertes Werbeformat für linke und grüne Programminhalte und vor allem gegen bürgerlich-konservative Ansatzpunkte geschaffen.

Restle selbst schreibt auf X in Reaktion auf einen User, der ihm Neutralität abspricht: »Ist irgendjemand ›neutral‹? Ich denke, Journalisten sollten distanziert und unvoreingenommen sein. Und transparent in ihren Einordnungen. Wenn Journalisten behaupten, sie seien ›neutral‹, belügen sie idR ihre Zuschauer.«[146] Selbst wenn er persönlich nicht zur Neutralität willens ist, so muss professionelle Distanz und Objektivität auch im Sinne der medienstaatsvertraglichen Verpflichtung eingefordert und erfüllt werden. Restle hingegen will weitermachen mit seiner Form von sehr subjektivem Meinungsjournalismus.

Um einordnen zu können, welche Meinung der Chefredakteur so vehement vertritt, hilft auch hier sein wiederum privater Bluessky-Account, wo in einem Post geschrieben steht: »Das Wesen des Politischen ist nicht die Vertiefung des Freund/Feind-Grabens sondern das Streben nach einer möglichst gerechten Verteilung der gemeinsamen Güter. Wer geht da (noch) mit?«.[147] Das klingt nach Sozialismus 2.0.

Bosetti will reden!

Die Serie *Bosetti will reden* ist ein typisches Beispiel für ein öffentlich-rechtliches Senderformat, das auf verschiedenen Plattformen eine linksgrüne Lebenseinstellung verbreitet, für andere Milieus, namentlich liberale, bürgerliche oder konservative Gesinnungen, hingegen nur Hohn, Spott und Unverständnis übrig hat. *Bosetti will reden,* benannt nach der jungen, hippen, handwerklich sehr professionellen Moderatorin, verbreitet das ZDF auch auf YouTube und Facebook und läuft in der Mediathek unter ZDF Satire mit der Beschreibung: »Sarah Bosetti präsentiert für ZDFkultur Kabarett am Puls der Zeit. Was bewegt das Netz aktuell? Welche gesellschaftlich relevanten Themen brennen den User*innen unter den Nägeln? Was treibt das World Wide Web um? ... Sympathisch, satirisch, provokant und brandaktuell.«[148]

Wie brandaktuell Bosettis Themen sind, zeigt sich eindrücklich in den Wochen nach dem brutalen terroristischen Überfall der palästinensischen Hamas auf Israel mit mehr als 1200 hingerichteten, über 250 nach Gaza verschleppten Menschen und dem sich erschreckend offen auf unseren Straßen zeigenden Antisemitismus, als »Deutsche Bahn vs. Beatrix von Storch«, »Das Drama der Bayern Wahl« und »Die Bosetti Late Night kommt« ausgestrahlt wird.

Bosetti widmet sich dabei keineswegs nur satirisch, sondern durchaus auch mit journalistischem Anspruch und aktivistischem Furor immer wieder ähnlichen Themen wie: »Der nächste Bundeskanzler Friedrich Merz«, »Taurus-Leak«, »Gesundheitscheck von Donald Trump«, »Werteunion, Sammelbecken für Frustrierte«, »Wie geht

Frieden« – nämlich in der Ukraine. Ihren einseitig anklagenden, meinungsstarken Selbstgesprächen bleibt sie dabei ähnlich wie bei der Themenfindung treu, in der es sich nahezu kreisförmig regelmäßig wiederkehrend in unterschiedlich wechselnder Reihenfolge einzig um CDU, AfD, Freie Wähler und FDP in verschiedenen Kontexten, jedoch in immer gleichbleibendem destruktivem Duktus dreht. Merz ist nicht gut, Trump, CDU, Freie Wähler, FDP auch nicht, von von Storch oder der AfD ganz zu schweigen. Zwischendurch verteidigt sie die Grünen-Bundestagsabgeordnete Emilia Fester[149], die an anderer Stelle in einem Kurzinterview ihr schieres Unwissen zu Otto von Bismarck, dem Hitler-Attentäter Georg Elser oder dem Jahr der Gründung der Bundesrepublik Deutschland präsentiert hatte und dadurch zum Gespött in den sozialen Netzwerken wurde. Ich kann diese neun Minuten nur jedem empfehlen, der lernen möchte, wie man geschickt vom Unvermögen des einen auf die tatsächlichen oder ersponnenen Defizite von anderen ablenkt.

Bosetti ist künstlerisch frei in ihrer Themenfindung und Kritik an dem, was sie für schlecht hält. Irritierend ist indes, dass der hauptsächlich muslimische Antisemitismus, der sich auf Deutschlands Straßen nach der terroristischen Attacke der Hamas gegen Israel offenbarte, zumindest bisher für sie keiner Sendung wert zu sein scheint.

Ein von ihr erkorenes brandaktuelles Thema lohnt sich näher zu betrachten. Ihre Serie zu einem von ihr erdachten Gesellschaftsrat Klima bekommt gleich ganze vier Folgen. Auf ihrem X-Account fragt sie dazu begleitend: »Was ist wichtiger: Das Überleben der Demokratie oder das Überleben der Menschheit? Wäre eine Klimadiktatur gerechtfertigt, wenn sie die Menschheit retten würde?«[150]

Schon rein hypothetisch über die Abschaffung der Demokratie zu philosophieren, ist selbst satirisch nur schwer zu ertragen. Satire darf bekanntlich alles, doch fehlt an dieser Stelle der von Bosetti gestarteten Debatte jeder ironische oder humorvolle Unterton.

Mit ihrer gedanklichen Gründung des Gesellschaftsrates gehen wie selbstverständlich erwartbar dann auch die üblichen politisch einseitigen Forderungen, nach einem Tempolimit (am liebsten nur für Verbrenner), nach einem Verbot von Kurzstreckenflügen, nach der Nutzung von Kreuzfahrtschiffen ausschließlich für die Rettung von Flüchtlingen auf dem Mittelmeer oder dem Verbot von Fleischkonsum einher. Die wenig vegan klingende klassenkämpferische Parole »Eat the Rich« darf genauso wenig fehlen, wie Marcus Söder als Antipode herhalten muss, um das Klima mit immer genau dem Gegenteil zu retten, was Söder sagt und tut.

Dann allerdings passierte das: Die für den dritten Teil durchgeführte Abstimmung der im zweiten Teil erarbeiteten Forderungen zum Beispiel nach einem Tempolimit oder Fleischverbot hat die erwarteten Ergebnisse in ihrer Eindeutigkeit für Verzicht und Verteuerung nicht erfüllt. Fast schon selbstprophezeiend eingetroffen ist dann wiederum, was man regelmäßig erleben kann im vornehmlich links-grünen Meinungsspektrum. In Bosettis Interpretation resultiert das Ergebnis nicht etwa aus der schlichten Ablehnung dieser Forderungen durch viele Zuschauer. Sie beschwört stattdessen eine bösartige negative Beeinflussung der Umfrageteilnehmer durch üble Kräfte außerhalb ihrer links-grünen Bubble, durch die »fossile Lobby«, durch Politiker der Union und FDP, durch rechte und destruktive Twitteraccounts und durch die Springerpresse. Doch alle diese Kräfte hätten es dann doch nicht geschafft, das Ruder »in Richtung Weltuntergang« rumzureißen, was sie, milde lächelnd, »irgendwie schön« findet.

Um dieses trotzdem etwas neblig bleibende Abstimmergebnis näher zu erläutern, hat sie drei Abstimmungsgruppen kategorisiert. Eine dieser Gruppen wolle an der Demokratie festhalten, weil – und hier kommt der Punkt, von Bosetti explizit zitiert und hervorgehoben – »in der jüngeren Historie unseres Landes, und über das diskutieren wir hier, gingen die großen Diktaturen ... gar nicht lange genug gut, um auf klimatischen Zeitskalen positive Effekte nicht nur zu erreichen, sondern auch zu konsolidieren«.[151]

Bosetti suggeriert hiermit zunächst, dass unsere Demokratie unantastbar sein »sollte«, allerdings nur, weil die großen Diktaturen unserer jüngeren Historie nicht lange genug dauerten oder »gut gingen«, um sie als Klimadiktatur testen zu wollen. Da hat ihr die Freiheitsliebe der Menschen wohl einen Strich durch die Rechnung gemacht.

Eine kleinere Gruppe, so lässt sie wissen, war der Meinung, dass man die Menschheit auch gegen ihren Willen retten dürfen sollte, wenn die Lebensgrundlagen unserer Kinder wegzubrechen drohen. Und eine dritte Gruppe, in ihren Augen »ein fröhlicher Haufen aus Politikerinnen der Union, der FDP und aus echten und destruktiven Twitteraccounts«, gab sich »völlig schockiert ob der Fragestellung an sich«. Für sie ein Lehrbuchbeispiel dafür, »wie Debatten absichtlich ins Destruktive gezogen werden«.[152]

Dann heißt es, konservative und liberale Politiker hätten sich zum Beispiel über den Begriff »Klimadiktatur« »erschreckt«, obwohl doch erst der Unionskollege Jens Spahn diesen Begriff überhaupt ins Leben gerufen habe. Für Sekunden wird ein Zitat eingeblendet, und wer schnell genug ist, kann erkennen, dass Spahn darin ausdrücklich vor einer Klimadiktatur »warnt«.[153]

Dabei stellt die sendungsbewusste Satirikerin fest, dass nicht sie die Frage nach einer Klimadiktatur aufwerfe, sondern diese sich von selbst stellt, »wenn man keine unlauteren Motive hat«. Ihr Vergleich: »Würdest du in einer Demokratie leben, in der deine Mitmenschen immer wieder Parteien in eine Regierung wählen, die es erlauben, Kindern Pistolen an den Kopf zu halten? Dann würdest du dich fragen, was in dieser Demokratie falsch läuft.«[154]

Gerne nutzt Bosetti die Reihe, um auf das in ihren Augen völlig fehlinterpretierte Gebäudeenergiegesetz zu sprechen zu kommen, Luisa Neubauer und Greta Thunberg gegen alle Anfeindungen ihrer Gegner in Schutz zu nehmen, um diesen Einschub schließlich abzuschließen mit: »Im Kleinen reicht ein (Julian) Reichelt, um ein paar Selberdenkern Lügen einzupflanzen« und im Großen sei es die fossile Lobby, die »nicht nur einen schmierigen YouTube-Kanal betreibt, sondern Millionen ausgibt, um Milliarden zu behalten.«[155]

Bosetti bedient sich in ihrem Format gerne der Methodik, eine Idee als nicht umsetzbar in den Raum zu stellen, nur um diese dann doch weiterzudenken, rein hypothetisch und theoretisch versteht sich.

So bringt sie den drohenden Weltuntergang bravourös indirekt mit »Das ist natürlich alles kein Weltuntergang ... ja ok, im schlimmsten Fall schon ...« ins Spiel und geschickt in direkte Verbindung mit selbstdenkenden, und von Fossil-Lobbyisten verblendeten Menschen.

Bosetti übernimmt auch bei der Frage, wie der Kampf gegen den Klimawandel ihrer Meinung nach geführt werden solle, diese Methodik, als sie resümiert, dass es (natürlich) ein wenig vermessen sei, aus ihrem kleinen satirischen Experiment, ernsthafte Schlüsse zu ziehen, es dann aber trotzdem mal macht. Damit kann sie ihre vorher in geradezu meisterlich künstlerisch und psychologisch verborgene Botschaft endlich direkt platzieren: Um dem Klimawandel zu begegnen, kann ein Gesellschaftsrat funktionieren. Mit der (bedauerlichen) Einschränkung, dass darin ja auch Menschen mit eigenen Meinungen säßen, die durch Populismus beeinflussbar wären und die *Letzte Generation* Pech haben könnte, säßen im Gesellschaftsrat Berufspendler, die sich seit Monaten darüber ärgern, dass sie nicht zu Arbeit kommen. Damit platziert sie gleich noch ihre nächste Botschaft. Denn obwohl »es den Rat ja noch gar nicht gibt«, laufen schon jetzt hoch emotionale Debatten, vor allem von Menschen, die ihre Bequemlichkeit, ihre Freiheit oder ihren Geldbeutel bedroht sähen.[156]

Letztlich kommt Bosetti zu dem Schluss, dass es keinen Gesellschaftsrat, sondern den Wandel der Gesellschaft für wirklichen Klimaschutz brauche. Sie fordert eine Gesellschaft, »die ihren Repräsentantinnen und Repräsentanten keinen Bullshit durchgehen lässt, die sich der Lobbyismus-Einflüsse bewusst ist, die ›Bild‹-Schlagzeilen müde belächelt, weil die die Zusammenhänge längst verstanden hat, die sich keinen Scheiß erzählen lässt, weil sie es besser weiß.« Daher soll es ihrer abschließenden Einschätzung nach bei unserer repräsentativen Demokratie bleiben, um im *vierten Teil* ihrer Reihe zum Gesellschaftsrat die Frage aufzuwerfen: »Wieso tun sie als Regierung nicht das, was nötig ist? Und wieso werden sie trotzdem gewählt?«.[157] Als nötig erarbeitet wurden im Rahmen dieses »Experiments« schon zu Beginn unter anderem Forderungen nach einem Tempolimit 130, nach autofreien Innenstädten, nach einem Verbot von Kurzstreckenflügen, nach der Streichung der Subventionen für die Fleischindustrie, nach der Rettung von Geflüchteten durch Kreuzfahrtschiffe, oder nach der Zerschlagung der Springerpresse – zusammengefasst unter »Gesellschaftsratklima.de«.[158] Dabei stellt sie unmissverständlich fest, dass die Bundesregierung – all die aufgestellten Forderungen gebündelt – endlich ihren Job machen soll, um gleichzeitig zu sagen, was nicht ihr Job ist. Nicht ihr Job sei ihrer Meinung nach »eine Brötchentaste, damit noch mehr Autos durch die Innenstadt brettern«, »irgendeinen Trauzeugen von irgendeinem Staatssekretär als Vorwand zu nehmen, um noch 20 Jahre lang Öl- und Gasheizungen in die Häuser zu ballern«, »den Porschechef glücklich zu machen« oder die »Rhetorik der *Bild* zu übernehmen, immer neue Terrorismusvergleiche für Klimaaktivisten zu finden«. All dies in hoher Geschwindigkeit aufgezählt, um erst mit der Bitte »Machen sie Platz für Leute, die das besser können« und schließlich dem Zitat eines »weisen Mannes«, wie sie sagt, zu enden: »Es ist besser nicht zu regieren, als falsch zu regieren«.[159]

In einer Umfrage[160] zu den gegenwärtig drängendsten Problemen in Deutschland gaben 33 Prozent der Befragten »Ausländer/Integration/Flüchtlinge« an. Das ist ein Wert, der im Laufe der Befragungszyklen über mehrere Jahre sicherlich großen Schwankungen unterliegt und während der Corona-Pandemie in den Jahren 2020-2021 mit einem Wert von zeitweise 85 Prozent weit übertroffen wurde. Aus ihrem Vierteiler zum Gesellschaftsrat hingegen schließen zu wollen, dass eine Brötchentaste am Parkautomaten politische Jobverweigerung darstellt oder die Vermeidung von Verboten falsches Regieren bedeutet, scheint sehr stark aus dem eigenen persönlichen Meinungsbild gespeist zu sein.

Im Ergebnis und kritischen Auseinandersetzung mit dieser vierteiligen Reihe kann man durchaus zu dem Schluss kommen, dass hier eine Mindermeinung besonders laut und anklagend den kritischen Stimmen gegenüber als einzig richtig und gut dargestellt werden soll. Das muss zu der Frage führen, die Bosetti freilich nicht direkt zu stellen vermag: Warum macht die Mehrheit nicht genau das, was die Minderheit für einzig richtig, gut und geboten hält?

In vier Teilen versucht Bosetti, einen Gesellschaftsrat unserer repräsentativen Demokratie gegenüberzustellen, diese gar zu ersetzen. Dabei vergisst sie eindrücklich das Wesen unserer Demokratie und deren Kernelemente zu ergründen. Freilich wäre die wörtliche Übersetzung mit »Herrschaft des Volkes« etwas zu kurz gegriffen, dennoch aber ein guter Einstieg in weitere Diskussionen gewesen. Zudem kann diese einfache Übersetzung mindestens dabei helfen, die Bedeutung demokratischer Mehrheiten wenigstens zu sehen und bestenfalls zu verstehen.

Im Ringen um demokratische Mehrheiten braucht es aufgeklärte Bürger mit eigenen Meinungen und Überzeugungen. Bosetti sieht die Aufklärung der Gesellschaft zwar ebenfalls als dringend geboten an, jedoch kommt der Verdacht auf, dass es nur so weit gehen soll, wie es für die von ihr gewünschte Meinung und Haltung als richtig betrachtet wird. Kritisches Hinterfragen wird viel zu schnell entweder als »absichtliche Eskalation der Debatte« oder als »Flüsterpost« (ab)gewertet.

Dabei braucht es eine kritische Auseinandersetzung mit allen Facetten eines politischen oder gesellschaftlichen Themenkomplexes, was selbst Bosetti in ihrem vierten und letzten Teil ihres Experimentes zwar fordert, dann aber selbst nicht einzulösen vermag.

Man kann hier tatsächlich von einem Lehrbuchbeispiel der gezielten Manipulation sprechen. Schnell gesprochen und noch schneller ein- und ausgeblendet, werden hier Botschaften gesetzt, Tatsachen verdreht und Suggestivfragen gestellt, dass einem wahrlich schwindlig werden kann und möglicherweise auch soll. Es ist daher unbedingt wichtig und notwendig, genau hinzuhören und zwischen den Zeilen zu lesen, kritisch zu sein und skeptisch zu bleiben, um die Manipulationen in derartigen Beiträgen zu durchschauen.

Es braucht aber nicht nur skeptische Zuhörer und kritische Zuschauer, um die Zwischentöne solcher Beiträge mindestens zu erkennen. Es braucht zuweilen auch Mut und ein »dickes Fell«, zuerst auf die Unstimmigkeiten und ungesunden Zwischentöne aufmerksam zu machen und dann, um die Reaktionen der Kritisierten auszuhalten. Selbstverständlich gehören Zwischentöne zur Satire genauso, wie die Schwebe des gesagten und vor allem ungesagten Wortes.

Kinder und Jugendliche sind die Zielgruppe von Bosettis »Ich will reden!«. Sie sind in der Regel besonders empfänglich für solche scheinlogischen, aber für sie absolut wahren Zwischentöne. Sie können kaum das ungesagt Gesagte vom tatsächlich Ausgesprochenen unterscheiden und sind noch wenig kritisch und damit sehr beeinflussbar. Hier wird eine Kunstform verwendet, der sich die Adressaten aufgrund ihrer altersbedingten Fähigkeiten völlig schutzlos und kritikunfähig ausgesetzt sehen. Ist das alles daher kalkulierte Kunst der gezielten Meinungsmache unter jungen Menschen? Der öffentlich-rechtliche Rundfunk unterliegt einem besonderen Auftrag auch zur Bildung der Menschen. Auch hier sind die Journalisten der Objektivität verpflichtet. Bei Bosetti fällt es selbst mit gutem Willen schwer, Objektivität noch erkennen zu können, selbst wenn man die großen Freiräume der satirischen Kunst akzeptiert.

Böhmermann, Welke und Co.

Satire als Form der künstlerischen kritischen Auseinandersetzung mit den feinen gesellschaftlichen und politischen Zwischentönen ist noch in weiteren Formaten des öffentlich-rechtlichen Rundfunks zu finden. So gehören die satirischen Übertreibungen zum Beispiel des *ZDF Magazin Royale* mit Jan Böhmermann oder der *Heute-Show* mit Oliver Welke schon seit Jahren fest zum Programminhalt. Genauso fest scheint aber auch hier deren Einseitigkeit verankert zu sein. Fast durchgängig werden bürgerlich-konservative und liberal-freiheitliche Ansichten zum Ziel provokanter und oft diffamierender Attacken.

Böhmermann zeigt Ungeimpften schonmal den Mittelfinger, betitelt Kritiker und Kritikerinnen des Selbstbestimmungsgesetzes als

»Nazis« oder »Scheißhaufen«, vergleicht unter *#rafdp* anschaulich bebildert die FDP mit der RAF und erstellt ein »Fahndungsfoto« im RAF-Stil mit FDP-Politikern und Welt-Mitarbeitern. An anderer Stelle macht sich Böhmermann über rituellen Kindesmissbrauch in satanischen Sekten lustig (eine Sendung, die schließlich offline gestellt wurde).[161] Böhmermann beweist immer wieder, dass er durchaus intensiv recherchiert – aber offenkundig nur, wenn es darum geht, die Thesen seines eigenen linken Lagers zu bekräftigen.

So behauptete er einmal, Arne Schönbohm, zu dem Zeitpunkt Chef des Bundesamtes für Sicherheit und Informationstechnik (BSI), sei ein »Leck in einer kritischen Infrastruktur«[162] und damit ein Sicherheitsrisiko. Daraufhin entließ die sozialdemokratische Bundesinnenministerin Nancy Faeser, deren Haus das BSI unterstellt ist, Schönbohm. Später erwiesen sich Böhmermanns Vorwürfe als unzutreffend, woraufhin Schönbohm Klage gegen Faeser einreichte.

Böhmermann zelebriert eine Art der einseitig recherchierten Überprovokation, die nicht mehr zum Nachdenken und Diskutieren anhält, sondern nur noch demontiert und diffamiert. Auf *ZDFneo* kommt online zudem ein KI-erstelltes Video zum Einsatz, das täuschend echt und kaum als Fake erkennbar Christian Lindner als versnobten Rolextragenden, Porsche fahrenden »Kinderhasser« darstellt.

Kritik daran wird mit dem Hinweis auf die Kunstfreiheit der Satire weggewischt. Denn Satire darf das. Oder nicht? Wird Satire, zumal im öffentlich-rechtlichen Rundfunk, als künstlerisches Element genutzt, um meinungsstark andere Ansichten zu diskreditieren und Menschen zu diffamieren, darf der künstlerische Gehalt solcher Formate mindestens bezweifelt werden.

Denn ganz rational darf und muss man von öffentlich-rechtlicher Satire als Unterhaltung erwarten, dass sie den Auftrag des öffentlich-rechtlichen Rundfunks erfüllt und umfassend und objektiv in alle politischen und gesellschaftlichen Richtungen hinein wirkt, dass sie das an- und ausspricht, was viele Menschen denken, aber nicht zu sagen wagen und den Finger in jede Wunde gesellschaftlicher oder politischer (Fehl)Entwicklungen legt.

Eine satirische Kritik und künstlerisch übertriebene und provokante Auseinandersetzung mit links-grünen und progressiven gesellschaftlichen Entwicklungen oder politischen Entscheidungen findet im öffentlich-rechtlichen Rundfunk aber kaum statt. Lediglich Dieter Nuhr in der ARD mit *Nuhr im Ersten* scheint sich mit seinen Künstlerkollegen dieser auffälligen Unterrepräsentation entgegen stellen zu wollen und zu dürfen – ironisch provokant und angenehm aggressionsfrei, ohne andere zu diffamieren, dafür mit ganz vielen Andeutungen und Zwischentönen. Seine Satire nimmt auch schon mal den Islamismus aufs Korn, gendergerechte Sprache oder Greta Thunberg. Das jedoch reicht sicher nicht, um der notwendigen Ausgewogenheit des öffentlich-rechtlichen Rundfunks, insbesondere für eine breite öffentliche Diskussion und Meinungsbildung, gerecht zu werden.

Gibt man der Kunst die gebotene Freiheit ihrer eigenen Interpretation der gesellschaftlichen Zusammenhänge, braucht es im öffentlich-rechtlichen Rundfunk entweder auch in diesem Genre mehr Vielseitigkeit – oder den kompletten Verzicht auf satirische Kunst. Dann kann jeder Zuschauer selbst wählen und frei entscheiden, welche Kunst er besuchen, hören, sehen, lesen oder meiden und damit auch nicht bezahlen möchte.

Zurück zu Böhmermann: *Emma* kürte ihn Ende 2023 zum »Sexist Man Alive 2023« mit der Begründung: »Böhmermann will nicht erhellen, sondern verdunkeln. Er ist ein Biedermann und Brandstifter – und der Gipfel aufgeblasener Männlichkeit.« Er sei »kein Aufklärer, sondern ein Demagoge, … der von den Gebühren der Öffentlich-Rechtlichen fett gefüttert wird.«[163]

Weit her geholt ist diese Aussage nicht, lässt sich der öffentlich-rechtliche Rundfunk das *ZDF Magazin Royale* schließlich einiges Kosten. 651 000 Euro soll Böhmermann in 2023 erhalten haben, und das ZDF soll es bis 2025 auf 713 000 Euro steigern wollen. Für eine Unterhaltungssendung, die zuweilen näher an Desinformation, Diffamierung und Spaltung ist als an kunstvoller Satire. Öffentlich-rechtlich würde seine üppige Apanage selbst von jenen per Beitrag im Dauer-Abo finanziert, die er mitunter ohne jeden Realitätsbezug diffamiert.[164]

Böhmermann selbst reagiert auf diese im Raum stehenden Honorarzahlen im üblichen satirischen Stil – weder bestätigend noch dementierend.

Welkes *Heute-Show* verlor Mitte 2023 die Kabarettistin Christine Prayon, die die Zusammenarbeit beendet, weil sie »mit der Art, wie die großen gesellschaftlich prägenden Themen seit Corona behandelt werden, zunehmend Bauchschmerzen bekommen« habe. Sie konstatiert, dass »Narrative und Positionen von Gruppen, die gesellschaftlich in der Hierarchie weit oben stehen, unablässig wiederholt und gleichzeitig ... Stimmung gegen Andersdenkende gemacht« werde.[165]

Der (Zwischen)Ton macht die Musik und deren Abfolge das Lied. Beständig und monoton nur eine Seite des Meinungsspektrums zu bespielen und diese steten Wiederholungen zudem noch laut und fordernd auszuweiten, lässt nicht nur das Lied schräg klingen. Es lässt der anderen Seite des grundsätzlich breiten gesellschaftlichen Meinungskanons nur noch wenig Raum, sich bemerkbar zu machen. Prayon sagte zum Abschied von der *Heute-Show*: »Satire darf sich nicht daran beteiligen, den Diskurs zu verengen.«[166]

Talkshows, die nur eines sagen?

Es sitzen immer nur dieselben Gäste in den Talkshows, die immer nur die gleichen Botschaften senden. Das sagen vor allem Kritiker des öffentlich-rechtlichen Rundfunks, die schon bei der Frage, um welche Botschaften es konkret geht, ins Schlingern geraten. Auch hier findet sich die gern verordnete Beweispflicht, die es ungleich schwerer macht, einen manchmal nur diffusen Eindruck des einseitigen Meinungskanons mit harten Fakten zu belegen.

Talkshows leben von Meinungen und sind keine Wissenschaftssendungen zur Vermittlung von Fakten. Damit bieten sie beste Gelegenheiten für das Setzen gezielter Botschaften, können hier doch ganz ungeniert Positionen verbreitet werden, die nicht immer durch Tatsachen belegt werden müssen. Die steile These ist unterhaltsamer als die fachliche Expertise. Will eine Talkshow aktuelle gesellschaftliche Diskussionen in ihrer gesamten gesellschaftlichen Dimension abbilden, benötigt sie zum einen eine Moderation, die aktuell relevante

Fragen in alle Richtungen des gesellschaftlichen und politischen Meinungsspektrums stellt. Zum anderen braucht es dafür unterschiedliche Gäste, die das komplette Meinungsspektrum vertreten. Auch hier macht der Ton die Musik und die Abfolge und Wiederholung das Lied – oder eben die Botschaft.

Eine Diskussionsrunde mit völlig einseitigem Meinungsbild taugt kaum zum Talken und wird erst recht nicht zur Show. Langweilige, sich gegenseitig in ihrer Meinung bestätigende Gäste befriedigen selten die Sensationslust der Zuschauer. Daher gibt es (Ausnahmen bestätigen die Regel) in jeder Talkshow mindestens einen Konterpart, der in der Regel der Mehrheit der Gäste seine Mindermeinung entgegensetzt.

Ein Blick auf die geladenen Gäste offenbart daher in der Regel die zu erwartende Meinungsmehrheit, damit den zu erwartenden Meinungsschwerpunkt, was uns wiederum zur Botschaft der Sendung führt. Die Meinungsmehrheit in der Talkshow entspricht nicht zwangsläufig auch der gesellschaftlichen Mehrheitsmeinung. Was für die Erweiterung des Meinungsspektrums der Gesellschaft oder den gesellschaftlichen Diskurs gut und förderlich ist, kann bei starker Einseitigkeit belehrend, wenn nicht gar manipulierend wirken. Erst recht, wenn die Meinungsschwerpunkte der Talksendungen beständig und tendenziös auf eine gesellschaftliche Mehrheitsmeinung treffen, die zuweilen weit entfernt von der gesendeten Botschaft ist.

Jede Zeit hat ihre eigene Botschaft. In den Jahren bis Corona dominierten in derartigen Sendungen Klimaschutz- oder auch Refugees-Welcome-Botschaften. Die Pandemie unterbrach nicht nur diese Routine, sie hielt gleich einen ganzen Kanon an neuen Botschaften, vermittelt durch den öffentlich-rechtlichen Rundfunk, bereit. Mitunter wurde dabei versucht, alte und neue Botschaften in kühner Weise zu verbinden, etwa im Sinne von »Epidemien entstehen durch die Klimakatastrophe«.

Angesichts der in den Corona-Talkshows gesetzten Botschaften, die als Mindermeinungen nicht mehr die Menschen in ihrer gesamten Meinungsvielfalt erreichten, wurde die Kritik an den Gästelisten und damit auch an der Meinungsauswahl immer lauter. Der damalige

SPD-Gesundheitspolitiker Karl Lauterbach wurde 2020 von allen ARD- und ZDF-Talkshows zum Thema Corona am häufigsten eingeladen, nämlich vierzehn Mal, gefolgt von der Virologin Melanie Brinkmann und dem Epidemiologen Alexander S. Kekulé mit je neun Einladungen. [167]

Wofür standen die eingeladenen Gäste oder welche Thesen verbreiteten sie? Lauterbach sprach sich klar für eine Impfpflicht, die 2-G-Regelung (geimpft oder genesen) und Ausgangssperren, Schul- und Kitaschließungen, insgesamt harte Lockdownmaßnahmen aus. Er war einer der lautesten, mit der Plattform des öffentlich-rechtlichen Rundfunks aber auch meistgehörten Politiker in dieser Zeit. Seine allgegenwärtige Bildschirmpräsenz trug maßgeblich dazu bei, dass er 2021 bei der Bildung der Ampel-Regierung von der Öffentlichkeit als Gesundheitsminister gefordert wurde. Es dürfte das erste Mal in der Geschichte der repräsentativen Demokratie gewesen sein, dass die Wähler nicht einen Regierungschef, sondern ein Kabinettsmitglied für ein in normalen Zeiten nicht im Zentrum des Publikumsinteresses stehendes Ressort gefordert haben.

Melanie Brinkmann hat sich klar für die Impfung, mehr Aufklärung zur Impfung und vor allem die 2-G-Regelung ausgesprochen, um mehr Druck für eine Impfung zu erzeugen. 2-G bedeutete schließlich, dass lediglich auf das Coronavirus negativ getestete, aber nicht geimpfte Personen weiterhin keinen Zutritt zu vielen Orten oder Veranstaltungen erhielten. Diese indirekte Impfpflicht hielt sie in der Abwägung zur Entlastung des Gesundheitssystems für verhältnismäßig. [168] Alexander S. Kekulé war hingegen ganz klar gegen jede Form der Impfpflicht.[169]

Nur auf die Impfpflicht oder den Support der Impfung bezogen, ergibt sich innerhalb dieses die Talkshows dominierenden Trios ein Verhältnis von 23 Pro-Impfpflicht zu 9 Contra-Impfpflicht-Positionen. Pro war also 2,7-mal stärker vertreten als contra. Ein Verhältnis, dass sich grob auch auf die danach folgenden Talk-Show-Teilnehmer runterbrechen lässt. Bei etwa vier Gästen je Show bestätigten sich drei Teilnehmer in ihrer Haltung und ein Teilnehmer steht in Verteidigungsstellung für eine vermeintliche Mindermeinung. All die pro Impfung-, pro Lockdown-, pro Schulschließungen- oder pro Ausgangssperren-Botschaften wurden, umrahmt von Wissenschaftlern, Politikern oder Künstlern als vermeintliche Diskussion und resultierende Mehrheitsmeinung den Menschen im Corona-Ausnahmezustand in Dauerschleife präsentiert. Wer sich trotz dieser Dauerbeschallung nicht impfen lassen wollte oder Lockdown-Maßnahmen kritisierte, musste gesellschaftlich schon fast zwingend als unvernünftig gelten. Die individuelle Freiheit der eigenen Entscheidung für oder gegen eine Impfung konnte nur noch als Egoismus ausgelegt werden, blieb man unkritisch und gutgläubig der Systematik und Dynamik der Geschehnisse und Handelnden gegenüber.

Wie Wissenschaftssendungen den Schwerpunkt verschieben

Wenn Talkshows Meinungsschwerpunkte und damit gezielte Botschaften entwickeln können, sollten Wissenschaftssendungen, die sich auf die Vermittlung von reinen Fakten konzentrieren, von Meinungen weitestgehend befreit sein. Und doch können ganz meinungsfrei Schwerpunkte gesetzt werden, ist die Redaktion nicht oder zu wenig objektiv hinsichtlich der gewünschten Botschaft. Die ARD-Wissenschaftssendung *Quarks & Co* zum Beispiel richtet sich an Erwachsene genauso wie an Kinder und Jugendliche.

Letztere werden insbesondere in Social Media angesprochen. Daher lohnt eine genauere Betrachtung des Instagram-Accounts dieser Redaktion, sollen doch unsere Kinder dort mit wissenschaftlichen Fakten als Grundlage einer eigenen Meinungsbildung ausgestattet werden. Die Beiträge nur eines Jahres können kaum besser die Schwerpunktsetzung und damit die gewünschte Botschaft der Redaktion verdeutlichen. Die Aufzählung ist nahezu lückenlos und stellt anschaulich dar, was einem User, egal ob Kind, Jugendlicher oder Erwachsener so angeboten wird.

Da finden sich Beiträge zu der Klimakrise und den Auswirkungen auf den Urlaub; dem starken Rückgang des Meereises; der Legitimität auch radikaler Protestformen; den Klimaanlagen als echte Klimakiller; dem Rauchen, das schlecht für die Gesundheit und schlecht für die Umwelt ist; der Hitze und deren Auswirkungen auf das Meer oder die eigene Psyche; der Dürre und den trockenen Böden; der geringen Effizienz von E-Fuels; dem zu häufigen Regen in Deutschland; der CO_2-Produktion durch die Ernährung; den Vorzügen kleiner Solaranlagen für Umwelt und Klima; den Klimaanpassungskonzepten; den zu häufigen Privatflügen in Europa; den zu erwartenden dramatischen neuen Hitzerekorden; der großen psychischen Belastung wegen der Klimakrise; der Klimabilanz einer Grillparty; den Veränderungen seit dem Klimanotstand 2019; dem (Klima-)Kipppunkt; der CO_2-Bilanz eines Hundes; den Schweinen, die schon vor der Schlachtung sterben; der gesunden vegetarischen Ernährung; der weltweit steigenden Fleischproduktion und die Folgen für das Klima; der Klimabilanz von Äpfeln; den Auswirkungen von Tempo 30 auf die Umwelt; dem Wassersparen im Alltag; dem insektenfreundlichen Balkon; dem insektenfreundlichen Garten; den immer größer werdenden Autos; der fehlenden Nachhaltigkeit von manchen Nusssorten; dem Vorteil grüner Gentechnik; dem nur geringen Verlust von Stromkapazität beim Abschalten der Atomkraftwerke; die noch immer zu vielen Emissionen bis zum 1,5 Grad-Limit; den null Emissionen, die in Zukunft noch ausgestoßen werden dürfen; dem Leiden der Kaninchen als Nutztiere; der Gefahr und Feinstaubbilanz von Osterfeuer und Feuerwerk; dem Label »klimaneutral«; der CO_2-Bilanz des Willow-Projektes; den sehr hohen Kosten der Klimakrise in Deutschland; der Gefährlichkeit schmelzender Gletscher; dem Hochseeschutz; der Speicherung von überschüssigem Regenwasser; der Rettung vor der Dürre durch einen regnerischen Winter; dem kurzen Leben einer Legehenne; den Möglichkeiten, die Folgen des Klimawandels zu reduzieren; den CO_2-Emissionen der Bundeswehr; den Gründen, CO_2 aus der Atmosphäre zu speichern; der Notwendigkeit von noch mehr Regen; den negativen Auswirkungen auf das Klima durch zu wenig Schneefall in den Bergen; dem Stress warmer Winter für Winterschläfer; dem großen Erfolg des Gassparens in der Energiekrise; dem (nicht vorhandenen) Bedarf an der Kohle aus Lützerath; dem Problem entsorgter Lebensmittel; der Notwendigkeit des globalen Artenschutzabkommens;

den Urlaubs-Möglichkeiten jenseits von Fernflügen; der Verringerung der Reichweite des E-Autos bei zu hoher Geschwindigkeit; der Klimabilanz echter Weihnachtsbäume; den Gefahren beim Aussterben von Tieren und Pflanzen; dem für die Klimaziele unzureichenden Braunkohleausstieg 2030; den Vorteilen von Gassparen im Winter; dem Einfluss der eigenen Kleidung auf Klima und Umwelt; dem starken Anstieg des CO2-Ausstoßes trotz Klimakonferenzen; den energetischen Problemen eines Skiurlaubes; den Emissionen durch Konsum; der ungerechten CO2-Bilanz der Superreichen; den überwiegenden Vorteilen des Kartoffelbreiwerfens auf Kunst; der zu geringen Ernsthaftigkeit der Klimakrise für einige Menschen; dem Vorteil von besseren Windrädern; der Zeitknappheit für das Erreichen der Klimaziele 2030; den Umwelt-Effekten eines Feuerwerksverbotes an Silvester; dem jungen Sterben unserer Nutztiere; dem geschlechtsneutralen Spielzeug; der Work-Life-Balance; der 4-Tage-Woche; der 30-Stunden-Woche; der Abschaffung der alten Bundesjugendspiele und noch einigen weiteren Gesundheits-, Ernährungs-, Sucht- und Gesellschaftsproblemen.[170]

Hier wird eine vermeintlich faktenbasierte Melodie abgespielt, die kaum jemand als Beeinflussung erkennen würde, wären da nicht die immerwährenden Wiederholungen ähnlicher Themen im ähnlich einseitigen Duktus. Warum die Bundeswehr zum Beispiel als Klimakiller und vor allem nicht als Arbeitgeber und Schützer unserer Freiheit und Sicherheit thematisiert wird, bleibt wohl das Geheimnis des WDR. Und warum gibt es keine Beiträge über die vorbildliche Klimabilanz von Kernkraftwerken? Über die Fortschritte bei der Entwicklung von Fusionstechnologie? Über die Wichtigkeit von Fleisch für die kindliche Entwicklung? Über die Arbeitsplätze, die »Superreiche« schaffen? Über die wirtschaftlichen Probleme für Hersteller oder Supermärkte, wenn sie Lebensmittel jenseits des Haltbarkeitsdatums »verschenken« müssten? Über die Auswirkungen von Vier-Tage-Wochen auf die internationale Wettbewerbsfähigkeit? Über das Unverständnis etwa in Asien angesichts europäischer Fixierungen auf Work-Life-Balance? Im Grunde könnte man jeden Beitrag der *Quarks & Co*-Reihe bei Befragung anderer

Wissenschaftler auch mit der gegenteiligen Tendenz produzieren, wäre das von den Redakteuren gewollt.

Meinungspluralität im Journalismus?

Wenn Haltung den Journalismus oder die Medien ergreift, macht dieser selbst vor lang vergangenen, archivierten, aber wohlbekannten Aufzeichnungen, Szenen oder Filmen, nicht halt. Harald Schmidts Show *Schmidteinander* bekommt bei einigen Folgen, die in der Wiederholung beim WDR gezeigt werden, den Warnhinweis »Das folgende Programm wird, als Bestandteil der Fernsehgeschichte, in seiner ursprünglichen Form gezeigt. Es enthält Passagen, die heute als diskriminierend betrachtet werden«[171] verpasst. Ebenso wie zuvor schon Shows von Otto Waalkes oder natürlich die Serie *Ein Herz und eine Seele* mit Ekel Alfred und der »dusseligen Kuh«, die im April 2024 zum 100. Geburtstag des (2012 verstorbenen) Drehbuchautors Wolfgang Menge in der ARD wiederholt wurden.

Eigentlich nicht der Rede wert, könnte man meinen. Doch zeigen genau diese kleinen Gesten eindrücklich den Wandel. Wir legen heutige moralische Maßstäbe, die oft nur von einer Minderheit vertreten werden, besserwisserisch an jahrzehntealte Produktionen.

Haltung prägt das Denken und Denken wiederum die Meinung, zu der man kommen, die man haben und auch ändern kann. Fakten und Argumente, andere Meinungen und Ansichten oder auch Einstellungen sind für die eigene Meinungsbildung essenziell. Lässt man sich auf andere als die eigenen Ideen ein, kann ein gewinnbringender Diskurs entstehen. Lässt man sich nicht ein und stellt die eigene Haltung als Grenzmarke vor das eigene Gehirn, bleibt das eigene Denken im eigenen Dunstkreis und der Diskurs in der eigenen Haltungsblase.

Sich in dieser eigenen Haltungsblase nur noch selbstverstärkend und bestätigend zu bewegen, lässt zuweilen eine Denkfaulheit entstehen, an der Meinungspluralität schlicht scheitern muss. Bestätigend und verstärkend kann es dann nur noch um die Identifikation und Definition der einzig wahren und richtigen Meinung gehen, gegründet auf der richtigen Haltung.

Selbstverständlich obliegt es jedem Einzelnen, ob er sich durch die Grenzmarke der eigenen Haltung sein Gehirn blockieren oder es offen halten möchte für andere Meinungen. Das grundrechtlich verbriefte Recht auf Meinungsfreiheit schützt genau auch diese Entscheidung.

Und selbstverständlich steht diese grundrechtlich verbriefte Meinungsfreiheit auch jedem einzelnen Journalisten zu. Dabei stellt sich jedoch die Frage, welches Maß an Grenzöffnung gegenüber anderen Meinungen und Haltungen von Journalisten eingefordert werden kann und muss.

Alle Journalisten stehen in einer umfassenden »Reichweitenverantwortung«, die ihnen ein besonderes Maß an Objektivität abverlangt, das zu erfüllen sie im Auftrag unserer freiheitlichen Demokratie verpflichtet sind. Die persönliche Meinung muss in der Ausübung der journalistischen Tätigkeit, von eindeutig kommentierenden Beiträgen abgesehen, mindestens hintenanstehen, kann sie schon nicht komplett ausgeblendet werden. Die Grenzen zur Meinung und Haltung also dicht zu machen, damit lediglich die eigene Haltungs- und Meinungsblase verstärkend zu bedienen, widerspricht ihrem Auftrag genauso wie ihrem Kodex.

Wie stark die eigens gezogenen Grenzen teilweise jedoch sind, zeigen die wenigen hier aufgeführten Beispiele. Kommen in den Nachrichten noch einseitige Prioritätensetzungen, wie in der Corona-Pandemie hinzu, fällt es schwer, einen in jeder Hinsicht offenen, objektiven und unabhängigen öffentlich-rechtlichen Rundfunk zu erkennen. Vielmehr scheinen die Berichte einem begrenzten progressiven Erziehungsmuster zu folgen, das zumindest dem etwas wacheren Betrachter die Zugehörigkeit der Journalisten vornehmlich zur links-grün geprägten Meinungs- und Haltungsblase offenbart.

Eine Demokratie lebt davon, dass unterschiedliche Ansichten, Meinungen, Haltungen und Ideen diskutiert und Mehrheiten für die eigenen gesucht und gefunden werden. Jedoch muss dies unbedingt in einem klaren, transparenten und für alle Akteure gleichermaßen geltenden, regelkonformen Kontext geschehen. Medien spielen dabei als sprichwörtliche »vierte Gewalt« eine große Rolle. Daher ist es unabdingbar, dass sich die Journalisten ihrer Verantwortung innerhalb unserer Demokratie bewusst sind und die ihnen gegebene Reichweitenmacht nicht für eigene Zwecke durch mediale Verengung des durchaus breiten Meinungsspektrums missbrauchen.

Es fehlt in der Bundesrepublik glücklicherweise an der alleinigen staatlichen Obrigkeit der progressiven Meinungsführer, die die Medien dirigieren würde. Bei ARD oder ZDF gibt es Formate, die durchaus vom üblichen gezeigten Mainstream abweichen, im Deutschlandfunk senden zwischendurch Journalisten mit fairen Ansätzen und auch *Tagesschau* oder *heute* bieten eine gewisse Meinungsvielfalt, leider selten bis zum Grad der Ausgewogenheit. Dies alles ist im Vergleich zur ehemaligen DDR vollkommen anders, sodass sicher nicht von einem »Staatsfunk« gesprochen werden kann. Jedoch erleben wir eine Meinungsminderheit, die verteilt in vielen staatlichen Institutionen wie auch dem öffentlich-rechtlichen Rundfunk der Mehrheit der Menschen ihre eigene Meinung und Haltung in der Regel geschickt und verdeckt, zuweilen aber auch ganz selbstbewusst offen präsentiert.

Die Kluft zwischen medial gezeigter Mindermeinung und gefühlter Mehrheitsmeinung ist zuweilen so groß, dass man sich des Eindrucks versuchter Beeinflussung und Manipulation nur noch schwer erwehren kann.

Als im April 2024 dem Magazin *Cicero* ein journalistischer Scoop gelang, als sich einer ihrer Journalisten zunächst das Recht auf Einsicht in Unterlagen des Bundeswirtschaftsministeriums zum Kernkraftausstieg mühsam eingeklagt hatte und auf deren Grundlage nachweisen konnte, dass grüne Spitzenbeamte im Frühjahr 2022 in der Frage des endgültigen Kernkraftausstiegs die Öffentlichkeit über verschiedene negative Folgen getäuscht hatten, berichteten etliche Medien bereits seit dem frühen Vormittag des Tages der Veröffentlichung, im Bundestag wurde eine Sondersitzung des entsprechenden Ausschusses anberaumt. Am Abend desselben Tages war der Skandal jedoch weder der ARD-*Tagesschau* noch dem *heute journal* des ZDF auch nur eine Meldung wert. Erst Tage später und nach anhaltender öffentlicher Debatte zogen dann auch die beiden reichweitenstärksten Nachrichtensendungen des deutschen Fernsehens nach. Es ist kaum erinnerlich, dass ARD und ZDF nach der Enthüllung von Skandalen beispielsweise innerhalb der AfD ähnlich langsam gewesen wären.

So scheint es nachvollziehbar, dass mit dem Funktionieren und dem Zustand der Demokratie unzufriedenere Menschen auch eher den öffentlich-rechtlichen Medien misstrauen als Menschen, die tendenziell zufriedener mit dem Funktionieren unserer Demokratie sind.[172]

Dabei braucht die Demokratie Debatten gegensätzlicher Meinungsspektren und damit Grenzöffnungen zu den jeweils anderen Meinungen und Haltungen, um die für die freiheitlich demokratische Gesellschaft bestmögliche Problemlösung zu finden. Die Verengung dieser Debatten auf nur noch ein sehr begrenztes akzeptiertes Meinungsspektrum, vornehmlich progressiv links, ist gefährlich. Denn dann bleiben nur noch die sich gegenseitig bestätigenden und verstärkenden einseitigen Haltungen und Meinungen im gesellschaftlichen und politischen Raum sichtbar und bestehen. Veränderungen und Anpassungen politischer Ziele muss und wird es im gesellschaftlichen Wandel immer geben, schließlich wandeln sich auch die Herausforderungen. Passt sich der politische Raum im Kampf um die Wählergunst jedoch der strikt einseitigen Verengung des Meinungsspektrums an, lässt bewusst gesetzte Haltungsgrenzen also zu, kommt das der gewollten Stummschaltung breiter Bevölkerungsschichten, wenn nicht auch der Opposition gleich.

Gezielt wird diese Stummschaltung regelmäßig auch durch bestätigende Experten begleitet. Jede Grenzöffnung ruft nahezu postwendend neue Studien, Untersuchungen, Berichte und gar wissenschaftliche Statements auf den Plan, die die beginnende Öffnung möglichst zügig beenden und das Meinungsspektrum zurück in die engen eigens gesetzten Haltungsgrenzen führen. Menschen, die sich dieser nachhaltigen Verengung der Debattenräume trotz der nachdrücklichen Expertenanhörungen erwehren, werden gerne auch mal stigmatisiert.

»Schwurbler«, »Querdenker« oder »Verschwörungstheoretiker« waren für solche kritischen Stimmen in der Corona-Pandemie beispielsweise gängige Begriffe. In der Migrationspolitik werden Vertreter abweichender Meinungen gern als »Fascho«, »Nazi« oder »Rechtsaußen« bezeichnet. Als »Klimaleugner« wiederum gelten Menschen, die an der Sinnhaftigkeit von Maßnahmen, bis hin zum Abwürgen einer Volkswirtschaft zweifeln, die nicht einmal 2 Prozent zu den globalen Emissionen beiträgt. Das sind bewusste Stigmatisierungen und Diffamierungen, die eine konstruktive Diskussion verunmöglichen.

Einige dieser Begriffe wurden auch von den öffentlich-rechtlichen Medien übernommen und damit in die Mitte unserer Gesellschaft getragen beziehungsweise gesellschaftsfähig gemacht. Damit wurde sich dieser Polarisierung sogar noch angeschlossen, was in den mittlerweile auch hochemotional geführten politischen Auseinandersetzungen eher wie »Wasser auf die Mühlen« als »Wind aus den Segeln nehmen« wirkt.

Geht aufgrund solchen Gebarens das Vertrauen in die auch medial getragene Demokratie verloren, darf nicht der beliebte Schluss gezogen werden, dass diese Skeptiker demokratiefeindlich seien. Vielmehr muss im Ernst der Lage erkannt werden, dass es mehr als eine Wahrheit und mehr als eine legitime Meinung gibt, die es im Ringen um die echte demokratische Mehrheit zu akzeptieren und darzustellen gilt.

Wie Medien in Krisenzeiten Haltung bewahren

Die russische Besetzung der Krim 2014, die Flüchtlingskrise 2015, die Corona-Pandemie 2020 bis 2022, der Ukrainekrieg seit 2022 und der Überfall der palästinensischen Hamas auf Israel am 7. Oktober 2023 mit dem nachfolgenden militärischen Vorgehen der israelischen Streitkräfte gegen die Terrororganisation in Gaza markieren mediale Krisenpunkte, die das Vertrauen der Menschen in eine ausgewogene Berichterstattung der Massenmedien nicht nur auf die Probe gestellt haben, sondern auch zu schmälern im Stande waren.

Mit den als Euromaidan-Demonstrationen bekannt gewordenen Massenprotesten, der russischen Annexion der Krim und dem folgenden militärischen Konflikt in der Ostukraine warfen schon 2014 sowohl die »pro-russische« als auch die »pro-ukrainische« Seite den deutschen Massenmedien vor, die jeweils andere Seite in der Berichterstattung zu bevorzugen.[173]

Um hier Klarheit zu schaffen, hat 2014 Fabian Burkhardt, M.A. an der LMU München acht Talkshows der Sender ZDF, ARD und Phoenix im Zeitraum von Dezember 2013 bis April 2014 mit dreißig Sendeterminen in ihrer thematischen Ausrichtung und der Auswahl der Gäste untersucht, um festzustellen, ob die deutschen öffentlich-rechtlichen Medien tatsächlich »russlandfeindlich« sind.[174]

Wurde mit den Titeln der Sendungen noch eine hohe Emotionalisierung erreicht und Russland als mögliche Gefahr geframt, waren die eingeladenen Gäste dann jedoch überwiegend russischer Staatsbürgerschaft und doppelt so häufig vertreten wie Gäste mit ukrainischem Pass. Journalistenkollegen wurden dabei am häufigsten eingeladen, wovon überproportional viele russischer Nationalität waren, die zudem auch noch bei russischen Staats- oder staatskontrollierten Medien arbeiteten.

Insgesamt gilt für die Talkshows 2013/2014, dass eindeutig mehr »Entspannungspolitik« als »Eindämmungspolitik« inhaltlich vertreten war,[175] womit zumindest den öffentlich-rechtlichen Talkshows eine klare »pro-russische« Haltung attestiert werden kann. Dass Russland-Kritiker dies monierten, ist vor dem Hintergrund der Ergebnisse dieser Untersuchung berechtigt.

»Wir schaffen das« – ein von der damaligen Bundeskanzlerin Angela Merkel 2015 geprägter Slogan im Rahmen des massenhaften unkontrollierten Flüchtlingszustroms nach Deutschland. Ein Slogan, der eine Politik beschrieb, nach der trotz der enormen Zahl von Migranten deren umfassende Integration gelingen wird und schon damals mindestens Widerstand und Widerspruch in der Bevölkerung und im politischen Raum hervorrief. Jedoch fand diese Skepsis gegenüber einer weitgehend entgrenzten Zuwanderungspolitik medial wenig Beachtung.

Ich erinnere mich noch gut an die Fahnen schwingenden und klatschenden Menschen an den Hauptbahnhöfen in München oder Frankfurt, als die Flüchtlinge ankamen und ihnen begeistert »Refugees welcome«-Schilder entgegengehalten wurden. Süßigkeiten und Kuscheltiere wurden ebenso mitgebracht im Glauben an die Fernsehbilder, wonach vor allem Familien und Mütter mit kleinen Kindern erwartet wurden. Aus den Zügen stiegen dann allerdings vor allem junge Männer. Ich erinnere mich auch noch gut daran, wie nach der Kölner Silvesternacht 2015, bei der mehr als 600 Frauen Opfer sexueller Straftaten wurden, dem ein oder anderen plötzlich klar wurde, dass hier wohl ein Problem entstanden war und an Dynamik zulegen würde, das möglicherweise doch nicht »zu schaffen« oder nur schwer zu bewältigen ist. Dem einen wurde das spätestens jetzt klar und er wies auf politische Handlungsnotwendigkeiten hin oder beschrieb sie sogar konkret. Dem anderen wurde das zwar ebenfalls klar, doch konnte und wollte er auch aufgrund seiner eigenen festgezurrten Haltung, Flüchtlinge würden unsere Gesellschaft diverser, besser und gerechter machen, nicht oder nicht entsprechend handeln. Konflikte entstanden und manifestierten sich auch entlang dieser Haltungsgrenzen, die unterschiedliches Problembewusstsein zu befördern schienen.

Ein Graben fraß sich durch die Gesellschaft, der nicht allein aus der Dynamik der damaligen Ereignisse entstanden war, sondern auch mit der Vermittlung der Situation durch die Medien zusammenzuhängen schien.[176] Wurde erst mäßig intensiv berichtet, sprang die Nachrichtenintensität ab Juli 2015 massiv an. Neben der Frequenz der Berichte nahm in *tagesschau*, tagesschau.de und spiegel.de auch die Vielschichtigkeit der Berichte mit höchst unterschiedlichen Akteuren und Orten massiv zu, was einer meist kontextlosen Medienüberflutung gleichkam und nach Ansicht einiger Experten möglicherweise zur kognitiven Überforderung der Mediennutzer führte: »Um der Dissonanz von widersprüchlichen Wahrnehmungen zu entgehen, neigen Menschen dazu, aus der sie überfordernden Informationsüberfülle die ihre Denkmuster und Vorurteile bestätigenden

Nachrichten zu nutzen und die zuwiderlaufenden auszublenden«, so Michael Haller. [177]

Ein nahezu wasserfallartiges Aufzeigen symbolischer Handlungen von Politikern im Sinne von »Politiker fordern« sowie die Betonung deutscher Positionen im Kontext der EU verschärfte zudem die Gefahr der Bestätigung bereits bestehender Vorurteile.[178]

Etwas differenzierter und vielschichtiger haben die Onlinemedien tageschschau.de und spiegel.de berichtet und dabei gleichzeitig drei wesentliche Botschaften gesendet: Der Nutzer schaut erstens von der »Festung Europa« zu, wie Millionen Flüchtlinge aus Nordafrika, dem Nahen Osten und Fernost die rettenden Küsten und Grenzen erreichen, viele aber alleingelassen umkommen. Gleichwohl gibt es zweitens am Rande unserer Wohlstandsgesellschaft politisch radikalisierte Außenseiter und Krawallmacher, die ihren Fremdenhass laut auf die Straßen tragen und von denen einige zu Brandstiftern werden. Und drittens, die nur palavernde Politik vermag das Problem nicht zu lösen, was dazu führt, dass rechte Fremdenhasser in diese Lücke stoßen.[179]

Während die Medien 2015 gerne und viel über das »Wunder der deutschen Willkommenskultur« berichteten und damit jede Solidarität bei den Bürgern mittelbar einforderten, zeigt sich anhand des Kontextes der Verwendung dieser Begrifflichkeit gleichzeitig ein Prozess: Aus der anfänglichen aufnahmeerleichternden Willkommenskultur im Sinne der besseren Arbeitskräftegewinnung wurde im Laufe der Zeit erst eine Willkommenskultur als »Haltung«, in der Wohlmeinende auf die Arbeitsmigranten zugehen sollten, um schließlich in einer Willkommensgesellschaft zu münden, die jeden Skeptiker nahezu unvermittelt in den Verdacht der Fremdenfeindlichkeit rückte.[180]

Ein Gesellschaftsbild, das sich bis heute immer weiter festigen konnte, nicht zuletzt auch durch die Delegitimierungen und Stigmatisierungen migrationskritischer Meinungen. Wenn zudem die drei Leitmedien *FAZ*, *SZ* und *Welt* den demokratietheoretisch geforderten verständigungsorientierten Diskurs vermissen ließen und stattdessen die Sicht der etablierten Politik und ihrer Mandanten einnahmen,[181] konnte dem geneigten User durchaus die Frage kommen, wie realistisch, objektiv, umfassend und vor allem kritisch hier noch berichtet wird. Professor Michael Haller jedenfalls resümiert eine »Sinn- und Strukturkrise« in der Medienbranche, in der große Teile der Journalisten ihre Berufsrolle verkannt und die aufklärerische Rolle der Medien vernachlässigt hätten.[182] Medien, die sich in die Rolle der bestätigenden Sprachrohre der Regierung einfinden, die eine Moral zum korrekten Meinen und Handeln adaptieren, Kritiker delegitimieren und damit jede notwendige öffentliche Diskussion eher unterdrücken statt zu unterstützen, werden ihrer wichtigen Funktion für eine demokratische Gesellschaft nicht gerecht.

Hallers Studie hat zugleich den kritischen Mediennutzern eine Bestätigung der gefühlten Schlagseite der Medien gegeben. Welche Folgen eine solche Diskursverengung haben kann, sahen wir damals und sehen wir heute. Probleme, die nicht offen und ehrlich angesprochen werden dürfen, können weder diskutiert noch gelöst werden. Im besten Fall bleiben sie einfach ungelöst bestehen. Im schlimmeren Fall, und davon kann man im politisch-gesellschaftlichen Raum regelmäßig ausgehen, steigt der Problemdruck wie im Dampfdruckkessel auf kleiner Flamme kontinuierlich an. Selbst die beharrlichste Verweigerung, das Problem als Problem anzuerkennen, ändert nichts an der Zunahme des Drucks im Kessel. Man kann sich die Ohren zuhalten, nach ablenkenden Argumenten suchen, das Pfeifen des Kessels ignorieren, aber all das reduziert nicht den Druck. Bis irgendwann der Problem-Kessel zu explodieren droht. Da hilft dann auch nicht mehr der Appell, Haltung zu zeigen.

Wie laut dieser Appell mitunter werden muss, zeigt das Thema des ignorierten Antisemitismus im Milieu muslimischer Zuwanderer. Es gehörte zur politisch-korrekten Haltung, Antisemitismus ausschließlich in rechtsradikalen und rechtsextremen Kreisen zu identifizieren und ohne Frage gibt es ihn dort. Doch waren es in den »bunten« Stadtteilen von Berlin und anderen deutschen Großstädten schon seit Jahren nicht mehr in erster Linie deutsche Neonazis, deretwegen jüdische Mitbürger ungern die Kippa trugen und den Davidstern am Halskettchen lieber unter dem Shirt verschwinden ließen. Trotzdem wurde das wachsende Problem eines islamistischen Antisemitismus nur allenfalls am Rande thematisiert. Bis am 7. Oktober 2023 die terroristische Hamas Israel angriff, rund 1200 Menschen auf bestialische Art und Weise tötete, mehr als 240 Geiseln, darunter viele Kinder entführte und sich auf deutschen Straßen islamistischer Antisemitismus Bahn brach.

Selbst dann noch fand der nicht mehr ausblendbare zugewanderte Judenhass, die erkennbare Integrationsverweigerung in manchen migrantischen Milieus oder die zunehmende nicht nur finanzielle Überforderung der Städte und Gemeinden, Schulen und Kitas mit ihren Akteuren vor Ort nur eine verpixelte Aufmerksamkeit in den öffentlich-rechtlichen Medien. Hingegen wurden Angaben der Terrorvereinigung Hamas etwa zur Zahl der Opfer in Gaza ungeprüft als Nachrichten übernommen und pro-palästinensische Demos mit antisemitischen Schlachtrufen, Fahnen oder Gesten als friedlich kommentiert. Es scheint fast so, als wolle man auch 2023 noch an der so lange Zeit antrainierten Haltung festhalten, selbst wenn deren Blase längts geplatzt ist.

Eine Haltungsblase, die auch während der Corona-Pandemie beständig an Volumen gewann, nicht zuletzt durch die einseitig besetzten Talkshows, die täglichen Berichte über belegte Krankenhausbetten oder überlastete Krankenhäuser, über Inzidenzzahlen, die allein noch über offene oder geschlossene Schulen und Kitas, Ausgangssperren, kulturelle Aufführungen, Sport- und Freizeitmöglichkeiten zu bestimmen schienen, über Todeszahlen, die nicht klar aussagten, ob mit oder an Corona verstorben, über Antigentests, über neue Virusvarianten mit den dazugehörigen Spekulationen zu deren Gefährlichkeit oder über die sogenannten Querdenkerdemos, bei denen in dieser oder jener Ecke auch AfD-Transparente gesehen worden sein sollen. Das öffentlich-rechtliche Framen von Impfskeptikern als unsolidarisch war da nur noch der logische i-Punkt auf dem Kanon der Corona-Pandemie-Berichterstattung, wobei Ängste vor Nebenwirkungen der Impfung mit der denkbar dummen Behauptung »es gebe keine« angesichts eines völlig neuartigen, noch nicht umfassend getesteten Vakzins abgetan wurden. Vielen Journalisten war die »richtige« Haltung wichtiger als das kritische Überprüfen, wollte man nicht in die Nähe von »Schwurblern« rücken. Dabei wurde nicht mehr unterschieden, ob es sich dabei um die handelte, die Bill Gates als den großen Impresario der Pandemie ausgemacht hatten und bei Impfungen die Injektion von Mini-Chips vermuteten oder um jene, die ausgewiesenen Experten folgten, welche aber anders als die Berater der Bundesregierung für weniger harte Maßnahmen bei Lockdowns und Schulschließungen plädierten.

Maßnahmenkritiker kamen in den öffentlich-rechtlichen Medien daher wenig zu Wort. Angst schien in dieser Zeit ein gesellschaftlicher und medialer Grundtenor gewesen zu sein, den es galt, wie die kleine Flamme unter einem Dampfdruckkessel, beständig am Lodern zu halten. Welchen gesellschaftlichen Druck bis hin zu Grabenbildung dieses Lodern schließlich auszulösen vermag, blieb dabei entweder unbeachtet, wurde ignoriert und hingenommen oder gar bewusst in Kauf genommen für die unbedingte Sendung der gewünschten Corona-Botschaft.

Dabei gaben die öffentlich-rechtlichen Medien den Menschen in der für alle zunächst völlig neuen Situation offensichtlich zunächst Orientierung und handlungsrelevante Informationen, sodass ihnen 2020 noch vertraut wurde. 2022 nahm das Vertrauen hingegen merklich ab.[183] Mit mehr Abstand zu den Ereignissen, mehr eigener Reflexion, mehr alternativen oder ergänzenden Informationsquellen und mit weniger Angst wuchs die Skepsis der Menschen gegenüber den öffentlich-rechtlichen Medien. Die »richtige« Haltung hatte die gebotene Neutralität verhindert. In dem Glauben, in den heutigen schwierigen Zeiten Haltung zeigen zu müssen, bedienten sich auch so manche Journalisten einer Diskursverengung, die die Meinungsfreiheit in zuweilen (zu) enge Grenzen zwängt, damit eher eigene Haltungsfilterblasen bedient, als breite Aufklärung betrieben wird.

Ähnliche Ausprägungen gab es schon in der Pressearbeit der DDR, so grundanders die öffentlich-rechtlichen Medien auch sind. Journalisten und Teile der politischen DDR-Eliten bewegten sich in einer eigenen sozialistischen Scheinwelt und Filterblase, die sie durch ihre Nachrichten und Berichte einer breiten Öffentlichkeit präsentierten. Stoisch, einseitig und kritiklos wurde völlig losgelöst von der gesellschaftlichen Realität immer weiter programmgetreu berichtet und die kleine Flamme unter dem gesellschaftlichen Druckkessel – ob absichtlich oder nicht – damit beständig am Lodern gehalten, bis der Druckkessel 1989 schließlich explodierte in Form der Massenflucht, der friedlichen Revolution und schließlich den »Mauerspechten«, die dieses Symbol der deutschen Teilung pulverisierten.

Auch heute bewegen sich einige Journalisten ähnlich wie im Journalismus der DDR in einer eigenen Haltungsfilterblase mit oft homogen besetzten Planungskonferenzen. Doch gibt es einen entscheidenden Unterschied: In der DDR wurde die Linie von oben verkündet und von den Journalisten zu praktisch 100 Prozent befolgt. Für den einen oder anderen Journalisten der DDR waren Job und Beruf zwei völlig verschiedene Welten, in der hier eine Rolle gespielt wurde und dort der Mensch lebte. Im heutigen Journalismus insbesondere des öffentlich-rechtlichen Rundfunks wird von einer großen Mehrzahl der Journalisten völlig freiwillig und zumeist aus einer tiefen eigenen Haltung heraus eine eigene Agenda gebildet und zur Not auch gegen Anweisungen aus der Chefetage aufrechterhalten und durchgedrückt. Die eigene persönliche Überzeugung wird meinungs- und reichweitenstark unter die Leute gebracht. Von »Staatsfunk«, wie der öffentlich-rechtliche Rundfunk von einigen Kritikern gerne bezeichnet wird, kann daher nicht die Rede sein. Es geht hier vielmehr um die Verfolgung einer ganz eigenen politischen und gesellschaftlichen Agenda mit dem Ergebnis einer subjektiven und einseitigen Darstellung eines eigenen gruppenkonsensualen Weltbildes und in der Annahme eines Erziehungs- statt gegebenen Bildungsauftrages.

4
VOLLFÜHRT DEUTSCHLAND EINE ROLLE RÜCKWÄRTS DDR?

Nach der Paulskirchenverfassung, dem Ersten und Zweiten Weltkrieg, der gescheiterten Weimarer Republik, dem Nationalsozialismus, den völlig unterschiedlichen gesellschaftlichen und politischen Entwicklungen in Ost- und Westdeutschland und der Wiedervereinigung sollte man meinen, wir wüssten nunmehr, worauf es ankommt, wir hätten aus unserer teilweise bitteren Geschichte gelernt. Was läge da näher, als unsere mühsam erarbeitete Demokratie zu schützen und unsere hart erkämpfte Freiheit zu verteidigen?

Die gespaltene Gesellschaft

Gut gegen böse, progressiv-universell gegen konservativ-traditionell, fortschrittlich gegen stillstehendes Beharren? Es gab und gibt immer gegensätzliche gesellschaftliche Zugehörigkeiten und politische Strömungen. Diese können Entwicklung ermöglichen oder aber auch zu Stillstand, Spaltung und Chaos führen. Welchen Weg eine Gesellschaft geht, entscheidet ihr Umgang mit den Gegensätzlichkeiten.

Lange orientierten sich gesellschaftliche Zugehörigkeiten oder Netzwerke eher an den jeweiligen sozio-ökonomischen Möglichkeiten. Sie manifestierten damit zuweilen Grenzen, die selten überschritten und durchaus auch als Armuts- oder Wohlstandsschere beschrieben wurden. Heute scheint dieses materielle Abgrenzungsmerkmal zumindest oberflächlich zu verschwinden und durch eher immaterielle Einstellungsmuster ersetzt zu werden.

Mit Maßnahmenbefürwortern und Maßnahmengegnern hat die Corona-Pandemie zum Beispiel oberflächlich betrachtet zwei gesellschaftliche Lager sichtbar gemacht, die sich nicht mehr klar materiell oder entlang der bis dahin bestehenden sozio-ökonomischen Grenzen festmachen ließen. Alte Freundschaften, selbst familiäre Verbindungen lösten sich mit den Diskussionen zu den Ausgangssperren, Vereinsportverboten oder Schul- und Kitaschließungen, zur allgemeinen Impfpflicht und 2G oder 3G auf. Fragen nach den Notwendigkeiten und Verhältnismäßigkeiten der Lockdownmaßnahmen wurden über alle gesellschaftlichen Gruppen hinweg gestellt und diskutiert und schienen diese aufzulösen.

Sogenannte »vernünftige« Maßnahmen- und Impfbefürworter standen sogenannten »unvernünftigen« Maßnahmen- und Impfgegnern gegenüber. Die Zuschreibung der »Vernünftigen« erfolgte dabei eigens von den Befürwortern der Coronamaßnahmen, ebenso, wie sie die Gegner der teilweise massiven Freiheitseinschränkungen als die »Unvernünftigen« stigmatisierten. Die Abgrenzung jener, die sich ohne erkennbare Selbstzweifel als »vernünftig« etikettiert hatten, von den sogenannten »Coronaleugnern« sollte sie über alle gesellschaftlichen Schichten hinweg solidarisch vereinen.

Ähnliches kann man in den Klimadebatten beobachten, wo sich Klimaschützer oder Klimaaktivisten laut und stark von den sogenannten »Klimaleugnern« abgrenzen wollen. Schließlich sehen diese im von ihnen prophezeiten drohenden Weltuntergang nicht die Katastrophe, die man nach Ansicht der Klimaschützer und -aktivisten sehen müsste, wäre man nur »vernünftig« genug. Weg von den rein materialistischen Gesichtspunkten bewegt sich die gesellschaftliche Gruppenzuordnung hin zu einer politischen Schwerpunktsetzung.

Sich gegenseitig verstärkende Solidarität entlang bestimmter politischer Haltungsmuster führt zu Polarisierungen, die gesellschaftliche

Gräben zu bilden und zu vertiefen vermögen. Polarisierung führt nicht unweigerlich, aber unter Umständen zur Spaltung und damit zum Verlust des gesellschaftlichen Zusammenhalts. Starre Zugehörigkeitsgrenzen im politischen Raum, Populismus und Abschottung gegenüber anderen Meinungen und Haltungen bis hin zur Delegitimierung anderer Meinungen führen zu Verhärtungen der sich gegenüberstehenden Fronten und lassen Gräben entstehen, die mit der Zeit unüberwindbar werden.

Kann man unser politisches Meinungs- und Einstellungsspektrum etwas vereinfacht und die mittigen Grautöne ignorierend in »Rechts versus Links« kategorisieren, ergeben sich im Rahmen der politischen Haltungsmuster Polarisierungen entlang der Konfliktlinie AfD versus Bündnis-Grüne. Dabei stehen sich beide diametral gegenüber. Die Grünen haben eine in Teilen linksradikale Vergangenheit und sind inzwischen in der Demokratie angekommen, obgleich ihre Politik in großem Umfang von Ideologie statt Vernunft geprägt ist. Die AfD hat sich hingegen ursprünglich unter dem Euro-Gegner, Ökonomie-Professor und Ex-Christdemokraten Bernd Lucke im liberal-konservativen Milieu gebildet und ist später massiv nach rechtsaußen abgedriftet, sodass zumindest Teile der Partei heute vom Verfassungsschutz als gesichert extremistisch eingestuft werden. Gleichwohl fungieren die beiden Parteien wie kommunizierende Röhren: Viele Wähler sehen sich vor allem von der Politik der Grünen in der Frage einer weitgehend schrankenlosen Einwanderungspolitik und der Idee eines bevormundenden Staates provoziert und wenden sich daher der AfD als schärfster Anti-Grünen-Partei zu. Und umgekehrt haben Teile der Wählerschaft den Eindruck, Union und FDP und selbst SPD (Scholz im Oktober 2023: »Wir müssen endlich im großen Stil abschieben.«[184]) träten den Positionen der AfD nicht entschieden genug entgegen, und darum seien die Bündnis-Grünen die einzige echte Anti-AfD-Partei. Solange die AfD stark ist, sind es die Grünen auch – und umgekehrt. Im Ergebnis stehen rechte Einstellungen mit viel Traditionalismus und wenig Universalismus den linken Einstellungen mit viel Universalismus und wenig Traditionalismus diametral gegenüber.[185]

Bleiben nun sowohl die Sympathisanten der Bündnis-Grünen als auch die der AfD in ihren sozialen Netzwerken überproportional deutlich unter sich und verstärken sich in ihren Einstellungen und Haltungen,[186] entsteht ein Abschottungspotenzial, das gepaart mit den mittlerweile massiven Anstrengungen zur Delegitimierung der jeweils anderen Seite nicht nur polarisiert, sondern nachhaltig spaltet.

Egal, ob »Coronaleugner«, »Klimaleugner«, »Rassist« oder »Nazi«, all diese Begrifflichkeiten sollen nicht nur delegitimieren, sondern auch eine klare Distanz zum und Abwertung des Gegenübers schaffen. Und so wie sich 62 Prozent der bündnis-grünen Netzwerke durch ihre Homogenität auszeichnen, sind es 50 Prozent in den AfD-Netzwerken,[187] in denen sich nahezu ausschließlich Menschen der gleichen Meinung, der gleichen Haltung, der gleichen Einstellung untereinander solidarisieren. Eine Blasenbildung, die nicht mehr nur den automatischen digitalen Algorithmen zugeschrieben werden kann, sondern bewusst und völlig analog gewählt, wenn nicht gar angestrebt wird. Schließlich lebt und wächst die eigene politische Positionierung auch von der gegenseitigen solidarischen Verstärkung.

Homogene Netzwerke, die sich in der politischen Auseinandersetzung zudem der gegenseitigen Delegitimierung und des Populismus bedienen, driften eher weiter auseinander, als dass sie im Sinne eines Streitens um die beste Lösung aufeinander zugehen.

Nehmen Medien, insbesondere die öffentlich-rechtlichen, diese Auseinandersetzung einseitig links auf und verwenden gar delegitimierende Schlagworte wie »Verschwörungstheoretiker« oder »Querdenker«, kann dies in einer eh schon grabenkämpfenden Gesellschaft wie ein Brandbeschleuniger wirken.

»Antifa macht Kinder froh und Erwachsene ebenso«, »Don't Nazi – Be Happy«, »Schützt die Welt / Nicht das Geld«, »AfD wählen ist so 1933«, »Bist du anti Antifa bist du Fa«, »Menschenrechte statt rechte Menschen«, »Es ist 5 vor 33«, »Rettet die Wahlen« oder »Alle hassen die AfD« waren Sprüche, die man Anfang 2024 auf den »Demos gegen rechts« zu sehen bekam, als Tausende Menschen auf die Straßen gingen und sich solidarisch zeigten gegen »rechts« und gegen die AfD.

Menschen, die es vorzogen, diesen vornehmlich linken Aufrufen nicht zu folgen, die sich nicht in eine Reihe mit teilweise linksextremen Organisationen und Gruppierungen stellen wollten und sich nicht vor deren Karren spannen ließen, liefen Gefahr, als rechts, rechtsradikal, demokratiefeindlich oder populistisch betitelt zu werden. Sie mussten damit rechnen, sich rechtfertigen zu müssen für ihr Fernbleiben beim solidarischen Kampf um die durch »rechte Menschen« gefährdete Demokratie. Ganz im Sinne von »Lieber solidarisch als solide arisch« hielten sich für ihre Kreativität selbst feiernde Menschen bei den Händen, um dem wenig präzise definierten Unheil geschlossen und im Block entgegenzutreten.

Differenzierung war unmöglich. Appelle, die forderten, Extremismus jeder Art, also auch den Linksextremismus in den Blick zu nehmen, die beschworen, dass in ein pluralistisches Meinungsspektrum sowohl linke als auch rechte Meinungen gehören, und die davor warnten, die für eine Demokratie so wichtige Opposition geschlossen zu bekämpfen, wurden ausgebremst mit Diffamierungen und Stigmatisierungen. So konnte man angesichts der teilweise dramatisch anmutenden Dynamik nur beklommen zuschauen, wie die Demokratie von genau jenen Menschen mit Füßen getreten wurde, die lauthals behaupteten, sie zu schützen.

Die Vergleiche mit dem Dritten Reich, der inflationär verwendete Begriff »Nazi« oder der zum Bekämpfen identifizierte neue Faschismus relativierten allesamt auf unerträgliche Weise die Verbrechen der Nationalsozialisten im Dritten Reich, die Menschen millionenfach und industriell perfektioniert in den Tod geschickt haben.

Der zumindest in dieser Frage zu beobachtende Gleichklang der Regierungsparteien, häufig gar noch unterstützt von der CDU und beklatscht von der Links-Partei ohnehin, als gemeinsamer Block gegen die dann nahezu einzig übrig bleibende »echte« Opposition ist für überzeugte Demokraten, die den mitunter unbequemen Meinungspluralismus akzeptieren, schwer zu ertragen. Man beschwor die Gefahren von 1933 und bediente sich der Mittel der Diktatur der DDR, um die Gefahren, die von der ersten Demokratie auf deutschem Boden ausgingen, im Hier und Jetzt zu bekämpfen.

Man muss wahrlich kein Freund dieser oft radikalen AfD sein, um angesichts der Übertreibungen ihrer vereinten Gegner zu fragen: Haben Letztere Angst um die Demokratie – oder nicht vielleicht Angst vor der Demokratie? Wenn jeder fünfte bis vierte Deutsche, in einigen östlichen Bundesländern gar noch mehr, und darunter große Teile der Jugend mit der AfD sympathisieren, muss man sich in der Mitte der Parteienlandschaft die Frage stellen, was man selbst möglicherweise falsch gemacht hat, dass einem die Unterstützung so vieler Wähler versagt bleibt. Stattdessen wird mit Verbotsoptionen operiert oder weit über angemessene Kritik hinaus diffamiert. Unsere Demokratie, die im Wissen um die Nachlässigkeiten der Weimarer Republik wesentlich robuster gestaltet wurde als 1919, soll mitunter mit den Mitteln eines Blockwarts und nicht mit denen eines Anwalts der freien Meinungsäußerung stabilisiert werden.

Rechts gegen links und links gegen rechts, dazwischen scheint es nichts mehr zu geben. Neutralität oder gar Liberalität gilt als verdächtig. Wer sich dem »Kampf gegen rechts« verweigert, macht sich schon des Sympathisantentums verdächtig. Es ähnelt politischer Demenz, wenn dabei vergessen wird, dass in einer wirklichen Demokratie alle Spektren ihren Platz haben müssen. Wird das rechte Lager politisch oder juristisch oder durch sonstigen Druck eliminiert, ist sofort die vormalige Mitte das »neue Rechts« – und darf sich darauf einstellen, sehr bald ähnlich angefeindet und bekämpft zu werden. Wer also »gegen Rechts« auf die Straße geht, hat das Wesen einer Demokratie entweder nicht verstanden oder will sich den linken Meinungsführern willfährig andienen, im (Irr)-Glauben, damit etwas Gutes zu tun.

Die Tücken der Meinungsfreiheit

Helmut Kohl beklagte bei der verlorenen Wahl 1976 seine Benachteiligung in der Berichterstattung in Wahlkampfzeiten. Die CDU war der Auffassung, dass diese Niederlage Ergebnis eines »Meinungskartells«

war, an der sich auch der öffentlich-rechtliche Rundfunk maßgeblich beteiligt hatte.[188]

Dieses von ihm zitierte Kartell wurde mit der Zulassung privater Medien zwar aufgebrochen und möglicherweise auch beendet, jedoch scheint ein neues Meinungsmonopol den sozialen Raum zu erobern, das jenseits technischer Anforderungen und medialen Verbünden viel nachhaltiger unseren gesellschaftlichen Diskurs zu beeinflussen in der Lage ist.

Unterstützt durch Social Media und begleitet von künstlicher Intelligenz, erhalten wir in Sekunden Informationen, nach denen wir gesucht haben – oder die wir vielleicht nicht einmal wollten. Schnell installierte Apps, einfach bedienbare Tools und halb-anonyme Chats informieren jederzeit und lassen Austausch oder Diskussion 24 Stunden und sieben Tage die Woche zu. Man muss nicht mehr zum Stammtisch gehen. Der Stammtisch liegt einem in der Hand. Beste Möglichkeiten also für die Medien und auch für den öffentlich-rechtlichen Rundfunk, Berichte und Informationen, aber eben auch Meinungen als leicht zugängliche, ständig präsente und jederzeit abrufbare Medieninhalte unter die Nutzer zu bringen.

Meinungsfreiheit leicht gemacht, so könnte man meinen. Wären da nicht die journalistischen Tücken der Unabhängigkeit und Objektivität oder des notwendigen allumfassenden Rundumblicks auf die gesellschaftlichen und politischen Entwicklungen auf der einen Seite. Und auf der anderen die Fallstricke der virtuellen, halbanonymen Welt, die den Meinungsaustausch ohne jeden Blickkontakt, jede Mimik, Gestik oder Stimmfarbe stattfinden lässt.

Ein gehöriges Maß an kommunikativer Disziplin und eine gute Kinderstube waren schon immer Voraussetzung für das Gelingen von Gesprächen und Diskussionen. Schaute man sich früher in die Augen, die Verstehen oder Nicht-Verstehen, Ärger und Entsetzen oder auch Freude und Zustimmung ausdrücken konnten, blickt man heute zumeist auf einen kalten emotionslosen Bildschirm. Verstehen und Zuspruch wird durch Likes ersetzt, Ärger und Entsetzten durch Konter via Kommentarfunktion, die nicht selten genauso emotionslos und kalt sind.

Der Reigen des Meinungsaustausches ist auch für all jene eröffnet, die noch vor ein paar Jahren mangels ausreichender Stammtischmöglichkeiten auf Selbstgespräche zurückgegriffen haben. Und so dauert es heute zwar nur Momente, seine Meinung frei in die Tasten zu tippen oder in die Kamera zu sprechen, genauso wie es nur Momente braucht, die verschiedensten Reaktionen und anderen Meinungen abzurufen und selbst zu kommentieren. Doch scheint die fehlende Schwelle des vor die Tür Gehens und sich in die Augen Schauens den trügerischen Schluss zu erlauben, dass die häusliche Jogginghosenmentalität in die Öffentlichkeit der virtuellen Auseinandersetzung getragen werden kann. Obwohl im virtuellen Raum wesentlich mehr Disziplin und Anstand notwendig wären, wird oftmals deutlich weniger gezeigt. Hass und Hetze können dank dieser medialen, halb-anonymen Möglichkeiten ebenso schnell die globale Runde machen, wie Manipulation, Beeinflussung, Fake News oder angemaßte Moral und abverlangte Haltung.

Problematisch wird es, wenn auch Journalisten der Schnelligkeit und Einfachheit der Kommunikation im Netz erliegen oder sie die als solche noch eindeutig erkennbaren Manipulationen in Funk und Fernsehen durch moralbasierte journalistische Urteile in Social Media ersetzen. Aus einem faktenbasierten Informationsjournalismus würde so ein verschleierter Meinungsjournalismus, der die Demokratie unterminiert.

Die grundgesetzlich geschützte Meinungsfreiheit

Mehrheitsmeinung, Mindermeinung, Einzelmeinung, alles ist möglich und alles ist grundrechtlich geschützt. »Jenseits des Strafrechts gibt es keine Einschränkung der Meinungsfreiheit, die im Artikel 5 unseres Grundgesetzes garantiert ist und zum Kernbereich der Verfassung gehört«, stellte der Verfassungsrechtler und einstige Bundesminister Prof. Dr. Rupert Scholz am 6. April 2024 in einem Leserbrief in der *Frankfurter Allgemeinen* klar. Dabei wird nicht nur ein Grundrecht auf freie Meinungsäußerung gewährt, es braucht vor allem für einen demokratischen Diskurs eine Pluralität an vertretenen Meinungen. Genauso braucht es Toleranz den Mindermeinungen gegenüber und die Akzeptanz von Mehrheiten und Mehrheitsmeinungen. Alles sind Grundlagen einer funktionierenden Demokratie.

Doch dieser grundrechtlich geschützte Meinungsaustausch ist ins Stocken geraten. Immer mehr Menschen scheuen sich, so sagen uns Demoskopen, ihre Meinung offen zu vertreten.

Im demokratischen Meinungsbildungsprozess und grundrechtlich geschützten Meinungsaustausch liegt zwar die Kraft und die Stärke unserer Demokratie, doch scheinen Menschen zu verstummen oder ihre Meinungen zu relativieren, anzupassen oder gar komplett zurückzuziehen, weichen sie ab vom einheitlichen Meinungsbild, das moralisch belegt das bessere zu sein scheint.

Jede Meinung kann sich ändern – ohne Frage. Druck, Angst und Resignation dürfen in einer Demokratie aber niemals zur Anpassung der eigenen Position führen. Das müssen ausschließlich Fakten, Argumente und eine offene und faire Debatte erreichen. Meinungsfreiheit braucht daher zuallererst grundlegende Fakten und Informationen eines verantwortungsvollen Journalismus, ob nun öffentlich-rechtlich oder kommerziell. Genauso braucht es die Toleranz und das Aushalten völlig divergierender Meinungen des gesamten Meinungsspektrums von rechts bis links. Um das, was an beiden Enden des Spektrums extremistisch ist, soll sich der Verfassungsschutz kümmern. Doch wenn diese rote Linie immer weiter auf die linke Seite der Positionen einer pluralistischen Gesellschaft gezogen und die rechte Seite damit abgeschnürt wird, kommt das einer Amputation des einen Flügels der Demokratie gleich. Der Bundesadler etwa, Symbol der deutschen Demokratie, würde mit nur einer Schwinge abstürzen.

So selbstverständlich das klingt, so sehr erweist es sich in der Praxis als hohe demokratische Kunst, die nicht jeder zu beherrschen scheint. Nicht selten werden vom aktuellen linken Mainstream abweichende, jedoch auf unserer Verfassung fußende, rechte oder konservative Meinungen mit einem öffentlichen, zuweilen nahezu vernichtenden Shitstorm und teilweise sehr persönlichen Diffamierungen attackiert.

Zu befürchtende persönliche, gar existenzgefährdende Konsequenzen führen daher immer häufiger dazu, im Vorfeld der eigenen Meinungsäußerung schon zu kalkulieren, welche Konsequenzen aus dieser öffentlich geäußerten Meinung folgen könnten. Unsere grundrechtlich verbriefte Meinungsfreiheit scheint an immer enger werdende Grenzen einer sich mehr und mehr herausbildenden gesellschaftlichen, politischen und auch journalistischen Meinungshoheit zu stoßen.

So geschah es, dass während der Corona-Epidemie Experten, die die Meinung der Politiker nicht teilten, nicht einmal mehr nach ihrer Interpretation der Fakten und damit wissenschaftlichen Meinung gefragt wurden. Und Schauspieler, die sich während der Pandemie unter dem Hashtag #allesdichtmachen ironisch-satirisch von den Lockdown-Maßnahmen der Politik distanzierten, sahen sich plötzlich in ihrer (nicht nur beruflichen) Existenz gefährdet. So forderte ein Mitglied des öffentlich-rechtlichen WDR-Rundfunkrates »schnellstens« eine Beendigung der Zusammenarbeit mit den Künstlern. Zum Teil erhielten sie Morddrohungen und vielfach wurde zum Boykott ihrer Filme aufgerufen.

»Es gibt kein Grundrecht auf Applaus«, hörte ich im Zusammenhang mit #allesdichtmachen und den heftigen Reaktionen dazu in meinem Umfeld. Freilich gibt es kein Grundrecht auf eine positive Bewertung der eigenen Meinung. Es gibt aber genauso wenig das Recht, abweichende Haltungen zu stigmatisieren und gar Existenzen zu bedrohen.

So, wie es kein Grundrecht auf Applaus gibt, darf es auch keine allgemeine Meinungshoheit geben, die Meinungsfreiheit zwar zulässt, abweichende Meinungen jedoch mit Buße belegt.

Meinungs(un)freiheit in der DDR

Die Meinungsfreiheit in der DDR wurde nur theoretisch in der Verfassung garantiert. Denn durchsetzbar war dieses Recht für die Bürger nicht. In Artikel 27 hieß es wörtlich: »(1) Jeder Bürger der Deutschen Demokratischen Republik hat das Recht, den Grundsätzen dieser

Verfassung gemäß seine Meinung frei und öffentlich zu äußern. Dieses Recht wird durch kein Dienst- oder Arbeitsverhältnis beschränkt. Niemand darf benachteiligt werden, wenn er von diesem Recht Gebrauch macht. (2) Die Freiheit der Presse, des Rundfunks und des Fernsehens ist gewährleistet.«[189]

Da die Grundsätze der Verfassung dem Zweck des Aufbaus des sozialistischen Arbeiter- und Bauernstaates gewidmet waren, hatte auch jede gesagte, geschriebene, gesungene oder gedichtete Meinungsäußerung dem Sozialismus zu dienen. Den Menschen in der DDR wurde damit ein ähnliches, nicht durchsetzbares »Pseudo-Grundrecht« wie zum Beispiel das Recht auf Freizügigkeit (nicht Reisefreiheit) oder das Recht auf persönliches Eigentum gewährt. Zum Wohle und zum Ziele der Vollendung der sozialistischen Diktatur konnte und sollte jeder und jede äußern, was er oder sie dachte und wollte. Kritik an der Politik der SED oder an den Lebensbedingungen in der DDR, selbst die konstruktivste und bestgemeinte, war jedoch kaum von der Verfassung gedeckt und wurde weder erlaubt noch geduldet.

Die Überwachung der Verfassungskonformität der geäußerten Meinungen übernahm die Staatssicherheit. So umfassend, dass die meisten Menschen in der DDR öffentlich, halböffentlich oder gar privat nur noch wohlüberlegt, wohlformuliert und jede Konsequenz im Vorfeld bedenkend sagten, sangen oder dichteten, was sie dachten.

Die immer mitgedachten Konsequenzen bei nicht erlaubten Meinungen und die nicht durchsetzbare Meinungsfreiheit gaben der Diktatur der DDR den notwendigen Puffer, das in ihr verübte Unrecht aus dem öffentlichen Bewusstsein zu verbannen. Es gab zwar keine Garantie, mit einer erlaubten Meinung vom diktatorischen Staatsapparat unbehelligt zu bleiben, die Chancen der Ruhe vor den unmenschlichen Methoden der Staatssicherheit stiegen jedoch.

Eine der perfidesten Methoden, unangepasste Menschen, insbesondere bei systemkritischen Äußerungen oder Verhalten zu disziplinieren oder einzuschüchtern, war die insbesondere ab den späten 1960er-Jahren praktizierte »Zersetzung«. Auf 59 Seiten stellte die am 1. Januar 1976 in Kraft getretene Richtlinie 1/76 des MfS[190] eindrücklich dar, wie die

»Zersetzung« funktionierte, wie mit Systemkritikern umzugehen war, wie sie bearbeitet und deren Vorgänge abgeschlossen werden sollten.

Aus kritischen Menschen wurden nach dieser Richtlinie zunächst »operative Vorgänge«, die dann – überwiegend durch IM (Inoffiziellen Mitarbeiter) – bearbeitet wurden.

IM durfte, konnte und sollte angesichts der für das MfS wichtigen Aufgabe der Bearbeitung nicht jede oder jeder werden, sondern nur diejenigen, die ein dezidiertes Anforderungsbild erfüllten. Treue und feste Bindungen an das MfS war zumindest für die freiwillige IM-Tätigkeit eine Voraussetzung, Menschen offiziell inoffiziell zu denunzieren. Spezielles Fachwissen, ein entsprechendes Einschätzungs- und Reaktionsvermögen oder ein Geschick dafür, sich Vertrauen bei anderen zu erschleichen, waren ebenfalls gute Indizien, ins Visier des MfS für eine Anwerbung zu geraten. Wollte man nicht frei und willig mitarbeiten oder fand sich keine geeignete Person für den Verdachtsfall der Kritik am Sozialismus, sollte der oder die künftige IM aus den feindlichen Gruppen »herausgebrochen«[191] werden.

Dem »Herausbrechen von Personen aus feindlichen Gruppen« wird in der Richtlinie 1/76 ein ganzes Unterkapitel gewidmet. Ziel, Personen, Methoden und Vorgehen bei den sogenannten Anwerbungen wurden dezidiert beschrieben. Lagen zum Beispiel keine tatsächlichen, für eine Anwerbung geeigneten Bedingungen vor, wurden kompromittierende Umstände, die auch Strafverfolgung oder Gefängnis nach sich ziehen konnten, künstlich erschaffen.

Eine SED-Mitgliedschaft war für die Tätigkeit als IM zwar keine Bedingung, dennoch war mehr als die Hälfte der IM Mitglied der Partei, was bedeutete, dass bei 2,3 Millionen SED-Mitgliedern 4 bis 5 Prozent von ihnen als IM tätig waren.[192]

Besondere Ereignisse, die das SED-Regime in besonderem Maße gefährden konnten, führten zu einem besonders starken Ausbau des IM-Netzes. So haben der Aufstand des 17. Juni 1953, der Mauerbau am 13. August 1961 oder das Anwachsen oppositioneller Gruppen ab 1980 den kontinuierlichen Aufbau des MfS auf besondere Art und

Weise beschleunigt. Der Staatssicherheitsdienst war 1989 schließlich so aufgebläht, dass ein IM auf 89 DDR-Bürger kam.[193]

Dem beständig wachsenden Druck des unbedingten Freiheitswillen der Menschen wurde mit einen immer enger werdenden Maschendraht aus Überwachung und Schikanen begegnet. Ein Maschendraht, aufgebaut und organisiert von einer diktatorischen Machtelite, aufrechterhalten jedoch von Bürgern für oder besser gegen Bürger.

IM konnte zwar nicht jeder werden, praktisch jedoch jeder und jede im eigenen nahen und fernen, privaten oder beruflichen Umfeld sein. Diffus gehalten und damit weder konkret noch definitiv in der wirklichen Überwachungsdimension, wurden die Menschen im sozialistischen Arbeiter- und Bauernsaat im Vagen gehalten. Diese Ungewissheit von Personen und Konsequenzen war ein wichtiges Machtinstrument des SED-Regimes.

Schließlich brachte nicht nur das tatsächliche Wirken, sondern allein schon das Wissen um den möglichen Einsatz solcher IM ein nicht immer greifbares, aber stets spürbares Misstrauen unter die Menschen, das jede freie Meinungsäußerung selbst im privaten Umfeld zu einem Flüstern werden ließ, wenn sie nicht gar ganz verstummte.

Kritik am Fünfjahresplan und deren Zielvorgaben, Zweifel an einem Wahlergebnis, Ärger über die Versorgungslage, Spekulationen zu den Jugendwerkhöfen, das Infragestellen des *Schwarzen Kanals* oder gar die argumentative Annäherung an den Westen wurden nicht toleriert. Positive Nachrichten von der Westverwandtschaft, das Hoffen auf mehr Reisefreiheit oder das Hören westlich-imperialistischer Musik wurde mindestens ausspioniert, beobachtet, kontrolliert und im Zweifel unterbunden.

Ich habe schnell gelernt, nicht alles jedem anzuvertrauen. Schnell bekam ich auch ein Gefühl dafür, was zu sagen war, um in Ruhe gelassen oder gar belobigt zu werden. Dabei lebte ich noch sehr in meiner kleinen Heranwachsendenwelt, mit wenig Wissen, was die sozialistische Gesellschaft der Erwachsenen von einem fordert und verlangt, um diese Diktatur zu überstehen.

Unbekümmert mit Nachbarn plaudern, unbedacht unter Kollegen reden oder gar unbewusst aktuelle gesellschaftliche Zustände kritisieren, konnte gefährlich werden im diktatorisch geführten Staat mit seinem MfS als zwar unsichtbarem, aber stets präsentem Geheimdienst. Ein Geheimdienst, der mehr Zeit und Personal darauf verwendete, die eigenen Bürger im Inland zu kontrollieren und zu drangsalieren, als den angeblich so gefährlichen und öffentlich-medial angeprangerten imperialistischen Feind im westlichen Ausland in Schach zu halten.

Die fantasievollen Maßnahmen und Maßnahmenbündel zur Bearbeitung von systemkritischen Menschen (herausgebrochen oder nicht), wurden in der Richtlinie 1/76 seitenlang seziert. Angefangen beim Arbeiten mit »operativen Legenden« und »operativen Kombinationen« über den »zielgerichteten Einsatz weiterer operativer Kräfte, Mittel und Methoden ...«, beschreibt schließlich ein eigenes Unterkapitel »Die Anwendung von Maßnahmen der Zersetzung« als »relativ selbständige Art des Abschlusses Operativer Vorgänge oder im Zusammenhang mit anderen Abschlussarten«.[194]

»Zersetzt« beziehungsweise terrorisiert und psychisch vernichtet wurde ein Mensch zum Beispiel mittels anonymer Briefe, Telegramme oder Anrufe, kompromittierender Fotos tatsächlicher oder vorgetäuschter Begegnungen, gezielter Verbreitung von Gerüchten, gezielter Indiskretionen oder Vorladungen zu staatlichen Dienststellen.[195] In Gruppen sollten gezielt Misstrauen gesät, Rivalitäten entzündet oder verstärkt, Beziehungen untereinander unterbunden oder Überzeugungen untergraben werden.[196]

Neben der »Zersetzung« konnte ein operativer Vorgang wahlweise auch mit der Einleitung eines Ermittlungsverfahrens, der Anwerbung, der Kompromittierung beim Arbeitgeber – auch im Westen oder in der Öffentlichkeit abgeschlossen werden.[197]

Eingestellt wurde ein »operativer Vorgang« nicht. Konsequenzen und Folgen für den dahinter stehenden Menschen waren damit sicher, war man erst einmal ins Visier der Stasi geraten. Man entkam dem MfS nicht.

Die Perfidität der Arbeitsweise des MfS und schließlich auch der Personen, die der Stasi willfährige Helfer bei der Zerstörung von Familien, Freundschaften, Karrieren, Träumen, Hoffnungen, ganzer Leben waren, erschließt sich mit der Richtlinie 1/76 auf erschreckende Art und Weise. Nüchtern werden grausame Fantasien zum Quälen der Opfer dargestellt – in einer Richtlinie, die beschreibt, wie Denunziation und Terror zu erfolgen haben. Ein ganzes Land und deren Menschen wurden damit in sozialistische Geiselhaft genommen.

Die DDR-Bürgerrechtlerin und Mitbegründerin des Neuen Forums, Bärbel Bohley, soll einmal gesagt haben, dass all die Untersuchungen und Erforschungen der Stasi-Strukturen und der Methoden, mit der die Stasi gearbeitet hat, in die falschen Hände geraten würden. Dann würde man die Strukturen genau untersuchen und ein wenig adaptieren, damit sie in eine freie westliche Gesellschaft passten. Störer würde man nicht mehr unbedingt verhaften, denn es gibt feinere Methoden. Aber all diese geheimen Verbote, das Beobachten, der Argwohn, die Angst, das Isolieren und Ausgrenzen, das Brandmarken und Mundtodmachen der nicht Angepassten würde wiederkommen.

Es kann beklemmen, mit welcher Weitsicht Bohley in die Zukunft zu blicken vermochte.

Wo sich die Meinungsfreiheit Ost und West treffen

Nicht immer lässt sich das dumpfe Gefühl wegwischen, dass in der DDR-Diktatur wenigstens klar war, was gesagt werden konnte und was nicht, dass man heute jedoch für eindeutig Sagbares unsagbar hart bestraft werden kann.

Wollte man in der DDR unbehelligt bleiben, hatte man das System, den Sozialismus und die SED nicht zu kritisieren – weder in Wort noch in Schrift oder Tat. Besser noch waren aktive Handlungen, wie zum Beispiel die Teilnahme an Kundgebungen oder das Denunzieren anderer kritischer oder einfach nur unbeliebter Menschen.

Aktive Unterstützung war die hohe Kunst der Sicherung der menschenverachtenden Diktatur, passives Schweigen und Mitlaufen Bedingung ihres Fortbestandes. Existenzbedingung der DDR war es daher, Menschen »mundtot« zu machen, wofür unverhältnismäßig viel Zeit, Geld und humane Ressourcen aufgewendet wurden.

Heute werden Aussagen wie »Man kann alles sagen, was man möchte. Man muss halt mit den Konsequenzen leben können.« (Jan Böhmermann) ohne Scham und Störgefühl in die Welt gesetzt und verteidigt.[198] Wobei die hier gemeinten »Konsequenzen« für nicht tolerierte Meinungsäußerungen schnell an die Grenzen von Hass, Hetze und Denunziation stoßen können, wenn zum Beispiel das *ZDF Magazin Royale* jemanden attackiert, natürlich stets etikettiert als künstlerische Freiheit und getarnt als Satire.

So wird sich der Kunstfreiheit bedient, um Meinungsfreiheit zu limitieren. Gebührenfinanziert im öffentlich-rechtlichen Rundfunk, sichert der Staat einem solchen Format den Fortbestand, ohne Ansicht der möglichen gesellschaftlichen Folgen. Dem Bürger bleibt keine Wahl. Selbst wenn er es nicht sehen möchte, es weder als Kunst noch als Satire ertragen kann, muss er es mindestens finanzieren.

»Keine Corona-Impfung – Die verheerende Botschaft des Joshua Kimmich«, so titelte die *Frankfurter Rundschau* am 26.10.2021[199] und stand damit stellvertretend für eine öffentliche, mediale und auch gesellschaftliche Hetzjagd auf Menschen, die schlicht eine andere Meinung zu den Corona-Maßnahmen und dem gesellschaftlich aufgebauten Impfdruck hatten, als öffentlich für tolerabel erklärt worden war.

Eine hoch persönliche Entscheidung für oder gegen eine Impfung treffen zu können, ist einerseits ein grundrechtlich geschütztes Recht auf Leben und körperliche Unversehrtheit. Diese Entscheidung andererseits begründen zu müssen, mutete mindestens völlig unpassend für unsere freiheitlich-demokratische Gesellschaft an. Mit dieser Begründung oder Meinung dann jedoch nahezu postwendend in die negativ geframte Querdenker- und Impfgegner-Ecke gedrängt zu werden, mit all den persönlichen oder beruflichen Konsequenzen, hatte nur noch wenig mit einem demokratisch fundierten, die freie

Meinung schützenden Deutschland gemein. Menschen des öffentlichen Lebens, verschiedentliche Medien und sogenannte »vernünftige« Bürger befeuerten diese Bewertung von Meinungen und damit der dazugehörigen Menschen entweder durch trefflich stigmatisierende Zitate, ganze Artikel und Sendungen zur *Querdenkerszene* oder Mahnwachen für Solidarität und Impfung.

Der aufgebaute Meinungsdruck lässt sich kaum klarer beschreiben als es die *Frankfurter Rundschau* tat: »Das Verheerende an der Einstellung von Joshua Kimmich, sich vorerst nicht impfen zu lassen, ist doch, dass derlei Beteuerungen Wasser auf alle Mühlen von Querdenkern und Impfgegnern ist. Es ist genau die krude Argumentationskette der Aluhüte, ›ein paar Bedenken‹ zu formulieren, ›was fehlende Langzeitfolgen angeht‹«.[200]

So wie die Entscheidung Joshua Kimmichs, sich nicht impfen lassen zu wollen, Schlagzeilen produzierte, war es später seine geänderte Meinung und Entscheidung für die Impfung. Geläutert und reumütig bedauerte er schließlich öffentlich, sich nicht früher zur Impfung entschlossen zu haben. Präsentierte sich Kimmich zuvor noch als reflektierter und engagierter Bürger, damit angenehm entgegengesetzt dem Stereotyp der Branche,[201] passte seine anfängliche Impfverweigerung schlicht nicht in das Bild der gesellschaftlich und medial geformten solidarischen Vernunft. Das Prinzip von Aufbegehren, gefolgt von Reue nach öffentlicher Demütigung wird in dieser Aussage von Kimmich besonders deutlich: »Das schlechte Gewissen ist auf jeden Fall da. Also in erster Linie natürlich meiner Familie gegenüber, die sich viel anhören mussten, aber natürlich auch meinen Mitspielern gegenüber.«[202]

Einen Monat durfte Joshua Kimmich zu diesem Zeitpunkt bereits nicht mehr für seinen Verein spielen. Die Ergebnisse des FC Bayern waren ob dieser Debatte zur Nebensache geraten.

Mehr als fünfzig deutschsprachige Schauspieler hatten sich im April 2021 in der bereits erwähnten Video-Aktion #allesdichtmachen zusammen geschlossen und mit persönlichen Statements die Maßnahmen in der Corona-Pandemie auf ironische Art und Weise kritisiert.

Ein »Kultur-Aufreger des Jahres«, der nach hinten los ging, wie der NDR am 30. Dezember 2021 feststellte.[203] Nach hinten los ging diese künstlerisch aufbereitete Meinungsbekundung in erster Linie für die Schauspieler, die sich einem irrationalen öffentlichen Shitstorm ausgesetzt sahen, begleitet von Distanzierungen mancher Schauspiel- oder Künstlerkollegen und schließlich Forderungen nach ihrem Ausschluss aus dem öffentlich-rechtlichen Fernsehen.

Bis dahin bereits sowieso schon durch monatelange Schließungen und Lockdowns der Corona-Maßnahmen an die Existenzgrenze gebrachten Künstler sollte aufgrund ihrer Meinungsäußerung nun komplett ihre Existenzgrundlage durch ein faktisches Berufsverbot entzogen werden. Gedankenspiele mindestens eines Ministerpräsidenten, die deutlich irritierten und durchaus an diktatorische Zeiten erinnern konnten.

Nicht zuletzt diese Drohungen und die nahezu postwendenden Stigmatisierungen als »AfD-nah« werden wohl Künstler wie Heike Makatsch und Kostja Ullmann veranlasst haben, ihre Videos schon einen Tag nach deren Veröffentlichung wieder zu löschen, begleitet von öffentlichen, nahezu entschuldigenden Statements, dies so nicht gewollt zu haben.[204]

Jan Josef Liefers hat sein Video-Statement zunächst in der Radio Bremen Talkshow *3nach9* noch verteidigt[205] und sich tapfer auch auf Twitter gegen die Vereinnahmung durch Querdenker gewehrt.[206] In einer dreißigminütigen *ZDF heute live*-Sendung noch am selben Tag wird diese Aktion durch einen Kommunikationswissenschaftler der FU Berlin analysiert, der feststellt, dass die Künstler eine Mindermeinung und falsche Auffassung vertreten. Klar erkennbar sei, so seine weitere Analyse, die Absicht, dass »offenbar das System gewandelt werden soll, wo Institutionen der Demokratie angegriffen werden sollen, wie beispielsweise die Medien«.[207]

Vor dem Hintergrund etlicher Hassnachrichten stellte sich seine Ehefrau Anna Loos schließlich auch öffentlich hinter Jan Josef Liefers mit der beklemmenden Einschätzung: »Ich habe Videos von Kollegen gesehen, die von dieser Aktion zurückgetreten sind, weil sie sich falsch verstanden fühlen, nicht mit dem gerechnet haben was eingetreten ist, sich bedroht fühlen und Angst haben.«[208]

In der Talkshow Maybrit Illner wird eine Woche später intensiv zu dieser Aktion und den Corona-Maßnahmen diskutiert. Dem auch dort entstehenden Rechtfertigungsdruck hält Liefers, mittlerweile sichtlich angeschlagen, noch immer stand.[209] Als ihm ein WDR-Moderator in der *Aktuellen Stunde* vorhielt, Corona-Leugnern Rückenwind zu geben und Pfleger auf Intensivstationen zu verhöhnen und ihm, dem Schauspieler aus der DDR, schließlich auch noch Naivität vorwarf, sagte Liefers: »Wissen Sie, wann ich das das letzte Mal gehört habe? Von einem Kandidaten des ZK der SED in der Schauspielschule.«[210]

Wie ernst müssen wir solche Déjà-vu-Erlebnisse nehmen? Große Teile der politischen und medialen Elite der zweifellos demokratischen Bundesrepublik Deutschland forderten Konformismus ein und verunglimpften das freie Wort, wenngleich die Unterschiede zum Verhalten der Parteifunktionäre in der diktatorischen DDR noch immer markant sind. Doch zeichnen sich Ähnlichkeiten ab, die nicht von der Hand zu weisen sind und benannt werden müssen, um jede Gefahr einer Rolle rückwärts zu verhindern.

Möglicherweise hätten Liefers, bekannt geworden vor allem als »Professor Boerne« aus dem Münsteraner *Tatort*, und seine Künstlerkollegen aufgrund ihrer Popularität damit rechnen müssen, einerseits auf große Zustimmung, aber andererseits auch auf massive Kritik zu stoßen. Doch mit angstschürenden, bedrohlichen und existenzgefährdenden Reaktionen sollte in unserer freiheitlichen, demokratischen Gesellschaft niemand, auch kein Prominenter, rechnen müssen. Es hat sich spätestens mit Corona eine bedrohliche Empörungskultur etabliert, die auf einer gesamtgesellschaftlichen Welle zu reiten scheint.

Die Medien, insbesondere die staatsvertraglich beauftragten öffentlich-rechtlichen, agieren dabei nur selten als die Wellenbrecher, die sie sein sollten. Im Gegenteil, Medien, die gezielt und bewusst Narrative wie »Querdenker« und »Schwurbler« setzen, stellen sich mindestens in der Außenwirkung auf eine Seite des Meinungsspektrums.

Moralisierend unterlegte Berichte und Sendungen lassen schnell den Eindruck des Haltungsjournalismus entstehen.

Man konnte objektiv bei den 53 Videostatements der Künstler von #allesdichtmachen sehr wohl davon ausgehen, dass ihnen weder die an Corona erkrankten oder verstorbenen Menschen noch die hart arbeitenden Ärzte sowie Pfleger egal waren.

Trotzdem wurden sie mit ihrer Meinung in diesen Kontext gestellt. Von der eigentlichen, mutigen und wichtigen Kritik konnte so trefflich abgelenkt werden. Stattdessen fanden sie sich in eine Reihe mit AfD und Querdenkern gestellt wieder, die »Beifall von der falschen Seite« bekamen. Gerade so, wie der Schauspieler Christian Ehrich in seinem Videostatement thematisiert, als er erklärt, dass er sich als Zuschauer künftig zum Applaus auf die ganz linke Seite stellen würde, damit klar ist, woher sein Applaus auch kommt, auch wenn dieser für die Schauspieler auf der Bühne dadurch wie Applaus von rechts aussehen würde.

Für Jens Wawrceck sollte das Theater gleich ganz leer sein, um der Gefahr des Beifalls von der falschen Seite aus allen Perspektiven sicher begegnen zu können. Es schien fast so, als sollten sich die ironisch aufgegriffenen Kritikpunkte noch einmal selbst bestätigen.

Ein mutiges Projekt, erst recht in dieser Zeit der Pandemie, in der der Kampf um die richtigen Corona-Maßnahmen politisch und medial auf dem Höhepunkt war, als vielen Menschen gewahr wurde, welche soziokulturellen, psychischen, wirtschaftlichen und gesellschaftlichen Folgen die von der Politik verordneten Maßnahmen, wie Ausgangssperren, Kontaktverbote, Schulschließungen oder Homeofficepflichten haben können. Folgen, die nicht bedacht oder gesehen wurden, weil entsprechende Experten entweder nicht oder kaum involviert waren oder ihre Stimmen und Meinungen überhört wurden.

Experten, wie Hendrik Streeck, Direktor des Instituts für Virologie am Universitätsklinikum Bonn und in der Coronapandemie sogenannter Gegenspieler zum vielzitierten Chefvirologen der Charité Berlin Christian Drosten. Zwei Virologen, die während Corona Mittelpunkt eines politischen, wissenschaftlichen, medialen und gesellschaftlichen Streits um den richtigen Umgang mit der Pandemie geworden sind.

Während Drosten eher das Lager der *No-Coivid-* oder *Zero-Covid-*Vertreter stützte, die lange glaubten, das Virus mit Lockdowns und Einschränkungen kontrollieren oder eindämmen zu können, plädierte Streeck für einen offeneren, verantwortungsvollen Umgang im Leben mit dem Virus. Dabei wurden die Aspekte »offen« und »verantwortungsvoll« von vielen Lockdownverfechtern in verantwortungslos und ignorant umgedeutet.

Es etablierte sich ein sehr einseitiger wissenschaftlicher Blick auf die Pandemie, der nahezu ausschließlich die steigenden oder sinkenden Infektionszahlen betrachtete, andere in einer Pandemie ähnlich relevante wissenschaftliche Disziplinen wie Psychologie, Soziologie, aber auch Ökonomie ignorierten. Forderungen nach der Berücksichtigung dieser weiteren Perspektiven gingen unter oder wurden bewusst unterdrückt, ganz im Stile einer Gut-böse-Kategorisierung.

Im Rückblick auf die Pandemie sagte Streeck dem *Focus* in einem Interview: »Das nahm teils fast intolerante Züge an, es herrschte die Totalität eines einzigen Arguments statt Diskurs.«[211]

In einer freiheitlichen Demokratie eine fatale Entwicklung und für den ein oder anderen Bürger, teilweise despektierlich als »Leugner« oder »Querdenker« bezeichnet, wohl auch berechtigter Grund größeren Unmutes.

Für Drosten ist im Rückblick auf die Coronapandemie im Sommer 2020 eine »unselige Debatte« darüber entstanden, ob es eine Winterwelle geben und eine Impfung funktionieren könnte. Für ihn war dies der »Keim der Wissenschaftsfeindlichkeit«.[212]

Der Streit über das Virus und die Maßnahmen war mit dem Ende der Pandemie keineswegs beigelegt, wie Drosten auf einem Experten-Symposium in Frankfurt unterstrich: »Wir müssen noch lange daran arbeiten, dass wir wieder zusammenfinden können«.[213]

Tagesschau.de versäumt es nicht, in eben diesem Artikel zum Symposium darauf hinzuweisen, dass Drosten »zum Team Vorsicht gehörte« und »Erklärer der Pandemie« gewesen sei, womit er zum »Lieblingsfeind der Querdenker« geworden sei.[214] Starke, zum Spalten geeignete Begriffe für eine eigentlich zum »Wellen brechen«

angehaltene öffentlich-rechtliche Presse, auch noch nach Ende der Pandemie.

Zwei Wissenschaftler, die in auch medial entwickelter »Schwarz-Weiß-Manier« die gesellschaftlichen Fronten kaum besser repräsentieren konnten und gleichzeitig im politischen Streit um die Deutungshoheit im richtigen Umgang mit dem Coronavirus zwischen diese Fronten geraten sind. So verschieden diese beiden Wissenschaftler in ihren Ansichten zum Umgang mit der pandemischen Lage waren, so ähnlich waren ihre Erfahrungen mit Hass, Hetze, Drohungen und Diffamierungen.

Die *Frankfurter Rundschau* greift dies am 15. November 2021 in ihrem Artikel »Hass auf Forschung: Corona-Krise als Keimzelle für Zweifel an Wissenschaft« auf und bezieht sich auf eine nicht repräsentative Umfrage »I hope you die« des Fachmagazins *Nature*.[215]

Im Ergebnis dieser Umfrage gaben 80 Prozent der 321 befragten Wissenschaftler an, dass sie bereits persönliche Angriffe oder Troll-Kommentare erlebt haben. Nach öffentlichen Äußerungen passierte das 25 Prozent von ihnen sogar meistens oder immer. Gewalt wurde 22 Prozent angedroht, 15 Prozent hatten Morddrohungen erhalten[216] und 6 Prozent sind tatsächlich körperlich angegriffen worden. 44 Prozent seien nach öffentlichen Auftritten emotional belastet gewesen.[217]

Auch das ist das Ergebnis einer Zuspitzung, in der die traditionellen Medien die Chance verpasst haben, die (wissenschaftliche) Komplexität »einordnend zu reduzieren und informierend tätig zu werden«, wie die Sprachwissenschaftlerin Konstanze Marx von der Universität Greifswald zitiert wird.[218]

Es war ein emotional und moralisch hoch belasteter Diskurs, in deren Folge existenzgefährdende Diffamierungen den ein oder anderen dazu brachten, die eigenen Überzeugungen zu kaschieren, vorsichtiger und wohlüberlegter zu kommunizieren oder sich gar ganz zurückzuziehen. Eine derartige »Selbstkritik« und »Selbstzensur« ist wohlbekannt aus totalitären Systemen, wird nun jedoch mit gänzlich anderen, aber durchaus erfolgreichen Mitteln in einer Demokratie erzwungen.

Nadja Uhl sagte in ihrem #allesdichtmachen-Video, dass sie dank Corona gelernt habe zu schweigen.[219] Mehr bleibt zu diesen Vorgängen im April 2021 nicht zu sagen.

Eine ehrliche und schonungslose Aufarbeitung hat bisher nicht stattgefunden. Forderungen nach einer Enquete-Kommission flammen immer wieder auf, doch ohne ausreichend Echo, weder im breiten politischen Spektrum noch im medialen Raum. Brachten die öffentlich-rechtlichen Medien in der Pandemie immerhin noch täglich Fallzahlen und Berichte über Demonstrationen oder politische Maßnahmenberichte sowie Interviews und Talksendungen mit den zumeist gleichen Virologen oder sonstigen Gästen, scheint nunmehr in medialer Eintracht ein Schleier des Schweigens ausgebreitet worden zu sein, selbst als die RKI-Protokolle ungeschwärzt veröffentlicht wurden. Damit hinterlässt man ein verstörendes Vakuum.

In Krisensituationen zeigt sich der wahre Charakter eines Menschen, so eine alte Weisheit. Übertragen auf Gesellschaften lässt sich sagen, dass sich die wahre Stärke unserer freiheitlichen Demokratie und deren Schutz durch unser Grundgesetz in der Krise der Pandemie hätte zeigen müssen. Tatsächlich hat sich vor allem deren Schwäche offenbart.

Ausgangssperren, Kontaktbeschränkungen, die Schließungen von Schulen, Kitas, Kunst- und Kulturstätten, Spiel- und Sportplätzen, das Verbot des Vereinssports ebenso wie des Pausierens auf Parkbänken, Maskenpflichten, eine Impfpflicht für Personal in Kliniken und Pflegeeinrichtungen und die ungenierte Diskussion über eine allgemeine Impfpflicht – dies alles und noch einiges mehr im gefühlten Überbietungskampf der Ministerpräsidenten der Länder ausgedacht und umgesetzt, musste, konnte und durfte in einer Demokratie selbstverständlich auch zur argumentativen Gegenwehr führen. Jedoch wurde diese Gegenwehr gerne bestenfalls als unvernünftig, in der Regel als »Querdenken« und häufig als radikal bezeichnet. Die Märsche der »Vernünftigen« sollten schließlich den spazierenden »Querdenkern« die »falsche Seite« ihrer Haltung hinsichtlich Impfung und Maßnahmenkritik deutlich machen.

Dabei endete dann auch schon mal ein Marsch der sogenannten »vernünftigen«, Kerzen tragenden, moralisch auf der richtigen Seite

Stehenden in meiner neuen Heimatstadt an einem Opferdenkmal für die Opfer des Nationalsozialismus. Eine dramatischere und gleichzeitig angesichts der grausamen Verbrechen des Nationalsozialismus gedankenlosere und verharmlosendere Zuspitzung einer gesellschaftlichen Spaltung im Sinne von »Gut« und »Böse« konnte es kaum geben.

Die eigene Meinung konnte wieder gefährlich werden. Für die Künstler von #allesdichtmachen berufsgefährdend gefährlich, für prominente Wissenschaftler Renommee gefährdend gefährlich, für nicht prominente Spaziergänger persönlich, diffamierend gefährlich. Je prominenter der Mensch, je stärker war er diesen Angriffen und Beschimpfungen bis hin zu Morddrohungen aus allen Richtungen ausgesetzt. Haltung ersetzte in der diskursiven Auseinandersetzung zuweilen Sachverstand, und das sowohl in Politik, Medien und Gesellschaft.

Die in Ostdeutschland nach meiner Wahrnehmung stärker ausgeprägte unbedingte Verteidigung der Meinungsfreiheit, die größere Skepsis gegen jede Art der Einschränkung, sei es durch mögliche gesellschaftliche Konsequenzen, wie öffentliche Verachtung, Stigmatisierung, durch berufliche Folgenandrohung und Existenzgefährdung oder durch den ganz privaten Verlust von Freundschaften kann durchaus auch einer höheren Sensibilität der Ostdeutschen gegenüber noch so kleinen Schwingungen, die Einschränkung der Meinungsvielfalt betreffend, geschuldet sein.

Ganz subtil im Linksschritt voraus

Politische Diskussionen, in denen die Gefahr für unsere Demokratie von rechts intensiv diskutiert, linke sozialistische Fantasien als mindestens ebenso große Gefahren für unsere freiheitliche Gesellschaft aber völlig außer Acht gelassen werden, gibt es zuhauf. Dabei konnten sechzehn Millionen Deutsche höchstselbst erleben, welches Leid, welche freiheitlichen Einschränkungen und welche Armut eine politisch linke Diktatur mit sich bringt. Dennoch haben es die alten linken Verheißungen in neuer Verpackung geschafft, sich in den überwiegend westlichen Köpfen unserer Gesellschaft breit und bequem zu machen.

Das gelang, weil vornehmlich linke und grüne Eliten ihren Traum einer klima-, geschlechts-, und identitätsneutralen Gesellschaft im moralisch begründeten Haltungsstil des »Gut« gegen »Böse« selbstverständlich und selbstbewusst propagieren konnten. Jeder noch so wohlformulierte Widerspruch wurde moralisch untersetzt delegitimiert, sodass diese linke Kampagne nahezu unwidersprochen blieb.

Schließlich hat der neue linke Traum vom »Arbeiter- und Bauernstaat« anderer Art mit Bürgerräten in den Entscheidungsinstanzen, inszeniert als moderne und damit progressiv-fortschrittliche Gesellschaftsform so viel moralisch vermeintlich Besseres zu bieten, als der individualistisch geprägte Kapitalismus, dass jede konservative Form des Widerspruchs rückgewandt und in der Vergangenheit hängen geblieben, gar rückschrittlich wirken muss.

Doch wurde dieser stramme Marsch in eine vermeintlich bessere Zukunft von den unerbittlichen Realitäten eingebremst. Da war zuerst der Angriff Russlands auf die Ukraine am 24. Februar 2022, der eine politisch forcierte Zeitenwende in Deutschland auslöste und den so lange zelebrierten Pazifismus, das Gerede vom »Frieden schaffen ohne Waffen« oder das Vertrauen, allein mit Wind- und Sonnenkraft ließen sich die nun abgeriegelten Gaslieferungen aus Russland ersetzen, widerlegt. Eine politisch forcierte Zeitenwende brachte nicht nur Mehrheiten für höhere Verteidigungsausgaben und die Rückkehr zur Kernkraft, sondern auch den Fokus auf eine neue wieder marktwirtschaftlichere Wirtschaftspolitik.

In ähnlicher Weise konfrontierte der terroristische Überfall der palästinensischen Hamas auf Israel am 7. Oktober 2023 unsere Gesellschaft mit unangenehmen Wirklichkeiten in der Migrations- und Integrationspolitik. Lautstarke Sympathiebekundungen mit dem Terror der palästinensischen Hamas haben auf brutal offensichtliche Art und Weise ein längst bekanntes, aber regelmäßig politisch und medial relativiertes, geleugnetes oder als rechtsradikal abgetanes Integrationsproblem offengelegt. Stimmen und Meinungen, die fundamental-islamistischen

Judenhass und Antisemitismus ebenso thematisierten, wie deren Hass auf unsere westlichen freiheitlichen Werte, wurden und werden nicht selten in die rechtsradikale Ecke gestellt.

Der unbestreitbar existierende Rechtsradikalismus scheint regelmäßig als nahezu alleiniger Demokratiefeind identifiziert und wahrgenommen zu werden, unterstützt von Statistiken, die politisch oder antisemitisch motivierte Kriminalität in maßgeblichem und höchstem Anteil insbesondere auch bei unklarem Ursprung dem rechten Spektrum zuordnen.

Ein von Unbekannten an die Hauswand gepinseltes »Juden raus« ging zum Beispiel als Tat von Rechtsradikalen in die Statistiken ein, obwohl diese Parole auch von Islamisten verbreitet wird. Oder ein im Juli 2014 von Anhängern der schiitischen Hisbollah organisierter antisemitischer Al-Kuds-Marsch durch Berlin, der eine israelfreundliche Gegendemonstration auf den Plan rief, wurde von der Berliner Polizei wegen eines Verstoßes gegen Paragraf 86a des Strafgesetzbuches (»Verwenden von Kennzeichen verfassungswidriger Organisationen«) als »PMK-rechts« erfasst, also als politisch motivierte Kriminalität mit rechtsextremen Motiven. Der Polizeibericht dazu vermerkte: »Aus einem Aufzug heraus wandte sich eine unbekannt gebliebene 20-köpfige Personengruppe an eine Israelfahnen schwenkende Personengruppe und rief geschlossen ›Sieg Heil‹.«[220]

Linksradikalismus fliegt unter dem Radar, wird entweder gar nicht oder nicht als große Gefahr für unsere freiheitliche Demokratie gesehen. Dabei versuchten zum Beispiel die Marxistisch-Leninistische-Partei Deutschlands (MLPD) oder die Deutsche Kommunistische Partei (DKP) Einfluss auf die sich in Deutschland immer stärker etablierende Klimabewegung zu nehmen. War dies noch mäßig erfolgreich, bekam die vom Verfassungsschutz als linksextremistisch bewertete Interventionistische Linke (IL) mit ihrem Ziel des »revolutionären Bruchs« schon mehr Einfluss. Mit der strategischen Instrumentalisierung der Klimaprotestbewegung erhofft sich die »radikale Linke«, wie sich die IL selbst auch versteht, eine Ausweitung der eignen gesellschaftlichen Wirkungsmöglichkeiten, da ein radikaler Umbruch unwahrscheinlicher sei als eine sukzessive Verschiebung. Waren dies noch linksradikale Strömungen, die die Klimabewegung für ihre antikapitalistischen Ziele nutzten, hat sich mit Change for Future bei Fridays for Future eine eigne antikapitalistische Plattform mit wesentlichem Einfluss der pro-maoistischen-stalinistischen Jugendorganisation Rebell gegründet und etabliert. [221]

Wenn der kommunistische Kampfgruß der erhobenen Faust, gezeigt auch von Mitgliedern der Grünen Jugend, bei Protesten gegen den Kohleabbau im Hambacher Forst oder Lützerath im Kampf um einen wie auch immer ausgestalteten Klimaschutz auftaucht, lässt sich nicht ignorieren, in welche Richtung zumindest Teile dieser Bewegung wollen. Hier geht es um den Kampf gegen unser demokratisches System mit einem Symbol, das insbesondere von Ernst Thälmann geprägt wurde, dessen KPD die Demokratie der Weimarer Republik mit gleichem Fanatismus von links angriff wie es die Nationalsozialisten von rechts taten.

Dies zu akzeptieren oder in Gesprächen, die ich führen musste, auch noch zu relativieren, zeugt von besonderer Ignoranz dem Kommunismus gegenüber, dessen mörderische Regime weltweit über 100 Millionen Menschenleben gefordert haben.

Für das Aushebeln unserer westlichen, freiheitlichen Werte und vor allem unserer kapitalistisch-wirtschaftlichen Grundlagen braucht es jedoch keinen Extremismus, egal welcher Art. Da reichen kleine Spitzfindigkeiten, wie das permanente Framen selbst bürgerlich-konservativer und wirtschaftlich-liberaler Ansichten und Meinungen als unsozial, egoistisch, rassistisch, rechtsradikal oder gar als »Nazi«. Ganz im Stile einer Moral, die über die Argumente siegt. Unterstützt von Legislative und Exekutive driftet der vermeintliche gesellschaftliche Konsens, der in den jungen Jahren der Bundesrepublik noch auf einem beide Spielarten des Extremismus ins Visier nehmenden »Antitotalitarismus« gründete, in einer Art und Weise nach links, dass inzwischen die wirkliche bürgerliche Mitte wie »rechtsaußen« wirken muss.

Die politische Mitte ist nach links gerückt

Nach dem Zweiten Weltkrieg orientierten sich die politischen Parteien insbesondere des konservativen rechten Spektrums in die politische Mitte. Rechtsaußen wurde die offen neonazistische Sozialistische Reichspartei (SRP) 1952 als erste Partei in der jungen Bundesrepublik verboten. Linksaußen geschah vier Jahre später das Gleiche mit der Moskau-treuen KPD 1956, die zum »revolutionären Sturz des Regimes Adenauer« aufgerufen hatte. Der im Kalten Krieg aufkommende Antikommunismus limitierte den Einfluss linker Parteien und Ideen weiter. In dieser Situation entstand seit den 1950er-Jahren ein starkes Spektrum bundesrepublikanischer Mitte-Parteien, die sich als »Volksparteien« definierten. Sowohl CDU und CSU als auch SPD mit ihrem Godesberger Programm 1959 wandten sich der Mitte zu. Nur dort, das sah man bei der Union wie in der Sozialdemokratie gleichermaßen, ließen sich Mehrheiten gewinnen.[222]

Die Parteienkonkurrenz im Kampf um die konservativ-rechte oder progressiv-linke gesellschaftliche Ausrichtung verschob sich damit zu einem Ringen der Volksparteien um den stärksten Platz in der gesellschaftlichen Mitte, selbst um den Preis des Verlustes der Trennschärfe zwischen ihnen. Als gesellschaftliche Mitte sah man bürgerliche Milieus, die sowohl von Freiheit als auch Gleichheit, von Eigenwohl als auch Gemeinwohl und von Individualität als auch Gleichartigkeit gleichermaßen positiv angesprochen wurden.

Gab es in den ersten Jahren noch Faktoren, die CDU und SPD klar voneinander unterschieden, etwa eine stärkere Betonung des christlichen Glaubens auf der einen und ein Bekenntnis zu einem meist proletarischen Hintergrund auf der anderen Seite, verwischten diese Differenzierungen angesichts einer zunehmenden Säkularisierung und dem Übergang von einer Industrie- zur Informationsgesellschaft. Im Ergebnis lief diese Entwicklung zwar auf »mehr Mitte« hinaus, aber auch auf politische Beliebigkeit, Austauschbarkeit und einen Verlust an Unterscheidbarkeit. Im Ringen um die Wechselwähler und jene, die früher über Generationen hinweg noch entweder »schwarz« oder

»rot« gewählt hatten, mag das nachvollziehbar sein, präferieren diese nun eher moderate, gemäßigte Positionen.

Die Mitte wird inzwischen als ein Symbol für den sozialen und politischen Ausgleich und die Harmonisierung von Gegensätzen gesehen, die einerseits die Lösung komplexer Probleme verspricht und andererseits eine Absage an die Extreme formuliert. Eine nahezu magische Kombination.[223]

Für einen demokratischen Diskurs, in dem die Menschen unterschiedliche, durchaus auch konträre Positionen in eine Waagschale werfen, um diese argumentativ abzuwägen und schließlich zu entscheiden, ist diese konzentrierte Gleichförmigkeit, mit Unterschieden nur noch in kaum erkennbaren Nuancen, jedoch problematisch. Wenn die linken Rechten und rechten Linken nahezu identische Positionen in der Mitte vertreten, geht der lebendige demokratische Diskurs verloren, der von Gegensätzlichkeiten in einer tradierten Rechts-Links-Polarisierung lebt. Deren Ersetzung durch eine simple moralische Bewertung politischer Positionen in »richtig« oder »falsch« könnte sich als geradezu demokratiewidrig erweisen, werden dadurch Konflikte nicht gelöst, sondern unter einem Konsens verborgen.[224]

Ergebnis einer solchen gegenseitigen Annäherung von Wirtschaftsliberalismus und umfassendem Wohlfahrtsstaat in den 1950er-Jahren war die soziale Markwirtschaft, in der Eigenverantwortung und freier Wettbewerb als Antriebskraft des Wohlstandes galten. Die Sozialdemokraten konnten sich damit seit ihrer Abkehr vom Klassenkampf als Volkspartei und potentieller Koalitionspartner genauso in die politische Mitte rücken, wie es CDU und CSU taten.

Diese soziale Marktwirtschaft, einst Ausdruck des politischen Konsenses und des Treffpunkts in der politischen Mitte, gerät inzwischen zunehmend unter Druck durch stetig ausgeweitete Regulierungen wirtschaftlichen Handelns, regelmäßig verschärfte Mindestlohnvorschriften, übergreifende Arbeitnehmerschutzregeln oder steigende Abgabenbelastungen sowie Berichtspflichten und andere Bürokratieauflagen für Unternehmen. Wohlstand, der durch eine intakte, prosperierende Wirtschaft erarbeitet wurde, degeneriert wieder zur angeblichen »Ausbeutung der Arbeiterklasse«. Eine Neiddebatte hat Deutschland im Griff, die jeden persönlichen wirtschaftlichen Erfolg zu einem unverdienten Profit degradiert, um den die Gemeinschaft beraubt worden sei.

Der politische Handlungsschwerpunkt verschiebt sich zunehmend in Richtung staatlicher sozialer (Ausgleichs-)Leistungen, die zum Teil weit über das Maß einer notwendigen sozialen Absicherung hinausgehen. Linke Parteien, die behaupten, für die Arbeiterklasse zu sprechen, aber immer häufiger Politik betreiben für tatsächliche, oft aber auch nur angeblich Bedürftige (wie etwa viele Empfänger des Bürgergeldes, denen der Anreiz zur Erwerbsarbeit genommen wird), übernehmen das Steuer. Wohlgeplant und zu Lasten der Marktwirtschaft verschieben sie die Mitte Stück für Stück nach links.

Eine breite politische Mitte mit moralisierenden Bewertungen politischer Positionen als richtig oder falsch höhlt bereits die Demokratie aus. Die zusätzliche Verschiebung der demokratischen Mitte nach links gefährdet diese einmal mehr, da die resultierenden moralbasierten Einigungen kein gleichgewichtiges Abwägen berechtigter Argumente und Meinungen mehr darstellen. Es geht am Ende nur noch um erlaubte und nicht erlaubte Handlungen. Geeinigt wird sich, ausgehend vom linken Meinungs- und Politikspektrum, auf eine moralisch »gute« vertretbare Handlungsoptionen, um dem Anschein des »Bösen« zu entgehen.

Das Parteienspektrum mit ursprünglich den beiden großen Volksparteien CDU/CSU und SPD sowie der FDP als Koalitionspartner mal der einen, dann der anderen Seite, hat sich durch das Hinzukommen von den Grünen, Die Linke und AfD auf derzeit sechs relevante Parteien erweitert. Eine weitere Zersplitterung ist angesichts der vielfältigen Problemlagen, die nicht allein mehr durch eine zudem linkslastige politische Mitte abgebildet werden kann, absehbar. BSW, Freie Wähler und Werteunion stehen in den Startlöchern mit Ambitionen entweder für Landtage oder gleich den Bund. Dreier-Koalitionen mit den daraus resultierenden Zwängen zu Kompromissen gehören daher zur neuen politischen Realität. Während mit Die Linke auf kommunaler und Landesebene regelmäßig Koalitionen eingegangen werden, die Linke in Thüringen sogar den Ministerpräsidenten stellt und die SPD seit spätestens 2017 erkennbar auch keine Scheu gehabt hätte, mit der einstigen SED sogar im Bund zu koalieren, bleibt eine Koalition mit der AfD ausgeschlossen. Nun hat es sicher gute Gründe, ist Deutschland aufgrund der Erfahrungen mit dem Dritten Reich bei rechten Parteien besonders sensibel. Doch 40 Jahre SED-Herrschaft haben Ostdeutschland nicht nur wirtschaftlich ruiniert. Menschen wurden aus politischen Gründen inhaftiert, Kinder wurden ihren Eltern entzogen oder in Heimen sozialistisch umerzogen und gefügig gemacht und an der Grenze wurde jeder erschossen, der den Weg in die Freiheit suchte. Daher ist es erstaunlich, dass die Links-Partei auch nach der Wende weiterhin als zu achtende demokratische Normalität angesehen wird – auch wenn ihre Tage möglicherweise gezählt sind. In jedem Fall führt diese Abgrenzung nach rechts und völlige Offenheit zum linken Rand (nun auch zum BSW) zu einer immanenten Linkslastigkeit politischer Handlungsspielräume.

Die Linke – ihr Weg in die Bedeutungslosigkeit

Wurden bereits zuvor schon wesentliche Kernthemen der Linken, wie stärkere Investitionen in den Sozialstaat, höhere Steuern auf Vermögen und Erbschaften oder höhere Belastungen für Unternehmen sowie weniger Arbeiten und mehr Mindestlohn vor allem von SPD oder den Bündnis-Grünen übernommen, hat sich Die Linke nicht zuletzt durch interne Querelen und den massiven Richtungsstreit Ende 2023 selbst in die Bedeutungslosigkeit manövriert. Der schon länger schwelende Konflikt um Antisemitismus auf der einen und Pro-Palästinenser-Haltung auf der anderen Seite, trat mit dem Angriff der Hamas auf Israel im Oktober 2023 und dem wieder stark aufflammenden Nahost-Konflikt noch klarer und verhärteter hervor. Ähnlich große Differenzen gab es in der Klimapolitik, wo sich die einen mit den Klimaaktivisten verbündeten und eine zügige Klima-und Energiewende propagierten, während die anderen, die Linkskonservativen, den Wohlstand auf der jetzigen Grundlage sichern wollten.

In Pressekonferenzen fielen Äußerungen gegenüber der eigenen Parteispitze wie »politikunfähige Clowns« oder Vorwürfe wurden öffentlich laut, die Parteispitze mache Politik nur noch für eine kleine Gruppe von »Sektenanhängern«.[225] Die Linkskonservativen um Sahra Wagenknecht sahen sich hingegen »den Bürgern verpflichtet«, die angesichts der aktuellen Krisen und der in ihren Augen verfehlten Politik der aktuellen Ampelregierung um ihre Existenzen kämpfen müssen.

Vor diesem Hintergrund kam es zur Abspaltung von zehn Abgeordneten aus der Linken-Bundestagsfraktion um Wagenknecht, die Die Linke verließ und Anfang 2024 eine eigene Partei – das Bündnis Sarah Wagenknecht (BSW) gründete. Die Linke verlor damit ihren Fraktionsstatus und Ende 2023 löste sich die Bundestagsfraktion nach achtzehn Jahren Zugehörigkeit zum Bundestag auf. Als Gruppe Die Linke führt diese nun ihre Arbeit im Bundestag zunächst fort. Auch das BSW wird als Gruppe im Bundestag eingestuft. Mit Kritik am »blinden Öko-Aktivismus« und an der ungeregelten Zuwanderung will Wagenknechts neue politische Formation Stimmen gewinnen.

Sozialistische Grundideen in der Tradition der SED-PDS, gepaart mit nationalistischen Ansätzen ziehen, wenig überraschend, überwiegend Anhänger der Linken und der AfD an. In einer solchen Partei scheinen sich damit längst vergangen geglaubte sozialistisch-konservative politische Ansätze rechts und links der politischen Mitte zu vereinen. Das Potenzial dieser neuen Partei wurde bei Umfragen Ende 2023 bei bis zu 27 Prozent gesehen. Aus dem Stand. Tatsächliche Umfragewerte im April 2024 taxierten das BSW bei 5 bis 7 Prozent im Bund und für die Landtage in Brandenburg, Sachsen, Sachsen-Anhalt oder Thüringen gar zweistellig. Mit 6,2 Prozent gelang dem BSW bei der Europawahl 2024 schließlich der erste Wahlerfolg.

Die Tage der Partei Die Linke aber dürften zumindest auf Bundesebene gezählt sein. Höre ich den Reden der Abgeordneten der Die Linken im Bundestag zu, fühle ich mich unweigerlich in eine irrationale sozialfantasierende Traumwelt versetzt, mit unendlichen Geldreserven, die jede menschliche Ungleichheit auszubügeln vermögen.

Angesichts der Tatsache, dass diese Partei durch Umbenennung aus der ehemaligen SED hervorgegangen ist, bereitet mir der Anblick ihres kläglichen Restes im Plenum des Bundestages zugegebenermaßen ein gewisses Gefühl der wohligen Genugtuung, das nur noch das bleibende Amt der Petra Pau als Bundestagsvizepräsidentin zu trüben vermag.

Pau veröffentlichte 2006 im *Neuen Deutschland* eine Todesanzeige für den Stasi-General Markus Wolf, der Leid über Zehntausende gebracht hatte, und kondolierte auch bei der Beisetzungsfeier in Berlin-Friedrichsfelde. Bei den bislang acht AfD-Kandidaten für dieses protokollarische Amt, denen der Bundestag die Ernennung verweigerte, legte man strengere Kriterien an.

Bündnis 90/Die Grünen – das komplette linke Spektrum

Die Anfang der 1990er-Jahre aus den überwiegend westdeutschen Grünen und dem ostdeutschen Bündnis 90 vereinigten Bündnis 90/Die Grünen haben Umwelt-, Anti-Atomkraft, Friedens- und Frauenbewegungen[226] mit den Ideen eines basisdemokratischen reformierten Sozialismus vereinigt. Zur Bundestagswahl 2021 propagierten sie diesen demokratischen Sozialismus als Idee eines klimagerechten Wohlstands, der Ökologie und Soziales zusammendenkt.

Danach sollen weniger Autos in der Stadt und mehr Fahrräder in Deutschland fahren, ein über Umverteilung des CO_2-Preises finanziertes Energiegeld gezahlt, Genossenschaften und Sozialunternehmen besonders unterstützt werden. Verantwortungseigentum soll als eine Rechtsform der »Gesellschaft mit gebundenem Vermögen« geschaffen werden, in der von den Beschäftigten im Kollektiv oder treuhänderisch von Einzelnen abgestimmt wird. Solches Verantwortungseigentum soll eine hundertprozentige Vermögensbindung an das Unternehmen ermöglichen, ansonsten die Flexibilität der GmbH beibehalten, deren Gewinne reinvestiert oder gespendet werden sollen. Verantwortungsgemeinschaftliche (oder volkseigentümliche?) Unternehmen also, die entweder keine Gewinne machen, mögliche Gewinne ausschließlich reinvestieren oder alternativ spenden dürfen.

Zudem schlugen die Bündnis-Grünen in ihrem Wahlprogramm 2021 vor, nicht genutzte Guthaben auf verwaisten Konten ohne Erbansprüche in einen Fonds zu geben, der dann zielgerichtet in nachhaltige und soziale Innovationen investieren soll. Ein staatlich gesichertes Recht auf Homeoffice und eine staatlich gesicherte Wahlarbeitszeit zwischen 30 und 40 Stunden bei flexiblem Arbeitszeitkorridor sollte es ebenso geben, wie eine Vollbeschäftigung durch dauerhaft höhere öffentliche Investitionen und einen dauerhaften sozialen Arbeitsmarkt für Menschen ohne Perspektiven. Die Grundsicherung sollte zu einer individualisierten Garantiesicherung ohne bürokratische Sanktionen werden. Es sollten Schulden über die grundgesetzlich verankerte Schuldenbremse hinaus gemacht werden können, um Investitionen, die neues öffentliches Vermögen schaffen und allen gehören, zu ermöglichen. Neue Schulden also für neues Volkseigentum?

Kliniken sollten in Zukunft nicht mehr nur nach den Fallzahlen, sondern auch nach ihrem, von den Bündnis-Grünen definierten gesellschaftlichen Auftrag finanziert werden. Die Bundesanstalt für Immobilienaufgaben sollte zudem in einen gemeinnützigen Bodenfonds umwandelt werden, der neue Flächen strategisch zukauft, um sie an gemeinwohlorientierte Träger zu übertragen. Mietobergrenzen sollten im Bestand mit einem Bundesgesetz ermöglicht, die Mietpreisbremse entfristet und nachgeschärft werden und bei großer Wohnungsnot sahen die Bündnis-Grünen eine Pflicht für Eigentümer, Grundstücke zu bebauen. Gegen Fehlnutzungen und spekulativen Leerstand von Wohnraum wollten die Bündnis-Grünen auch vorgehen.

Mit einem Demokratiefördergesetz sollten Initiativen, Verbände, Vereine oder NGOs nachhaltig, projektunabhängig und unbürokratisch finanziell abgesichert werden. Ihre gemeinnützigen Ziele sollten diese dann auch offiziell durch politische Aktivitäten wie zum Beispiel beauftragte Studien oder Demonstrationen verwirklichen dürfen. Höhere Einkommen wollten die Bündnis-Grünen auch höher, Kapitalerträge wieder progressiv und Vermögen neu und mit jährlich 1 Prozent besteuern.

Natürlich haben die Bündnis-Grünen auch den verstärkten Ausbau der Wind- und Solarenergie oder den Schutz von Wäldern und Flüssen und Müllvermeidung im Programm. Das allerdings ist bei einer Partei, die Umweltschutz und Klima als Ihr Kernthema verkauft, auch zu erwarten. Nur wird dies moralisierend im Sinne eines gesellschaftlichen Auftrages genutzt. Mit dem Klimageld wird deren Ideologie im Handeln komplettiert und Klima wirkt geradezu als Doktrin, während die Vorsitzende Ricarda Lang betont, diese Politik aus Liebe zu den Menschen zu machen.

Die Grüne Jugend bedient sich für ihre Forderungen Fridays for Future, die sich spätestens seit dem Hamas-Angriff auf Israel durch tief sitzenden Antisemitismus profiliert haben. Ein ehemaliger Sprecher der Grünen Jugend zeigt sich ganz ungeniert mit der erhobenen Faust als kommunistischem Kampfgruß. Und mit dem im Jahr 2023 neu gewählten Sprecherinnen-Duo will sie die sowieso schon sehr linkslastige Ampel-Regierung von noch weiter links angreifen. Jugendorganisationen der Parteien sind traditionell »radikaler« als ihre Mutterparteien. Die Grüne Jugend ähnelt in ihrer Zielrichtung der Mutterpartei Bündnis 90/Die Grünen jedoch weithin sehr eindeutig.

So sagte der damalige Vorsitzende und heutige Bundeswirtschaftsminister in der Ampelregierung aus SPD, Bündnis 90/Die Grünen und FDP, Robert Habeck, bei der Vorlage des Programmentwurfs in 2021: »Wir legen das Programm in einer Zeit vor, in der eine politische Ära zu Ende geht und eine neue beginnen kann.«

Dies ist insofern interessant, als das eine politische Ära gleichzeitig auch die gesellschaftliche Entwicklung prägt. Wir leben (noch) in einer freiheitlich geprägten kapitalistischen Gesellschaft, in der soziale Marktwirtschaft unseren Wohlstand schafft und sichert. Diese Ära war überwiegend geprägt von konservativ-liberalen und sozial-liberalen Regierungsbündnissen. Wirtschaftswunder, Wirtschaftswachstum oder unsere modernen sozialen Sicherungssysteme sind ihre Errungenschaften. 1998 bis 2005 kam es dann zum rot-grünen Bündnis unter Gerhard Schröder, das mit der zweiten

Vertrauensfrage endete und zur vorzeitigen Neuwahl des Deutschen Bundestages führte.

In dieser Zeit des rot-grünen Bündnisses begann die Transformation unserer Gesellschaft, weg von der bisherigen bürgerlichen Mitte nach links, mit Stichworten wie Atomausstieg, Dosenpfand, Ökosteuer, Schuldenpolitik, Bruch der Maastricht-Kriterien und dem ersten »Pisa-Schock«. Diese Transformation kam nicht einfach über das Land. Sie wurde von den Bürgern selbst und demokratisch gewählt.

Meine Gespräche mit bündnis-grünen Abgeordnetenkollegen oder Parteimitgliedern laufen immer nach dem gleichen Muster ab. Jede marktwirtschaftliche Überlegung wird mit der Klimaschutznotwendigkeit gekontert. Klimaschutz braucht zuerst Vorschriften und dann Subventionen zur Finanzierung der angestrebten Transformation. Ebenso braucht es den Schutz vor dem eigenen Willen und der eigenen Entscheidung, indem zum Beispiel jede werbliche Einflussnahme eingeschränkt wird. Ein unmündiger, fast schon kläglicher Bürger steht der übermächtigen Industrie und Wirtschaft gegenüber und muss beschützt werden. Die freie Liebe wird zum frei und selbst definierten Geschlecht, völlig losgelöst von biologischen Tatsachen. Beruft man sich auf biologische Tatsachen, ist man transphob, wahlweise auch homophob. Und ist man nicht für den von ihnen definierten Klimaschutz, ist man gleich gegen Klimaschutz. Diskutieren ist nahezu unmöglich, nicht zuletzt auch wegen der schnellen Stigmatisierungen, die oftmals folgen, verweigert man die Zustimmung zu ihren Prophezeiungen. Unbestritten müssen wir unsere Lebensgrundlagen schützen, doch verfolgen die Bündnisgrünen den Klimaschutz mit nahezu dogmatischen Mitteln, samt wirklichkeitsfremden Verzichtsaufrufen und offen geteilten Verbotsüberlegungen. Sie prophezeien Klimakipppunkte, die das Überleben der Menschheit in Frage stellen, werden nicht sofort radikale Maßnahmen ergriffen – bevorzugt unter gleichzeitigem Abschied von der Marktwirtschaft. Dem wird politisch nicht nur viel zu leise widersprochen. Diese düsteren Visionen machen sich viele andere Politiker gar zu eigen. So auch die CDU-Kanzlerin und ihre jeweiligen Koalitionspartner zum

Beispiel mit ihrem gleichzeitigen Ausstieg aus der Kohle- und der Kernenergie. Unterstützt wird dieser Kanon von der Mehrzahl der Journalisten. Und in zumeist großer Zustimmung wird, nicht selten losgelöst von der eigenen Überzeugung, diesen Prophezeiungen in Form von Wahlkreuzen auch von vielen Wählern gefolgt. Die Folgen der dargebotenen Lösungsansätze bis hin zur drohenden Deindustrialisierung bleiben entweder unbeachtet oder werden ignoriert.

Zu groß ist entweder die Sorge, man könne bei einem Infragestellen der grünen Klimaziele generell oder der weltklimatischen Wirksamkeit einzelner Verzichts- und Verbotsideen als »Klimaleugner« denunziert werden, der sich an der Generation der Kinder und Enkel versündigt. Oder das eigene klimaschädliche, SUV-fahrende, Kurzstrecken fliegende und Fleisch essende Gewissen meldet sich spätestens an der Wahlurne zu Wort.

SPD: Vom Klassenkampf nach Godesberg – und zurück zum Klassenkampf

Mit dem Godesberger Programm hat sich die SPD 1959 von den Lehren von Karl-Marx verabschiedet, das Privateigentum als Produktionsmittel und die soziale Marktwirtschaft anerkannt, die Zusammenarbeit mit den Kirchen gesucht und die Bundeswehr und die Landesverteidigung im Rahmen der Nato bejaht. So reagierte sie auf den gesellschaftlichen und politischen Wandel.[227] Die gleiche SPD hat aber auch den Sprung von der Kanzlerpartei unter Gerhard Schröder mit der *Agenda 2010* hin zur Kanzlerpartei unter Olaf Scholz vollzogen. Diente das Godesberger Programm der Abkehr von der alten Arbeiterpartei hin zu einer modernen Volkspartei, die sowohl mit der Union als auch mit der FDP koalieren kann, dreht sich ihr Rad anscheinend wieder rückwärts hin zu einer Klassenkampfpartei, die Menschen, die besser verdienen als andere, mindestens über höhere Abgaben zur Verantwortung ziehen will. In Dauerschleife werden Vermögenssteuern, Steuererhöhungen und Mehrbelastungen für Besserverdienende gefordert und das Ideal des »demokratischen Sozialismus« gepriesen. 2023 setzte sie schließlich das Bürgergeld in teilweiser Rückabwicklung der Agenda 2010 durch.

Die desolate Lage der deutschen Wirtschaft mit Arbeitslosenquoten von über 10 Prozent machte einst die arbeitsmarkt- und sozialpolitischen Maßnahmen der Agenda 2010 notwendig, um dem Wirtschaftsstandort Deutschland neuen Schwung zu verleihen. Rund 20 Jahre später bedroht nun unter anderem ein Fachkräftemangel erneut den Wirtschaftsstandort Deutschland. Statt einer *Agenda 2030*, mit Maßnahmen, die zum Beispiel die hohe Teilzeitquote verringern helfen, nachhaltige Anreize zur Erwerbstätigkeit setzten oder die Einwanderung von qualifizierten Fachkräften in unseren Arbeitsmarkt befördern, wird die SPD nicht müde, weitere Belastungen für Unternehmen, eine 4-Tage-Woche, 15 Euro Mindestlohn oder die beständige Anpassung des gegenüber Hartz IV bereits mit erhöhten Regelsätzen ausgestatteten Bürgergeldes zu fordern.

Von den sozialdemokratischen Ansätzen der innenpolitischen Reformen mit dem Anspruch des »Fordern und Fördern« aus 2003 ist in der SPD selbst wenig übrig geblieben.

Meine Gespräche mit SPD-Abgeordneten oder Parteimitgliedern erinnern mich zuweilen an einen Klassenkampf, den zu führen sie etwa 100 Jahre zu spät dran sind. Mit ungerechtfertigten Vermögen, die auf den Rücken der Arbeiter und Angestellten aufgebaut wurden und werden, mit Möglichkeiten, die einer bestimmten unteren Klasse verschlossen bleiben oder Erbschaften, die der nächsten Generation leistungslos zufallen, wird eine Klassendiskussion eröffnet und aufrechterhalten, die eher Neiddebatten stimuliert, als wirkliche Überlegungen befördert, wie man bestehende Ungerechtigkeiten bei den Startchancen ins Leben ausgleichen kann.

Wird hier bei der Erbschaft von leistungslosem Einkommen gesprochen, soll es dort gleichzeitig ein bedingungsloses Startkapital für jeden Volljährigen in Höhe von 20000 Euro geben. Zwar auch leistungslos, doch dieses Mal nicht von den Vorfahren geerbt, sondern vom Staat zugeteilt, mit anderen Worten von den Vermögenderen wegverteilt. Im gleichen Gespräch wird Leistung auf der einen Seite naserümpfend beäugt, um auf der anderen Seite festzustellen, dass eben nicht jeder eine Firma gründen kann, weil manche schlicht zu dumm sind. Was nur aber würden diese Menschen mit den 20000 Euro geschenktem Startkapital machen? Wollen wir diese Idee weiterspinnen, kommen wir unweigerlich auf betreutes Denken und Handeln, sollen diese 20 000 Euro nicht umsonst verschenkt worden sein.

Mit immer mehr Geld im Sozialsystem wird versucht, bestehende Ungleichheiten monetär auszugleichen, die durch reines Nehmen auf der einen und reines Geben auf der anderen Seite so nicht ausgeglichen werden können. Gleichberechtigung wird mit Gleichheit gleichgesetzt oder verwechselt, wobei ignoriert wird, dass Menschen in ihren Möglichkeiten so unterschiedlich und individuell sind, wie unsere Gesellschaft vielfältig ist.

Ungerechtigkeiten bestehen, das ist unbestritten und so weit auch überwiegender politischer Konsens. Doch der Kampf, den die SPD heute wieder führt, soll keine Ungerechtigkeiten abschaffen, sondern Ungleichheiten nivellieren, ganz im Stile einer bereits erprobten und gescheiterten sozialistischen Gesellschaft.

CDU – Immer bedacht, Volkspartei zu bleiben

Mit der von Bundeskanzler Schröder 2005 verlorenen Vertrauensfrage und den folgenden Neuwahlen wurde der Weg bereitet zu einer Großen Koalition von CDU/CSU und SPD und zur Kanzlerschaft von Angela Merkel. Insgesamt viermal ging Angela Merkel siegreich aus den Bundestagswahlen hervor, verteidigte 5860 Tage lang ihr Amt und bestimmte so bis 2021 die Geschicke des Landes und den gesellschaftlichen Kurs Deutschlands. Mit durchgehaltenen politischen Positionen darf diese Beharrlichkeit jedoch nicht verwechselt werden, änderte Merkel gerne ihre Anschauungen, wie zum Beispiel in der Migrationspolitik, in der Energiepolitik und in der Wirtschaftspolitik geschehen.

So zitierte Merkel in einer Bundestagsrede zwei Wochen vor der Bundestagswahl am 13. September 2002 beispielweise noch zustimmend den Satz des SPD-Innenministers Otto Schily, »Das Maß des Zumutbaren ist überschritten«, und versprach: »Bevor wir neue Zuwanderung haben, müssen wir erst einmal die Integration der bei uns lebenden ausländischen Kinder verbessern.«[228] Nach zehn Jahren im Amt zeigte sich Merkel bezüglich der gleichen beziehungsweise sich auch durch ihre Entscheidungen nochmal verschärfenden Migrations- und Integrationsproblematik und sich mit der neuen Flüchtlingswelle anbahnenden Krise 2015 in der Bundespressekonferenz am 31.08.2015 hingegen gänzlich entspannt: »Wir schaffen das. Und wo uns etwas im Wege steht, muss es überwunden werden, muss daran gearbeitet werden und der Bund wird alles in seiner Macht Stehende tun, zusammen mit den Ländern, zusammen mit den Kommunen genau das durchzusetzen.«[229]

Der Kernkraftausstieg, von Rot-Grün 2000 beschlossen und maßgeblich initiiert vom grünen Bundesumweltminister Jürgen Trittin, wurde von der CDU/CSU zu diesem Zeitpunkt noch hart kritisiert und von Merkel 2010 durch Laufzeitverlängerungen für die Kernkraftwerke revidiert. 2011 bewies Merkel dann jedoch ebenfalls ihre Geschmeidigkeit in der politischen Anpassungsfähigkeit, als sie nach der Kernschmelze in Fukushima und im Vorfeld einer Landtagswahl in Baden-Württemberg den Ausstieg aus dem Ausstieg aus dem Ausstieg verkündete – nun wollte die Physikerin plötzlich doch die Stilllegung aller Kernkraftwerke, ganz im Sinne des ursprünglichen Beschlusses von Rot-Grün. Diese Kehrtwende war dann wohl so hart, dass selbst die Konstrukteure dieses Ausstiegs um SPD und vor allem Bündnis90/Die Grünen sehr laut ihren grundlegenden Beitrag zu diesem eingeschlagenen Energiewende-Weg einfordern mussten.

Angela Merkel hinterließ 2021 eine CDU, deren Flügel sich in öffentlichen Richtungskämpfen darum stritten, ob man in der angestammten, aber inzwischen nach links verschobenen Mitte bleiben wollte oder mit einem wieder stärkeren konservativen Grundton raus aus der Ära Merkel zu kommen vermochte. Und während der aktuelle Vorsitzende Friedrich Merz ein Bündnis mit den Grünen für möglich hält, lehnen dies die Wähler der CDU mit großer Mehrheit ab. Mit dem neuen Grundsatzprogramm, das klare Formulierungen pro Leitkultur, pro Verschärfung des Asylrechts und pro Wehrpflicht enthält, scheint die Richtung einer neuen wieder mehr konservativ-bürgerlichen

Merz-CDU beschritten. Wie realistisch alle diese Forderungen sind, steht auf einem anderen Blatt.

In meinen Gesprächen mit Abgeordneten von CDU oder CSU oder anderen Parteimitgliedern wird eines immer wieder deutlich: Wir stehen uns inhaltlich nah; näher jedenfalls als den Bündnis-Grünen oder Sozialdemokraten, wenngleich das konservative Spektrum ausgesprochen weit zu sein scheint. Verstörend ist indes die häufig zur Schau getragene Überheblichkeit, die eine Zusammenarbeit auf Augenhöhe nicht erst seit 2013 in eine große Unbekannte verwandelt.

Derweil wird aus der CDU-nahen Vereinigung Werteunion, einst Sammelbecken der unter Merkel heimatlos gewordenen Unions-Konservativen, eine Partei. Eine Partei mit dem bildlich dargebotenen Ideal einer blonden langhaarigen Mutter in traditionellem Kleid und einem ebenso blonden Vater im Anzug an ihrer Seite, ordentlich drapiert mit drei adretten, artigen, natürlich auch blonden Kindern.

Wenn jedoch in der gesellschaftlichen Mitte, in der einst die Konservativen als Teil der Union ihre selbstverständliche Heimat hatten, nur noch ein politisches Vakuum existiert, kann es kaum noch wundern, würden selbst solche verkrampft-ethnologischen Ausschläge als Strohhalm der eigenen politischen und kulturellen Orientierung angenommen.

FDP- Im beständigen Ringen um die Positionierung in der Mitte

Seit der Gründung der FDP 1948 mit Theodor Heuss als ihrem ersten Parteivorsitzenden und späterem ersten Bundespräsidenten der Bundesrepublik prägten Richtungskämpfe zwischen den in der FDP vereinigten Linksliberalen und Nationalliberalen[230] die innerparteilichen Auseinandersetzungen. Bewegte sich die FDP bei Wahlen in der Regel im einstelligen Prozentbereich und galt als reiner Mehrheitsbeschaffer, konnte sie mit 12,8 Prozent unter dem wirtschaftsliberalen Parteivorsitzenden Erich Mende ein Rekordergebnis bei der Bundestagswahl 1961 erzielen. Vier Jahre später fiel es wieder ab auf nur noch 9,5 Prozent. Die Koalition mit Ludwig Erhardt zerbrach, wofür die Gegner Mendes seinen Rechtsruck ins Nationalliberale verantwortlich machten.

Walter Scheel gab der FDP ab 1968 als nächster Vorsitzender ein sozialliberales Profil, das 1971 mit den Freiburger Thesen untermauert wurde. Scheel selbst wurde in der Koalition unter Bundeskanzler Willy Brandt Außenminister und 1974 wurde er zum Bundespräsidenten gewählt. Die zweite Ölkrise 1979/80 mit den beständig steigenden Arbeitslosenzahlen und der sich weiter zuspitzenden Krise der öffentlichen Finanzen bei einer ohnehin schon überbordenden Staatsverschuldung lenkten den Fokus der FDP wieder stärker auf den Wirtschaftsliberalismus.

Hans-Dietrich Genscher richtete als neuer Parteivorsitzender ihren Kurs wieder auf die wirtschaftsliberalen Inhalte aus. In der sozialliberalen Koalition brodelte es daher unter der Kanzlerschaft von Helmut Schmidt ab 1981 insbesondere wegen der unterschiedlichen Ansätze gewaltig, konnte sich die SPD mit ihren verfestigten keynesianischen Vorstellungen nur schwer von der gesamtgesellschaftlichen Nachfragepolitik lösen.

Schließlich sollte der damalige Bundeswirtschaftsminister Otto Graf Lambsdorff ein Thesenpapier verfassen, das die wirtschaftspolitischen Positionen zusammenfasste. Dieses Papier vom September 1982 ging als »Scheidungsbrief« in die Geschichte ein, denn damit endete die sozialliberale Ära[231] und mündete in einer Koalition mit der Union unter Bundeskanzler Helmut Kohl. Zu den zentralen Forderungen des Thesenpapiers gehörte die angebotspolitische Umorientierung öffentlicher Haushalte, indem investive Ausgaben zum Beispiel in Infrastrukturprojekte verstärkt werden sollten. Zugleich sollten die Sozialausgaben zurückgefahren und die Unternehmen durch Abschaffung der Gewerbe- und Vermögenssteuern entlastet werden.[232]

Unumstritten waren die Positionen weder in der Bevölkerung und der Wählerschaft noch in der FDP selbst, deren sozialliberaler Flügel die von ihnen vertretenen Bürgerrechte zu wenig abgebildet sah. Fast ein Drittel der Mitglieder trat seinerzeit infolge dieser neuerlichen Kehrtwende aus der Partei aus.[233]

Dieser wirtschaftsliberale Kurs wurde mit Otto Graf Lambsdorff als Parteivorsitzenden ab 1988 und Klaus Kinkel bis 1995 fortgesetzt und erfolgreich durch die Wendezeit geführt. Die konservativ-liberale Koalition sollte bis 1998 Bestand haben, wurde dann von der rot-grünen Koalition mit Gerhard Schröder als Bundeskanzler abgelöst.

Guido Westerwelle folgte 2001 dem Hessen Wolfgang Gerhard als Parteivorsitzender.

Er wollte die FDP zur Volkspartei machen, was in der Außenwirkung zuweilen auch als »Spaßpartei« verstanden wurde – etwa wenn er in den Big-Brother-Container stieg. Oder sich die Zahl »18« unter die Schuhsohle klebte. Das sorgte zwar für Kritik, doch gelang der FDP unter Westerwelle nach einigen einstelligen Wahlerfolgen im Jahr 2009 mit 14,6 Prozent das bislang beste Wahlergebnis bei einer Bundestagswahl. In einer schwarz-gelben Koalition unter Bundeskanzlerin Angela Merkel gelangten die Liberalen zurück an die Macht – und scheiterten.

Die FDP flog 2013 mit 4,8 Prozent erstmals aus dem Bundestag raus, stellte sich im Dezember jenen Jahres mit Christian Lindner als neuem Parteivorsitzenden im Rahmen eines Leitbildprozesses neu auf und kehrte 2017 mit 10,7 Prozent in den Bundestag zurück. Die sich postwendend ergebene Machtoption in einer Jamaika-Koalition lehnte Christian Lindner für die FDP mit dem inzwischen legendären Satz: »Lieber nicht regieren, als falsch regieren.« ab.

Die nächste Machtoption sollte die FDP nach starken 11,4 Prozent in der Bundestagswahl 2021 in einer Ampel-Koalition mit SPD und Bündnis-Grünen wahrnehmen. Angesichts der unter Bundeskanzler Olaf Scholz drückenden links-grünen Übermacht und Themen irrte sie dann jedoch wieder weit ab vom einst wirtschaftsliberalen Kurs, schloss sie sich der linken lenkenden Nachfragepolitik überwiegend an.

Die zwölf, im April 2024 auf dem Berliner Parteitag beschlossenen »Punkte zur Beschleunigung der Wirtschaftswende«, gingen zwar in die wieder wirtschaftsliberale Richtung, doch anders als beim Wendepapier des Grafen Lambsdorff 42 Jahre zuvor, war wohl nicht ein Bruch der Koalition das Ziel, sondern lediglich schnell wirksamer Balsam für die geschundenen Seelen der Wähler und wirtschaftsliberalen Parteimitglieder. Die FDP wirkt arbiträr und ist nach links von der Mitte gerückt, um koalitionsfähig ebenso mit der weit nach links gerückten SPD wie mit der unter Merkel ebenfalls nach links gerückten CDU und den sowieso im linken Parteispektrum stehenden Bündnis-Grünen zu bleiben.

Die entstandene, auch gesellschaftspolitische Lücke rechts der FDP, die sich angesichts der progressiven Gefälligkeiten an die links-grünen Koalitionspartner aufgetan hat, haben Rechtspopulisten wie die AfD gefüllt.

Ich erlebe eine FDP, die beharrlich versucht, geeint in der von ihr angenommenen Mitte zu stehen. Doch so wie diese Mitte nach links driftet, so verliert die Partei die Fähigkeit, einen internen, durchaus auch kontroversen Diskurs ihrer Ausrichtung nicht nur zu führen, sondern auch auszuhalten.

Mein Beitritt zur FDP erfolgte bewusst aufgrund meiner Überzeugungen, die am stärksten mit den Werten und Ideen dieser liberalen und wirtschaftsnahen Partei übereinstimmten. Meine Einstellungen haben sich seit meiner Unterschrift unter dem Mitgliedsantrag nicht geändert. Meine liberalen Werte habe ich nicht abgelegt. Und doch wird der parteiinterne Rechtfertigungsdruck für genau diese Einstellungen von Jahr zu Jahr größer, gerade so, als würde sich auch die FDP der moralisch fundierten und nach »gut und böse« versus »links und rechts« bewertenden Politik des linken Meinungsspektrums anschließen wollen.

AfD – Vom Eurokritiker zum Rechtspopulisten

Die Finanzkrise 2010 und die daraus erwachsene Krise der Europäischen Währungsunion waren Auslöser der Gründung der AfD im Jahr 2013. Bernd Luke, Konrad Adam und Alexander Gauland wollten mit dieser zu Gründungszeiten noch liberal-konservativen »eurokritischen« Partei eine klare Alternative zur Europäischen Finanz- und Rettungspolitik etablieren, die auf die Einführung eines dauerhaften Stabilitätsmechanismus (ESM) abzielte. Auch Merkels Zusage direkter, nach ihren Worten »alternativloser« Finanzhilfen an Griechenland, wurde von diesen AfD-Gründern abgelehnt.

Als »Wahlalternative 2013« gestartet, die zuerst noch geplant hatte, gemeinsam mit den Freien Wählern zur Bundestagswahl 2013 anzutreten, verpasste die schließlich als Partei gegründete AfD den Einzug in den Bundestag und hessischen Landtag im gleichen Jahr nur knapp. Bei der Europawahl im Mai 2014 erreichte die AfD hingegen schon 7,1 Prozent. Bei den gleichzeitig stattfinden Kommunalwahlen in zehn Bundesländern zog sie in zahlreiche Gemeindevertretungen und Stadträte ein, außerdem in die drei Landtage Thüringen, Sachsen und Brandenburg und 2017 schließlich mit 12,6 Prozent in den Bundestag. Außer in Bremen und Schleswig-Holstein ist sie mittlerweile in allen Landtagen vertreten. Die AfD konnte sehr schnell eine umfassende Organisation aufbauen und hatte 2014 bereits rund 20 000 Mitglieder,[234] die zum großen Teil aus den vornehmlich bürgerlichen Parteien übergelaufen waren.

Prominentestes und zudem finanzstarkes Mitglied war wohl der Unternehmer und ehemalige BDI-Präsident Hans-Olaf Henkel.[235] In ihrem marktliberal ausgerichteten Programm formulierte die AfD deutlich konservative Positionen in der Familienpolitik und eine restriktive Haltung gegenüber der von ihr abgelehnten »ungeordneten Zuwanderung in die Sozialsysteme«. So verknüpfte sie ökonomische und kulturelle Konfliktlinien miteinander.[236]

Mit dem Verblassen der öffentlichen Debatte zum Euro trat die Migrationsthematik in den politischen Fokus der AfD und verschob die programmatische Ausrichtung weg vom Wirtschaftsliberalismus und hin zum Nationalkonservatismus.[237] Wirtschaftsliberale wie Bernd Lucke und später auch Jörg Meuthen verließen die Partei, während die Vertreter des Rechtspopulismus wie Alexander Gauland, Beatrix von Storch, Alice Weidel und zunächst auch Frauke Petry insbesondere seit der Flüchtlingskrise 2015 an innerparteilichem Gewicht gewannen. Der »Flügel« um Björn Höcke wurde zum bestimmenden Faktor. Das führte zur Abkehr prominenter Unterstützer. Der Rechtspopulismus ist seitdem feste Größe im politischen Parteienspektrum.

Die Wählerschaft war erst noch dem vornehmlich rechtsradikalen Spektrum zugeordnet, hat nunmehr aber auch die bürgerliche Mitte erreicht, gepusht durch das konservative Versagen auf Gebieten wie Wirtschaftspolitik, Migration und innere Sicherheit. Überall dort, wo die Union und die FDP ein wirtschafts- und gesellschaftspolitisches Vakuum entstehen ließ, drängte die AfD hinein.

Mittlerweile werden mit Thüringen, Sachsen-Anhalt und Sachsen drei ostdeutsche Landesverbände vom jeweiligen Verfassungsschutz als gesichert rechtsextrem eingestuft. Zwar wird zum Beispiel dem AfD-Landesverband Sachsen eine personelle Heterogenität bescheinigt, jedoch überwiegt nach der Analyse des sächsischen Landesamtes für Verfassungsschutz das sogenannte »solidarisch-patriotische« Lager, hervorgegangen aus dem offiziell aufgelösten »Flügel«, dessen geistiger Vater und Anführer der Rechtsextremist Björn Höcke ist.[238]

Der politisch-gesellschaftliche Frust der Menschen der bürgerlichen Mitte – jenseits der rechtsradikalen Stammwählerschaft der AfD – muss groß sein, ignorieren sie bei ihrer Wahlentscheidung (oder ihrer Antwort bei Wahlumfragen) entweder dieses Gedankengut, oder nehmen es schlicht in Kauf, wollen sie eine Änderung des aktuellen politischen linken Grundtenors herbeiführen. Möglicherweise plädieren sie aber auch tatsächlich zum Beispiel für ein erzkonservatives Familienbild, das Vollzeitmütter aktuell diskriminiert sieht oder sie wollen die Rückabwicklung des Bologna-Prozesses zurück zu Diplom, Magister und Staatsexamen oder sie sehen Freihandelsabkommen grundsätzlich kritisch.

Gespräche mit Bundestagsabgeordneten der AfD habe ich bisher nicht geführt. Das liegt vor allem daran, dass mich der von ihnen angeschlagene aggressive Ton, diese überzogene »Anti-Establishment-Rhetorik«, in der am Ende jedes Problem auf die außer Kontrolle geratene Migration zurückgeführt wird und ihre nicht selten kühl und zackig wirkende Aura, auf Abstand hält.

Zudem erlebe ich mittlerweile eine Kultur der »Kontaktschuld«, die jede Begegnung mit Politikern der AfD in eine Art Zustimmung zu ihrer Politik oder zu ihrem Auftreten umdeuten würde. Schlichte Gespräche, ein schlichter Austausch sind ohne Gefahr der eigenen Stigmatisierung als »Rechtsaußen« kaum noch möglich. Der Kontakt mit der AfD ist öffentlich gefordert möglichst zu meiden. So ist es nicht verwunderlich, dass Einladungen zu öffentlichen Gesprächsrunden regelmäßig und gezielt an der AfD vorbeilaufen. Und wagt es dennoch ein Veranstalter einen Vertreter der AfD auf ein Podium zu holen, kann der Rechtfertigungsdruck existenzgefährdende Maße annehmen. Ebenso muss sich jeder Experte gut überlegen, bei der oder für die AfD aufzutreten, möchte er sich damit nicht alle weiteren Kontakt- und Auftrittsmöglichkeiten außerhalb der AfD verwirken. Da ist es auch bezeichnend, dass ein öffentliches Rede-Duell in Thüringen zwischen Mario Voigt (CDU) und Björn Höcke (AfD) Anfang 2024 bereits weit vor deren Begegnung für intensive Diskussionen, ob ihrer gesellschaftlichen oder politischen Zulässigkeit, sorgte.

Und ich ertappe mich dabei, dass ich auf einer eigens auch von uns Liberalen initiierten Kundgebung zur Solidarität mit Israel, auf der Vertreter der AfD, nicht aber der Linken und Grünen anwesend waren, deren Begrüßung per Handschlag mit den Gedanken begleite, wer mich nun beobachten oder gar fotografieren könnte. Bei Gesprächen am Wahlkampfstand blitzen durchaus Abwehrmechanismen durch, könnte dieser Austausch als »Schulterschluss« mit der AfD öffentlich anklagend interpretiert werden. Und Hilfe gar beim Zusammenpacken der Wahlkampfutensilien von AfD-Parteimitgliedern würde in den Augen des roten und grünen Parteien- und Meinungsspektrums möglicherweise gar mit einer Art Aufgabe des Widerstandes gegen rechts gleichgesetzt und öffentlich mindestens thematisiert werden können. Vielleicht etwas überzogene Überlegungen, dennoch beschämend entlarvend für eine demokratische Gesellschaft, erst recht, wäre ich damit nicht alleine.

Die linke Schlagseite unserer Gesellschaft

Die Neupositionierungen der Parteien deutlich nach links sind einerseits Ursache für, andererseits aber auch Ergebnis der Verschiebung der gesellschaftlichen Mitte in eben jene Richtung. Oft sind es nicht Parteiprogramme oder Regierungsentscheidungen, die zu Kursveränderungen führen, sondern die leisen Töne, die die Musik und schließlich das linke Lied machen.

Beginnend in Kita und Schule, geht die Neudefinition der Mitte weiter in Universitäten, den Institutionen und Ministerien. Menschen prägen den Inhalt, das Format und die Richtung. Manche sind beeinflusst vom erdrückenden Mainstream des vermeintlich einzig »Richtigen«. Manche machen völlig unreflektiert mit. Viele schließen sich dem neuen Zeitgeist aber auch aus voller Überzeugung an. Es sind klimaaktivistische Untergangsszenarien, geschlechtsidentitäre Überzeugungen, Zerrbilder über den »alten weißen Mann« oder die zunehmende Auffassung als »privilegierter Europäer« trage man eine Mitschuld an sämtlichen Krisen der Welt und müsse dafür Buße im Alltag tun.

Im Kindergarten wird mit Glück noch frisch gekocht und mit noch mehr Glück gibt es die normale, gesunde Mischkost für ein gesundes Aufwachsen. Das ist jedoch nicht jedem Kind vergönnt. So gibt es Kitas mit rein vegetarischer, mittlerweile gar veganer Ernährungsphilosophie. Es gibt Kindergärten, die kein Schweinefleisch mehr anbieten – nicht aus gesundheitlichen oder ernährungsphysiologischen Gründen, sondern aus religiöser Rücksichtnahme. Es gibt Kindergärten, die anstatt Sankt Martin, Weihnachten oder Ostern das Laternen-, oder Winterfest feiern. Muttertagsbasteleien sollen unterbleiben, mit der Begründung, dass es Kinder gibt, die keine Mutter haben, weil diese entweder verstorben ist oder weil es zwei Väter gibt.

Kritik daran wird als mindestens vormodern und schlimmstenfalls als rechtsradikal abgetan. Dabei mag der Wunsch, die eigene, häufig christliche Kultur erleben und wahren zu wollen oder die schlichte Freude über Muttertags-Basteleien, vielleicht konservativ oder »old school« sein. Ausdruck eines politischen Extremismus oder auch nur die Nähe dazu ist das aber ganz sicher nicht. Wer jedoch solchermaßen bei Elternabenden oder öffentlich gesellschaftlich stigmatisiert wird, schweigt lieber, toleriert die Intoleranten oder schließt sich gar dem neuen linken »Mindset« an. Unsere Kultur verschwindet durch dieses Schweigen und Mitmachen aus den Köpfen kommender Generation – nicht von heute auf morgen, aber mit der Zeit. Progressivität wird mit der Stigmatisierung konservativer Ansichten verwechselt, was den Graben zwischen progressiv/universell und konservativ/individuell immer tiefer werden lässt.

In der Schule werden Dokumentationsfilme gezeigt, die die Erderwärmung thematisieren und die Kinder in dem Glauben nach Hause schicken, dass wir alle vor einer Katastrophe stehen und bald sterben müssen, wenn sich die Erde weiter aufheizt und damit unbewohnbar wird. Es geht dabei allzu häufig um das Erzeugen von Panik und Angst, und viel zu selten um eine vernünftige Sensibilität dem wichtigen Thema des Klimaschutzes gegenüber, die in eine positive Aufbruchstimmung für eine Zukunft, in der man die aktuellen Probleme lösen kann, mündet.

Durch mit Pronomen belegte Erzählungen wird das biologische Geschlecht progressiv verleugnet, was selbst feministische Errungenschaften ad absurdum führt. Denn mit der Reform des Transsexuellengesetzes, die im neuen Selbstbestimmungsgesetz aufging, wird das Ändern des Geschlechtseintrags beim Standesamt einmal pro Jahr der individuellen Beliebigkeit überantwortet. Da kann dann auch ein biologischer Mann, vulgo: penistragende Person, in der Umkleidekabine für Frauen und Mädchen auftauchen oder Einlass ins Frauenhaus begehren und bei Sportwettkämpfen aufgrund der weiterhin männlichen Muskelkraft die tatsächlichen Frauen auf die Plätze verweisen. Selbst Kinder können durch ihre Eltern ihrem nicht biologischen Geschlecht standesamtlich zugeordnet werden. Pubertierenden, heranwachsenden Jugendlichen wird ermöglicht, ihre geschlechtliche Unsicherheit standesamtlich bestätigen zu lassen, im Streitfall gegen den Willen ihrer Eltern über eine Entscheidung des Familiengerichts.

Geschlechtlichkeit wird nicht nur negiert, sie wird aufgehoben und durch Geschlechtsidentität ersetzt. Mögen die Fälle, die von dieser neuen Definition betroffen sind, auch gering sein, markiert sie gleichwohl eine gesellschaftspolitische Richtung, die definierte Unterschiede aufhebt, dabei Toleranz abbilden will, selbst aber völlig intolerant ist.

Gendern gehört zum guten und progressiven Ton, denn Gendern gilt als modern, hip und gleichberechtigend. Wer nicht gendert, diskriminiert nach der neuen Lehre. Und obwohl dies offiziell gern bestritten wird, berichten Betroffene von Punktabzügen und schlechteren Bewertungen an ihren Universitäten, ignorieren sie die neuen Sprach- und Denkvorgaben und halten sich lieber an den Duden. Im öffentlich-rechtlichen Rundfunk vergeht kaum eine Sendung, in der nicht gegendert wird. Sportliche Interviewpartner verhaspeln sich, vergessen sie das vom öffentlich-rechtlichen Interviewer erbetene Gendern.

Und die Verwaltung macht sich offenkundig mehr Gedanken zum richtigen Gendern als um eine zügige Digitalisierung der einfachsten Antragsverfahren – zumindest passiert auf diesem Gebiet mehr.

Was ist dran am Gendern, dass es uns sprachlich so nachdrücklich aufgedrängt wird? Zunächst soll mit dem pausengesprochenen »...:innen« ganz offensichtlich jeder männliche Duktus aus unserer Sprache verschwinden und Gleichberechtigung bringen.

Sprache wächst jedoch. Sprache entwickelt sich. Sprache entsteht. Das aktive Gendern und jede Verpflichtung dazu, sei es an Universitäten, in den Medien, im Sport oder Freizeit umgeht aber dieses natürliche Wachsen. Hat sich unsere Sprache bisher wie selbstverständlich immer weiter entwickelt und den gesellschaftlichen Ausprägungen angepasst, wird sie nun in Genderregeln gepresst, die von rund 80 Prozent der Bevölkerung abgelehnt wird[239] und sich sprachwissenschaftlich nicht begründen lässt. So wie die Sprache eine Gesellschaft spiegelt, so spiegelt ihre aktive Manipulation unsere gesellschaftliche Verkantung.

Ohne Frage muss die Benachteiligung von Frauen beendet werden. Jedoch gelingt das nicht, indem wir mit einer gezwungen weiblichen Sprache an der Oberfläche wirklicher beruflicher, wirtschaftlicher und gesellschaftlicher Diskriminierung kratzen und all jene maßregeln, die sich nicht an den Sprachverwirrungen beteiligen wollen. Im Gegenteil, dies zeigt eher den verzweifelten Versuch, Gleichberechtigung dort herbeizureden, wo sie noch weit in den Anfängen steckt.

Gelingt es der Gesellschaft, den Vorteil und den Gewinn eines gleichberechtigten Miteinanders für alle Beteiligten zu sehen, anzuerkennen und zu fördern, dann wird Diskriminierung in alle Richtungen verschwinden. Und stehen die Frauen selbstbewusst zu ihren Möglichkeiten, Fähigkeiten, Fertigkeiten und vor allem zu ihrer Weiblichkeit, dann braucht es keine kunstvollen Sprachpausen und Gender-Sternchen.

An den Universitäten werden wissenschaftliche Diskussionsveranstaltungen abgesagt, passen sie nicht in den linken Mainstream. Wurde im Biologieunterricht einst noch gelehrt, dass es zwei biologische Geschlechter gibt, entzünden sich heute an der Zweigeschlechtlichkeit Debatten, die an Emotionalität nur noch durch Irrationalität zu übertreffen sind. In Vorlesungen und Seminaren muss nun die neue Gewissheit verinnerlicht werden, dass die Überzeugung von der Zweigeschlechtlichkeit rückständig und intolerant sei. Will man der Ansicht nicht folgen, dass es viele Geschlechter gibt, folgt nicht selten und postwendend der Diskriminierungsvorwurf, selbst wenn man die geschlechtliche Identität vom biologischen Geschlechtsbegriff differenziert betrachtet.

So wurde im Juli 2022 ein Vortrag einer Biologin bei der Langen Nacht der Wissenschaften an der Humboldt-Universität Berlin abgesagt, weil sie die Zweigeschlechtlichkeit als wissenschaftliches Faktum verteidigte. Prompt rief ein »Arbeitskreis kritischer Jurist*innen an der Humboldt Uni Berlin« zu Protesten auf: »An unserer Uni gibt es keinen Platz für Queerfeindlichkeit. Wir sehen uns auf der Straße!«[240]

Angesichts dieser Absage muss die Frage nach dem Standpunkt der Uni-Leitung genauso wie der Wert vor allem auch unabhängiger Wissenschaftlichkeit aufgeworfen werden. Vor dem Hintergrund der Kontroverse um die Deutungshoheit zum Begriff des Geschlechts und deren politische Folgen kann diese Frage durchaus beantwortet werden, erst recht, da diese Veranstaltung nur aufgrund des großen öffentlichen Drucks nachgeholt wurde.

Unabhängige Wissenschaftlichkeit ist an deutschen Universitäten auf dem Rückzug, das preisgegebene Terrain wird übernommen von haltungsorientiertem Aktivismus. Diese beklemmende Entwicklung bestätigte sich nach dem Überfall der terroristischen Hamas auf Israel im Oktober 2023. In ganz Deutschland offenbarten diese Mordtaten und Vergewaltigungen und der anschließende Kampf der israelischen Truppen in Gaza einen in Teilen unserer Gesellschaft mittlerweile wieder tief verwurzelten Antisemitismus. Pro-palästinensische, Hamas unterstützende, anti-israelische Demonstrationen wurden zuallererst für jüdische Studenten, aber auch für Beobachter der sich wandelnden gesellschaftlichen Stimmung und Mahner vor eben genau diesen absehbaren Folgen bedrohlich. Wo sich linke Systemkritiker vor allem mit antiamerikanischem Kampfgeist vereinen, finden sich Progressive selbst mit den sie verachtenden islamistischen Antisemiten im gemeinsamen Israelhass zusammen. Der linke Antisemitismus hat an unseren Universitäten Fuß gefasst und damit mehr als 85 Jahre nach der Reichspogromnacht auch wieder in unserer Gesellschaft.

Derweil werden die Ministerien gezielt mit »Parteisoldaten« bestückt. Ebenso Verwaltungs-, Berater-, Beirats-, Aufsichtsrats- oder Präsidialpositionen. Der 1967 von Rudi Dutschke artikulierte »Marsch durch die Institutionen« wird vor allem von den Grünen und späteren Bündnis-Grünen in einem ebenso atemberaubenden Tempo wie verborgenem Vorgehen – zumindest für den oberflächlichen Betrachter – vollzogen. Zog 1979 mit der Bremer Grünen Liste noch vor der offiziellen Gründung der Grünen 1980 erstmals ein grünes Wahlbündnis in ein Parlament ein, schafften es die Grünen mit Wilfried Kretschmann 1980 schon in das Parlament in Baden-Württemberg und 1983 erstmals in den Bundestag. 1985 regierten die Grünen in Hessen mit Joschka Fischer als Umweltminister bereits mit. Mit Horst Frank stellten die nun Bündnis-Grünen von 1996 bis 20212 erstmals einen Oberbürgermeister in einer deutschen Stadt, nämlich in Konstanz. Dem Beispiel folgten 2002 Dieter Salomon in Freiburg und 2007 (der in seiner Partei inzwischen in Ungnade gefallene) Boris Palmer in Tübingen. 2019 wurde mit Belit Onay in Hannover der erste Bündnis-Grüne Oberbürgermeister in einer Landeshauptstadt.

Von 1998 bis 2005 regierte die nunmehr zu den Bündnis-Grünen fusionierte Partei in der rot-grünen Koalition unter Gerhard Schröder als Bundeskanzler und Joschka Fischer als Vizekanzler im Bund mit. Im Mai 2011 übernahm Winfried Kretschmann als erster grüner

Ministerpräsident eine Staatskanzlei, und zwar in dem bis dahin zuverlässig schwarz regierten Baden-Württemberg. Der Versuch, mit der Spitzenkandidatin Annalena Baerbock bei der Bundestagswahl 2021 auch noch das Bundeskanzleramt für die Grünen zu erobern, scheiterte zwar, jedoch wurde die Partei neben SPD und FDP Teil der Ampelregierung und übernahm fünf Ministerien. Neben dem von Baerbock geleiteten Auswärtigen Amt erhielten die Bündnis-Grünen das Bundeswirtschaftsministerium (unter Vizekanzler Robert Habeck, der seinem Haus auch die Zuständigkeit für den Klimaschutz sicherte), das Bundesministerium für Ernährung und Landwirtschaft (unter Cem Özdemir), das Bundesministerium für Familie, Senioren, Frauen und Jugend (unter Lisa Paus) und das Bundesministerium für Umwelt, Naturschutz, nukleare Sicherheit und Verbraucherschutz (unter Steffi Lemke). Alle diese Ressorts erlauben es den Bündnis-Grünen, ihre angestrebte gesellschaftliche und wirtschaftliche Transformation voranzutreiben.

So stellte Baerbock die »feministische Außenpolitik« in den Mittelpunkt ihrer Politik, um dann allerdings durch Russlands Angriff auf die Ukraine und den Hamas-Terror gegen Israel mit dem anschließenden Gaza-Feldzug zurück in die realpolitische Wirklichkeit gerufen zu werden, die weniger genderspezifisch funktioniert.

Habecks erste Großtat war das »Heizungsgesetz«, das in der ursprünglichen Form umgesetzt unweigerlich zu indirekten Enteignungen geführt hätte, würden sich viele Menschen die teuren Ökoauflagen nicht leisten können. Habeck selbst nennt dies im Nachgang zum Beschluss einen Test, »wie weit die Gesellschaft bereits ist, Klimaschutz, wenn er konkret wird, zu tragen« und stellt gleichzeitig fest, dass er zu weit gegangen ist. Die Bündnis-Grünen experimentieren mittlerweile ganz offen mit unseren Grenzmarken einer freiheitlichen Gesellschaft.

Lemke forcierte gemeinsam mit Habeck auf der Grundlage tendenziöser manipulierender Berichte und Vermerke den Kernkraftausstieg.

Özdemir konzentrierte sich mit dem Beginn seiner Amtszeit auf »Werbeverbote«, angeblich nur für Süßes, um Kindern Karies zu ersparen. In der Praxis liefe das jedoch nicht nur auf Schokolade und

Bonbons hinaus, sondern auch auf Ketchup, Fertigpizza, viele Wurstwaren oder Molkereiprodukte, also einen Großteil unseres Warensortiments. Dahinter steht die Idee »Werbung macht dick« und es bedürfe des weisen Vaters Staat, uns an die Hand zu nehmen und an gefährlichem Naschwerk vorbeizuführen. Der mündige Bürger kommt in einem solchen Paternalismus nicht vor.

Paus selbst nennt ihr Ministerium gleich Gesellschaftsministerium, was den Ansatz der Bündnis-Grünen, Familienpolitik als Gesellschaftspolitik zu verstehen, kaum besser verdeutlichen kann. Das passt durchaus in den Reigen des gesellschaftspolitischen Kulturkampfes, der das bisher geltende private System der Familie und der elternverantwortlichen Erziehung der Kinder aufbrechen und im bündnis-grünen Sinn als gesamtgesellschaftliche Aufgabe und Verantwortung umdeuten will. Paus versprach zudem, die Kindergrundsicherung zu entbürokratisieren und wollte dazu in Zeiten einer veritablen Haushaltskrise nicht nur einen erheblichen, aber unbegründeten Mittelaufwuchs erreichen, sondern gleich auch noch eine neue Monsterbehörde mit 5000 zusätzlichen Staatsbediensteten schaffen. Unter anderem aus Paus' Ministerium kommt auch das 2024 beschlossene Selbstbestimmungsgesetz, das die Geschlechtszugehörigkeit gänzlich von der Biologie abkoppelt.

Die von SPD und Bündnis-Grünen angestrebte gesellschaftliche Transformation betrifft aber noch wesentlich mehr gesellschaftliche Aspekte. Es geht um eine Transformation, in der der Gemeinwohlorientierung der Wirtschaft mehr politische Aufmerksamkeit geschenkt wird als dem marktwirtschaftlichen Gewinnstreben. Es geht um eine Gesellschaft schließlich, in der das Gemein- oder Gesamtinteresse in der wirtschaftlichen Betätigung in den Fokus genommen wird. Individual- oder Gruppeninteressen sind marktkapitalistische Egoismen, die es staatlich zu regulieren und möglichst weit zurückzudrängen gilt.

Die Nähe zum sozialistischen Gedanken der Planwirtschaft lässt sich nur schwer ignorieren, sollte doch auch in der DDR nicht nur die Volkswirtschaft der Stärkung der sozialistischen Ordnung dienen.

Selbst privates Eigentum war dem Dienst zur Befriedigung der materiellen und kulturellen Bedürfnisse aller Bürger verpflichtet.

Welche neue politische Ära Herr Habeck bei der Vorstellung des Wahlprogramms der Bündnis-Grünen zur Bundestagswahl 2021 auch immer meinte, die Ideen und Vorschläge seiner Partei erinnern bedrohlich an so manchen der letztendlich gescheiterten Versuche des sozialistischen Systems der DDR. Offenkundig soll weit links und unter dem Deckmantel des Klimaschutzes mit planwirtschaftlichen Mitteln in jene ominöse neue politische Ära geführt werden. Eine Ära, in der im Kollektiv genossenschaftlich entschieden werden soll, in der es wenig Privateigentum, dafür viel vergemeinschaftetes Volks- beziehungsweise Staatseigentum gibt, in der Arbeitsbedingungen, Arbeitszeiten und (Mindest-)Löhne staatlich reguliert werden. Eine Ära, in der eine staatlich gelenkte Vergabe von Wohnungen und ein Mietpreisdeckel die Wohnungsnot beheben sollen. Eine Ära, in der sich hinter dem Vorwand des Schutzes und der Fürsorge für den notleidenden und unmündigen Bürger doch nur eine von oben gesteuerte Bevormundung der Menschen über Gesetze, Verbote und Vorschriften versteckt.

Die Bundesvorsitzende der Bündnis-Grünen Ricarda Lang sagte auf dem Bundesparteitag im November 2023 »Wir machen Politik aus Liebe zum Menschen«. Eine Politik, bei der Individualität und die Freiheit des Einzelnen nicht erst bei der Freiheit der anderen endet, sondern bei den moralisch definierten Grenzen der Klimaideologie.

Welche freiheitliche Kraft kann eine Gesellschaft noch entfalten, werden den versuchten oder unternommenen Freiheitsbeschränkungen gegenüber kritische Stimmen unter linken moralisierenden Dauerbeschuss genommen, wird Freiheit als Floskel marginalisiert und als Egoismus geframt?

Welchen gesellschaftlichen Stellenwert kann unsere Demokratie noch einnehmen, wird diese selbst bei eindeutig demokratischen Wahlen, mit für linke Kräfte jedoch nicht akzeptablen Ergebnissen von ihnen nicht nur in Frage gestellt, sondern im Brustton ihrer Überzeugung auch noch behauptet, die Demokratie nun verteidigen zu müssen? Einem wesentlichen Teil unserer Gesellschaft Demokratieverständnis gleich ganz abzusprechen, wie es der ehemalige Ostbeauftragte der Bundesregierung Marco Wanderwitz (CDU) 2021 getan hat (»Wir haben es mit Menschen zu tun, die teilweise in einer Form diktatursozialisiert sind, dass sie auch nach 30 Jahren nicht in der Demokratie angekommen sind.«), verkennt in fataler Weise, dass eben genau dieser Teil unserer Gesellschaft eigene und oft sehr schmerzhafte Erfahrungen mit fehlender Demokratie gemacht hat. Zu wissen, was fehlende Demokratie bedeutet, ist ganz weit entfernt von fehlendem Demokratieverständnis. Im Gegenteil, da oft erst der Verlust oder das Missen das Bewusstsein für den eigentlichen Wert des Fehlenden stärkt, wissen viele Ostdeutsche Freiheit und Demokratie möglicherweise mehr zu schätzen, als so mancher gemeinhin zu glauben bereit ist.

Von Demokratieförderung, Meldestellen und Bürgerräten

Wird hier einer Bevölkerungsgruppe das Demokratieverständnis abgesprochen, muss dort wohl Demokratie gefördert werden. So oder so ähnlich ließe sich die Legitimation einer staatlichen Demokratieförderung möglicherweise herleiten. Nimmt man jedoch die wirkliche Gefährdung unserer Demokratie durch Menschen ernst, die unsere demokratischen Werte entweder nicht kennen oder nicht anerkennen, oder die unser freiheitliches, demokratisches System bewusst ausnutzen, missachten, ändern, unterwandern, aushöhlen oder gar abschaffen wollen, bleibt fast keine andere Wahl, als eine Demokratieförderung zu wollen, zu unterstützen und zu fordern. Dies in dem Glauben, damit würde Demokratie beigebracht, der Blick für unser freiheitliches demokratisches System geweitet, die Sensibilität geschult und deren großer Wert für unsere Gesellschaft verinnerlicht werden. Unsere Demokratie jedoch in bundesstaatlich geförderte Hände zu legen, ist nicht nur verfassungsrechtlich fraglich. Es braucht für diese Förderung, egal von welcher staatlichen Ebene, enge Leitplanken, um deren Missbrauch und eine mögliche Einseitigkeit zu verhindern.

Etwa 200 Millionen Euro fließen jährlich unter anderem über das Bundesprogramm *Demokratie leben!* in über 600 kleinere und größere Projekte und die dahinter stehenden NGOs, wie zum Beispiel die Amadeu Antonio Stiftung, Das Progressive Zentrum e. V. oder die Violence Prevention Network gGmbH.

Die Bemühungen aus dem vornehmlich linken und grünen Parteienspektrum, diese Förderungen mit einem Demokratiefördergesetz nun auch noch auf eine gesetzliche Grundlage zu stellen entspricht nicht nur deren Programm. Sie erhärten die Vermutung eines mittlerweile eigenen staatsfinanzierten NGO-Apparates, der aufgebaut wurde, um im vordergründigen Kampf gegen Rechtsextremismus ein linkes Demokratieverständnis zu etablieren.

Unsere Demokratie zu wahren, zu schützen und zu stärken, ist angesichts der permanenten Angriffe unbestritten eine wichtige Aufgabe für Politik und Gesellschaft. Um diese Aufgabe wahrnehmen zu können, bedarf es politischer Bildung, die weit darüber hinaus geht, nur zu vermitteln, dass es Parlamente gibt, in denen Gesetze gemacht werden. Es braucht ein Interesse an politischen Prozessen, eine Sensibilität für demokratiefeindliche Aktivitäten und die notwendige Aufmerksamkeit für Situationen, die unbedingt demokratische Entscheidungen erfordern.

Dafür braucht es aber sicher kein NGO-Förderprogramm. Es braucht Investitionen in die (politische) Bildung, die praktisch und anschaulich gestaltet ist. Das Bundespresseamt zum Beispiel bietet Informationsfahrten nach Berlin an, die jedes Mitglied des Bundestages für Besuche aus dem Wahlkreis buchen kann. Die Programmpunkte dieser Fahrten sind optional wählbar und bringen die Teilnehmer zum Beispiel in den Bundestag, den Bundesrat, den Bundesnachrichtendienst, in verschiedene Ministerien, in Museen wie die Gedenkstätte Hohenschönhausen, das Anne-Frank-Zentrum, die Gedenkstätte Potsdamer Abkommen oder die Gedenkstätte Deutscher Widerstand. Diese Fahrten muss es für alle Schüler geben, verpflichtend und unabhängig vom Engagement der Lehrer oder der Eltern.

Doch gibt es selbst Berliner und Brandenburger Schüler, die nicht ein einziges Mal mit ihrer Klasse den Bundestag besucht haben. Kein Schüler sollte jedoch die Schule verlassen, ohne in Berlin, im Bundestag gewesen zu sein und im besten Fall mit seinem Wahlkreisabgeordneten oder einem anderen MdB gesprochen zu haben. Und umgekehrt muss jeder Abgeordnete sich der Verpflichtung bewusst sein, Politik und insbesondere Demokratie in die Köpfe und nach Möglichkeit sogar in die Herzen der (jungen) Menschen zu bringen. Und gelingt es nicht mit Berlin und dem Bundestag, gibt es noch sechzehn Landesparlamente, die in der Entfernung eines Katzensprungs Demokratie erlebbar machen können.

Zudem gibt es das wichtige ehrenamtliche Engagement in unserer Gesellschaft, wozu die Vorsitzenden, Kassenwarte, Übungsleiter, Trainer, Zeug- oder Platzwarte in unzähligen Vereinen gehören, von Fußball oder Turnen über Schach, Bogenschießen, Bergsteigen oder Schwimmen bis zu den Chören, Schützen- oder Tambourvereinen, deren Bedeutung für den Zusammenhalt einer heute zunehmend gespaltenen Gesellschaft und für die Demokratieförderung gar nicht überschätzt werden kann. Unterschätzt hingegen und dementsprechend ausgeblendet wird jedoch oftmals die destruktive Arbeit von Vereinen oder Moscheen mit islamistischen Predigern und anderen Versammlungsstätten, die unsere Demokratie miss- oder gar verachten. Betätigungsverbote wie für den Verein Samidoun, der am Abend des Überfalls der terroristischen Hamas auf Israel auf deutschen Straßen Süßigkeiten verteilt hat, oder des Islamischen Zentrums Hamburg e. V. gab es zwar bereits, und muss es auch weiterhin geben. Doch müssen derartige Restriktionen viel früher, als dies in der Vergangenheit geschah, greifen. Gleichzeitig braucht es dringend die umfassende Unterstützung demokratiebildender Vereine.

Freie, gleiche und geheime Wahlen sind das Instrument unserer parlamentarischen Demokratie. Von diesem Recht Gebrauch zu machen, ist zutiefst demokratisch. Eine sich in einem demokratischen

Prozess zur Wahl stellende Partei oder Person zu wählen, ist zutiefst demokratisch. Das Wahlergebnis aber nicht akzeptieren zu wollen oder die Wähler für ihre Wahlentscheidung zu verurteilen, ist ein Bruch dieses demokratischen Prinzips und zudem undemokratisch. Sich dann auch noch als Bewahrer oder Retter der Demokratie präsentieren zu wollen, ist mindestens demokratienachlässig, plädiert es doch für eine Art von Demokratie, die keine mehr ist. So unabdingbar die Demokratie für unsere freiheitliche Gesellschaft ist, so gefährlich ist das Schleifen des Begriffes der Demokratie bei jeder sich bietenden Gelegenheit. Ist es schon gleich Demokratie, sich mit Menschen zu treffen und ihre Sorgen anzuhören, wie es Bündnis-Grüne behaupten oder gehört das eher noch in die Kategorie des offenen Miteinanders und aufmerksamen Zuhörens? Unsere Demokratie zu schützen bedeutet nicht, alles menschliche Handeln in Demokratie umzudeuten, verliert Demokratie dadurch mehr an Wert, als das sie je dazugewinnen könnte. Und je wertloser Demokratie erscheint, desto leichter lässt sie sich aushöhlen.

Rund 1 Million Euro Steuergelder fließen allein aus dem Programm *Demokratie leben!* in die Antonio Amadeu Stiftung. Eine teure Demokratieförderung, die diese Stiftung in eine Website zur Meldung von antifeministischen Vorfällen oder Hasskommentaren übersetzt (https://antifeminismus-melden.de/vorfall-melden/).

Es dauert wenige Minuten, über dieses Denunziantensystem einen Vorfall zu melden oder schlicht unliebsame, im Zweifel andersdenkende Personen anzuschwärzen. Dabei geht es keineswegs nur um strafbewährte Delikte wie physische Angriffe auf Frauen oder queere Menschen. Selbst mit Kritik am Gendern kann man auf der Plattform landen. Auch wenn ein Vergleich zum Überwachungsapparat der Stasi historisch schief wäre, entbehrt es nicht einer gewissen Ironie, dass die Gründerin der Stiftung und ehemalige Vorsitzende, Anetta Kahane, von 1974 bis 1982 inoffizielle Mitarbeiterin der Staatssicherheit war.[241]

Demokratie hat Regeln und ein Strafgesetzbuch. Demokratie braucht aber keine Meldestellen, die von der Meinungsfreiheit gedeckte Ansichten bewusst in das Licht der Kriminalität oder Illegalität zu rücken versuchen. Es kann dabei nur wenig beruhigen, dass diese denunzierende

Meldestelle mit weniger als 50 Meldungen im Jahr zumeist verwaist bleibt.

Im September 2023 wurde der erste Bürgerrat vom Bundestag installiert. Seine Aufgabe wurde beschrieben mit der Erarbeitung eines Positionspapiers zum Thema »Ernährung im Wandel – Zwischen Privatangelegenheit und staatlichen Aufgaben«. Wie passt dieses Herzensprojekt der Bündnis-Grünen und der Bundestagspräsidentin angesichts unseres Grundgesetzes, das ganz bewusst und ganz explizit die parlamentarische Demokratie und damit ganz bewusst und ganz explizit keine Räterepublik nach zum Beispiel russischem Vorbild vorsieht, in unser demokratisches Gefüge?

Im Prinzip gar nicht, oder eben nur, weil dieser Bürgerrat keine bindenden Beschlüsse fassen, sondern lediglich Empfehlungen abgeben kann. Wozu braucht es diesen Bürgerrat mit seinen 160 Mitgliedern dann?

Ernährungstipps finden wir auch in Frauenzeitschriften, *Men's Health*, dem Kundenmagazin des örtlichen Fleischers oder in öffentlich-rechtlichen wie privaten Kochshows und selbst auf TickTock. Kann man hier noch von einer gewissen unabhängigen Expertise der Tippgeber ausgehen, darf man bei den per Los ausgewählten Menschen für den Bürgerrat mit einer allenfalls laienhaften und möglicherweise aktivistischen Sachkompetenz rechnen.

Im Februar 2024 gab dieses demokratisch in keiner Weise legitimierte Gremium seine Empfehlungen ab. Berichte über eine mögliche links-grüne politische Einflussnahme lassen aufmerksam werden, erst recht, wenn man bedenkt, dass dies ein Mitglied bewogen hat, aus dem Bürgerrat auszutreten.[242]

Fehlt der Moderation die notwendige Neutralität im Umgang mit dem Thema, besteht die Gefahr der einseitigen, parteiischen Ausrichtung der Arbeit und damit auch der Empfehlung des Bürgerrates. Moderiert eine ehemalige Kandidatin der Bündnis-Grünen zur Bundestagswahl 2021 die Arbeit des Bürgerrates, liegt eine Einflussnahme im Sinne grüner Vorstellungen nahe, auch wenn von Neutralität ähnlich der eines Beamten ausgegangen werden will.[243]

Welchen Zweck der Bürgerrat letztendlich erfüllen soll, bleibt zwar wenig fassbar. Jedoch ist er ganz klar ein erster Schritt weg von der repräsentativen parlamentarischen Demokratie und hin zu einem grundgesetzlich nicht legitimierten Rätesystem, verkleidet als authentische »Stimme des Volkes«. Forderungen nach weiteren Bürgerräten zu anderen Themen, wie Tempolimits, zur Sinnhaftigkeit vor Kurzstreckenflügen, zur angemessenen Wohnungsgröße oder gar zur Aufarbeitung der Coronapolitik könnten folgen.

Obwohl sich die Institution der Bürgerräte nicht in unserem Grundgesetz wiederfindet, scheint die Idee zu faszinieren. In manchen Gesprächen konnte ich die Sorglosigkeit spüren, mit der solche »Tippelschritte« zur Aushöhlung unserer freiheitlichen Grundordnung goutiert werden. Dort, wo jede noch so scheinbar kleine Maßnahme sorglos und naiv zugelassen wird, haben wir bald eine lange Strecke zurückgelegt, von der es möglicherweise keinen Rückweg gibt.

Sozialismus der DDR oder Kapitalismus der BRD?

In einem Sozialismus, der keine Arbeitslosigkeit kennt, allen Menschen eine bezahlbare Wohnung garantiert, Lebensmittel genossenschaftlich organisiert, Mobilität gezielt strukturiert, Ferienreisen vereinzelt gönnt, Eigentum allen gemeinschaftlich zuspricht und Gleichheit in jedem Fall und vor allem fördert, kann sich zwar keine Individualität entfalten oder wirtschaftliche Kreativität entwickeln. Dieser Sozialismus lässt aber offiziell weder arm noch reich entstehen. Eine Gesellschaft also, in der von Staats wegen Kinderarmut verhindert und Altersarmut behoben würden. Erstrebenswert für all jene, die Verantwortung scheuen und Anstrengung meiden. Irritierend für jeden, der persönliche Erfüllung sucht und Leistung nutzt, um wirtschaftlichen Erfolg zu erreichen, ganz unabhängig von anderen Menschen, von Staat und Verwaltung, von Erwartungen und Haltungen.

Noch nie wurde ein sozialistisches Staatswesen ohne Gewalt, ohne Unterdrückung der freien Meinung, ohne Verfolgung seiner Kritiker, ohne unzählige Tote, ohne wirtschaftlichen Niedergang etabliert. Und die ersten Opfer waren stets und würden auch in der Zukunft wieder jene Unabhängigen und Leistungswilligen sein, die ihre Individualität positiv zu nutzen wissen.

Während der Sozialismus auf die Gleichheit der Menschen und der Lebensverhältnisse setzt und damit jede Individualität nivelliert, verwandelt der Kapitalismus genau diese Individualität in seine Stärke für den notwendigen Fortschritt einer Gesellschaft.

Jede Unterschiedlichkeit kann auch Anreiz geben für Entwicklung, ist zuweilen sogar deren Voraussetzung. Menschen sind unterschiedlich. Sie unterscheiden sich äußerlich in Hautfarbe, Größe, Statur, Haarfarbe, Augenfarbe. Die Menschen unterscheiden sich aber auch und insbesondere in ihren Wünschen, Vorlieben, in ihrem Können und Wollen, in ihren Einstellungen und ihrem Fleiß. Selbst meine sozialdemokratische Bundestagskollegin bestätigte in unserem Gespräch, dass nicht jeder Mensch intellektuell in der Lage ist, eine eigene Firma zu grünen. Warum soll es dann abwegig sein, genau diese menschlichen Unterschiede zu akzeptieren und im gegenseitigen Einvernehmen und zum gegenseitigen Vorteil zu nutzen? Diese Unterschiede beflügeln eine Gesellschaft. Eine Gesellschaft, in der individuelle Freiheit Chancen entstehen lässt.

Die sozialistische Uniformität hat die ehemalige DDR in eine gesellschaftliche Tristesse gestürzt, in der zwar niemand hungern oder frieren musste, die jedoch die persönliche Entwicklung, die Befriedigung der individuellen Bedürfnisse und die Erfüllung der eigenen Träume in die privaten vier Wände oder das nahe nachbarschaftliche Umfeld verbannt hat.

Die individuellen Möglichkeiten und Anreize des Kapitalismus der Bundesrepublik konnten dagegen mehr bewirken als der kollektive Zwang und die Vergemeinschaftung des Sozialismus der DDR. Denn diese Unterschiede zwischen den Menschen sorgten zwar für Ungleichheit, aber auch für Wohlstand, während der kollektive Zwang und die Vergemeinschaftung des Sozialismus der DDR jede Innovation hemmten. Wohlstand und Innovation lassen sich einmal mehr generieren, wird der Unterschied nicht nur als gegeben angenommen, sondern auch als förderlich für einen Wettbewerb, der Fortschritt und Weiterentwicklung in Wissenschaft, Technologie und Wirtschaft vorantreibt, anerkannt.

Der lauter werdende Ruf nach mehr Staatswirtschaft

Und doch wird die Kritik am Kapitalismus wieder vehementer und werden Rufe nach seiner Abschaffung immer lauter. Es geht dabei um das Zerrbild eines Kapitalismus, der die Armen, die Arbeiter, die Angestellten, die Arbeitslosen oder Kinder und Rentner immer ärmer mache und die Reichen, die Industriellen, die Unternehmer und Eigentümer, die sogenannte Elite der kapitalistischen ausbeuterischen Gesellschaft immer reicher.

Konnten derartige Stimmen früher überwiegend der heranwachsenden aufbegehrenden Jugend zugeordnet werden, scheinen sich zunehmend neben jungen auch nicht mehr allzu junge, zumeist wohlhabende Erwachsene dem Gedanken nach etwas Besserem als dem Kapitalismus verschrieben zu haben. Man will ihn mithin ablösen durch das neue Ideal einer vom Staat gelenkten gemeinwohlorientierten Wirtschaft mit weniger Privateigentum und mehr gesellschaftlicher Gleichheit. Die soziale Marktwirtschaft als wesentlichem Kern des realen Kapitalismus in Deutschland und als Erfolgsmotor des Westens nach dem Zweiten Weltkrieg gerät dabei zunehmend unter Druck und wird in ihren positiven Errungenschaften für die Menschen mehr und mehr in Frage gestellt.

Was ist eigentlich passiert seit der Zeit des wirtschaftlichen Aufschwungs, seit der Zeit Ludwig Erhards, als die soziale Marktwirtschaft in einem demokratischen Kapitalismus noch als Garant für Wohlstand und Grundlage einer fortschrittlichen Gesellschaftsordnung anerkannt war?

Jedem Kind, das im sozialistischen System der DDR aufgewachsen ist, wurde schon in Kindergarten und Schule propagandistisch vermittelt, dass der Westen und sein Kapitalismus schlecht, die meisten Menschen dort arm seien und eine kleine reiche Elite die BRD beherrsche. Man sollte angesichts dessen, so die Botschaft schon für die Kleinsten, wirklich froh sein, im vermeintlich besseren und sicheren sozialistischen System zu leben, wo jeder eine Wohnung hatte und beschäftigt war.

Beschäftigt war man dort in der Tat – und schnell und vor allem früh musste man sein, wollte man Lebensmittel mal außerhalb des allgemein zugänglichen Angebotes ergattern. Hatte man sogar Freunde an der richtigen Stelle, konnte das helfen, sogar mal richtige Navelorangen aus Marokko zu bekommen, vielleicht gar etwas mehr als es die maximal zulässige Abgabemenge vorsah. So waren bereits diese seltenen Navelorangen ein Fest an Weihnachten, konnten die wenig schmackhaften Saftorangen aus Kuba mal im Korb bleiben.

Selbstgestrickte Pullover waren wirkliche Einzelstücke und hoben sich maßgeblich von der Massenware aus dem Kaufhaus ab. Ananas aus der Dose gab es aus dem »Delikat«, einem Geschäft mit Luxuswaren, zu Luxuspreisen. Der Kaffee hieß Rondo und wurde in 100-Gramm-Packungen zu 8,75 Mark verkauft. Die Pubertierenden kamen mit »Action«, der pinken und gleichzeitig einzigen Kosmetikserie, durch ihre aufständische Zeit. Völlig verklebte Haare und vom Action-Lippenstift ausgetrocknete Lippen waren der Preis der wirtschaftsplanerischen einheitlichen sozialistischen Sicherheit.

Westverwandtschaft verhalf schon mal zu West-Kaffee, West-Kaugummis, West-Duschbad, sanftem West-Lippenstift oder zu gut sitzenden Jeans und Pullovern. Doch nicht jeder hatte dieses Privileg und trug daher tapfer die Strickpullis aus eigener Heim-Produktion.

Wohneigentum war selten, und für den eigenen Trabi musste man früh dran sein. Bei einer Anmeldung zum 18. Geburtstag gab es einen nagelneuen Trabi vom Band mit Glück noch vor dem 30. Geburtstag. Und wer die Bitte um einen Urlaub in den staatlichen Ferieneinrichtungen vermeiden wollte, machte Urlaub im eigenen Schrebergarten oder bei Verwandten im eigenen Land.

So musste niemand hungern und alle haben gewohnt – in der Regel in ihren staatlich zugeteilten Alt- oder Plattenbauten. Die meisten haben geflüstert und versteckt und viele haben sich irgendwie im Sozialismus eingerichtet – am liebsten mit kapitalistisch hergestellten Produkten.

Die Wende kam für meine Generation so rechtzeitig, dass sie sich nicht mehr in die lange Trabi-Anmeldeschlange stellen musste. Die Wende kam für alle Generationen mit Macht und der Kapitalismus über den Osten. Die Regale waren plötzlich gefüllt mit vielen verschiedenen Sorten Jogurt, Bier, Käse oder Kosmetik. Es gab frische Ananas, Bananen ohne anzustehen und Navelorangen nicht mehr nur an Weihnachten und so viel man wollte. Gebrauchtwagenhändler fluteten den Osten und nutzten ihre Chance zum großen Geschäft mit den marktwirtschaftlich noch unbedarften und nach der Freiheit der eigenen vier Räder dürstenden Ostdeutschen. So fuhren bald auch Opels, VWs oder Audis über ostdeutsche Straßen, und was der Zweitakt-Motor des Trabis zu DDR-Zeiten als typischen »Geruch« verströmt hatte, wurde nunmehr als »Gestank« empfunden. Urlaub in der Türkei, in Italien oder auf Mallorca war ohne Anmeldung und ohne Genehmigung möglich. Die kapitalistische Konsumwelt hatte sich über den Osten ergossen. Man musste nur zugreifen, wenn man wollte und wenn man konnte.

Der Kapitalismus hat sich so manchem mit Treuhand, Fabrikschließungen und dem bisher unbekannten Phänomen der Arbeitslosigkeit zwar völlig neu und manchen auch ernüchternd, den meisten mit seiner sozialen Marktwirtschaft aber positiv erhellend offenbart. Eine Marktwirtschaft, die sich über Jahrzehnte als sehr robust erwiesen und einige Krisen überstanden hat, bot fast jedem Chancen und ließ keinen der neuen Arbeitslosen hungern. Eine Marktwirtschaft, die Wohlstand zunächst in den Westen Deutschlands gebracht hatte und das nun im Osten wiederholen sollte. Eine Marktwirtschaft, die im wettbewerblichen Ringen um die beste Lösung Fortschritt ermöglicht und die Marke »Made in Germany« geprägt hat.

35 Jahre später erleben wir eine Gesellschaft, die sich nach mehr Staat, nach mehr Verboten, nach mehr Vorschriften und Einschränkungen zu sehnen scheint. Wettbewerb wird gelenkt über Subventionen und Kaufprämien. Bestimmte Technologien werden staatlich für gut befunden und im Namen des Pariser Klimaschutzabkommens zum Beispiel in Heizungsgesetze gegossen. Andere Technologien, von der Atomkraft bis zum Verbrennungsmotor, werden ideologisch für tot erklärt. Und selbst wenn global kaum ein Land dieser Ideologie zu folgen bereit ist, bleibt Deutschland auf seinem staatlich bestimmten, ideologisch orchestrierten Kurs. Im Wege der Bestenauslese wettbewerblich erstrittene Technologien passen allzu oft nicht ins eigens geplante Konzept und werden nicht selten durch bestellte Studien ins klimapolitische Abseits gestellt. Eigentum wird denunziert, Freiheit eingeschränkt, wünschenswertes Verhalten definiert. Alles für ein höheres moralisches Ziel.

Menschen, die mitunter ein großes persönliches Risiko eingehen und eine Firma, ein Unternehmen, ein Start-Up gründen und Arbeitsplätze schaffen, werden zum Ziel von Neid. Und von Tötungs- und Vernichtungsfantasien aus der linksextremen Ecke in Form von Slogans wie »Eat the Rich« oder »Burn Capitalism«.

Wohlstand ist nicht selbstverständlich und kann auch nicht staatlich angeordnet werden. Genauso wenig wie Technik und Fortschritt staatlich herbeigeredet und herbeisubventioniert werden können. Es braucht Wettbewerb, Leistungsbereitschaft und Chancen. Und es braucht eine gesellschaftliche Akzeptanz des Unterschiedes. Solange dieser sozial abgefedert wird und niemand in unserem Land hungert oder ohne Wohnung, Pflege und Betreuung bleibt, hat dieser Unterschied in der sozialen Marktwirtschaft des Kapitalismus seinen sogar fördernden und fordernden Platz.

Doch mutmaßlich ist einem Teil unserer Gesellschaft diese Akzeptanz des Unterschieds und der Mut zur eigenen, freiheitlichen Wirksamkeit abhandengekommen.

Das Wunder mit dem Markt und der Wirtschaft

Eine solche freiheitliche Wirksamkeit kann sich unübersehbar auch marktwirtschaftlich bemerkbar machen, wird die Macht vom Verbraucher selbstbewusst und eigenverantwortlich genutzt. Jede Eigenverantwortlichkeit des Verbrauchers setzt dabei auch immer ausreichend Information und umfassende Aufklärung voraus.

Offenbart sich beim Verbraucher eben auch im Konsumverhalten so manche Bildungslücke, führt dies in der Politik des liberalen Ansatzes eines mündigen eigenverantwortlichen Bürgers eher dazu, diese Bildungslücken auf ganz unterschiedliche Art und Weise, in der Regel aber mit Aufklärung, schließen zu wollen. Der linke bevormundende Ansatz nimmt dem potenziell mündigen Verbraucher diese Bildungspflicht jedoch gleich ganz ab. Es wird nahezu missionarisch entschieden, was konsumiert werden soll und darf. Süßes, salziges und fettiges Essen gehört genauso wenig dazu, wie ein Fleischverzicht Mensch, Tier und Umwelt retten soll.

Folgen die Verbraucher nicht im gewünschten Maße den salz- und fettarmen, vegetarischen und verbrennungsmotorfreien politischen Vorstellungen einiger weniger Idealisten, wird regulatorisch eingegriffen.

Aus zum Beispiel noch eher unkonkreten Vorschlägen zur maximalen Fleischverzehrmenge oder zur maximalen täglichen Kalorienzufuhr werden dann sehr konkrete Vorschläge zu Werbeverboten für Kinder beziehungsweise für in deren Augen ungesundes Essen generell. Mit dem Alibi, nur das Beste für uns alle zu wollen (wie die Vorsitzende der Grünen Ricarda Lang unlängst betonte), beginnt ein Schleifen unserer selbstbestimmenden Rechte und Pflichten.

Wird einerseits der Markt reguliert, soll andererseits der Markt bewusst genutzt werden, Unternehmen in wirtschaftliche Schwierigkeiten zu bringen. Boykottaufrufe für bestimmte Produkte oder Unternehmen sind nicht neu und bestes Beispiel negativer Beeinflussung der Konsumenten mit einem ganz bestimmten politischen Ziel.

So traf sich der Chef des Molkerei-Riesen Müllermilch, Theo Müller, mit der AfD-Vorsitzenden Alice Weidel. Boykottaufrufe für

Müllermilch-Produkte folgten postwendend. Ritter Sport machte auch nach dem Angriff Russlands auf die Ukraine noch Handelsgeschäfte mit dem Aggressor. Boykottaufrufe gab es auch hier.

Seit dem Angriff der terroristischen Hamas auf Israel und dem nachfolgenden Krieg in Nahost werden Unternehmen gelistet, die Israel unterstützen, samt dem Aufruf, diese zu boykottieren. Während mit diesen Aufrufen Marktmechanismen nicht nur akzeptiert, sondern auch gezielt politisch genutzt werden, wird ein angebliches Marktversagen dann beschworen, wenn der Verbraucher trotz aller Einflussversuche seine eigene Entscheidung als Nachfrager trifft und nur zögerlich zum Beispiel zu teuren Bio-Produkten greift, weiterhin gerne Fleisch isst, in die Ferien fliegt, einen Verbrenner fährt oder mit Gas heizt, damit also normale wirtschaftliche Markmechanismen greifen, die dem Marktversagensbeschwörer jedoch nicht passen.

Um den angeblich versagenden Markt für die Beschwörer des Marktversagens wieder passend zu machen, braucht es Subventionen, Vorgaben und Vorschriften, Steuern und Abgaben, mehr Staat und Bürokratie. Dann, so versprechen sie, werde alles wieder (in ihrem Sinne) gut.

Die Marktmacht liegt eben nicht ausschließlich beim Verbraucher. Der Staat ist ein ebenfalls mächtiger Player, greift er doch regelmäßig und begrenzend in den Markt ein mit zum Beispiel Verboten von Verbrennungsmotoren oder Subventionen für Photovoltaik. Mäßig genutzt, kann dies ähnlich wie Arsen als Heilmittel eine durchaus wichtige und richtige Lenkungswirkung entfalten. Doch im Übermaß führt es zur Zerstörung des Marktes – ähnlich wie Arsen, das dann sehr rasch tödlich wirkt.

Den Mechanismus des Marktes kann man durchaus planerisch ignorieren und man kann auch glauben, Angebot und Nachfrage staatlich lenkend regulieren zu können. Dann darf man sich nur nicht wundern, dass eine der größten Volkswirtschaften der Welt an Dynamik und Kraft verliert.

Es gab Zeiten in unserem Land, da ging man nicht einkaufen, wenn man etwas brauchte, sondern wenn es etwas gab. Diese Zeiten liegen mit dem Ende des Zweiten Weltkriegs und dem aufkommenden westdeutschen Wirtschaftswunder der 1960er-Jahre lange hinter uns. Solche Zeiten liegen jedoch mit dem Fall der Mauer 1989 auch und gleichzeitig noch gar nicht so lange hinter uns.

Im real existierenden Sozialismus der DDR hat der Staat gesagt, was gebraucht, gewollt, gewünscht und eben produziert wird. Einen Markt oder Marktwirtschaft gab es nicht, zumindest nicht offiziell. So wurde fleißig am Bedarf vorbei produziert mit dem Ziel zwar, den (Produktions-)Plan zu erfüllen, mit dem Ergebnis jedoch, dass die Menschen konsumierten, was sie mussten, nicht aber, was sie wollten.

Die kapitalistische Marktwirtschaft mit ihren privaten Unternehmern und Selbständigen und Arbeitnehmern und den Konsumenten als Summe dieser genannten Gruppen, hat in den 1960er-Jahren im Westen zu einem Wunder hinsichtlich Fortschritt und Wohlstand geführt. Am Beispiel der ehemaligen DDR konnte man gleichzeitig sehr eindrücklich sehen und erleben, was passiert, wenn der Staat und nicht der Markt die Wirtschaft steuert und reguliert. Aktuell ist dies beispielsweise noch in Kuba oder Venezuela zu beobachten. Überbordende Staatsschulden versuchen, überbordende Armut zu verhindern.

Trotzdem werden in Deutschland die Forderungen nach einer staatsgelenkten, staatsfinanzierten, »gemeinwohlorientierten« Wirtschaft immer lauter. Bislang steht die grundgesetzlich verankerte Schuldenbremse dem noch entgegen.

Solange diese Schuldenbremse nicht geschliffen oder »angepasst« wird, mit der moralischen Keule einer dringenden sozial-ökologischen Transformation mit unbedingter Klimaanpassung und Vermeidung von sozialer Kälte, könnten wir knapp an einer staatlichen Planwirtschaft vorbeischrammen.

Es ist auffällig, dass vornehmlich ideologisch-theoretische Annahmen den Staat als den besseren Unternehmer erscheinen lassen, der von oben herab festlegen will, was »unten« nachgefragt wird und damit zu produzieren sei. Das Glück und die Bedürfnisse der Menschen missachtend, wird das Idealbild eines Verbrauchers gezeichnet, den es so nie geben wird. Planwirtschaft ist nicht zuletzt wegen der menschlichen Natur des Strebens nach der Erfüllung der eigenen Bedürfnisse und dem eigenen Wohlgefallen – begründet in den natürlichen Unterschieden der Menschen – zum Scheitern verurteilt. Diese Natur ist stärker als jeder Plan.

Und wer glaubt, dass im planwirtschaftlichen, marktignorierenden sozialistischen System der ehemaligen DDR keine Marktwirtschaft existierte, der ignoriert, welche realen Marktmechanismen die »Bückware« oder der Gebrauchtwagenhandel in Gang brachte.

Manche Äußerungen zu diesem Thema können nur durch die gänzliche Ignoranz wirtschaftlicher, gesellschaftlicher und menschlicher Fakten erklärt werden. »Diese Priorisierung von Wirtschaft, die geht mir derartig auf den Sack«[244], sagte beispielsweise Eckart von Hirschhausen, promovierter Mediziner, Honorarprofessor und TV-Entertainer. Diese Verachtung des Grundpfeilers unseres Wohlstandes ist beängstigend und zeugt gleichzeitig von einer wohlstandsbegründeten Übersättigung in unserem Land.

Auch wenn wir heute vielleicht nicht mehr das wirtschaftliche Wunder der 1960er-Jahre erleben, so ist nur der ergebnisoffene Wettbewerb um das beste Produkt imstande, Fortschritt zu generieren. Die einschläfernde Wirkung staatlicher Planwirtschaft hat zumindest ein Teil Deutschlands gesehen, erlebt und hinter sich gelassen. Dies nun wieder beleben zu wollen, begründet mit angeblichen klimatransformellen Notwendigkeiten, wird weder Fortschritt bringen noch Wohlstand sichern. Es sichert uns allenfalls den Status des Geisterfahrers inmitten prosperierender, marktwirtschaftlich agierender Länder.

Die Politik der Angst

Kaum leichter als mit Emotionen und Gefühlen lässt sich der gewünschte oder erhoffte Zuspruch gewinnen. Da es in der Politik letztendlich immer und in nahezu jeder Situation um Zuspruch in Form von Wählerstimmen geht, liegt es auf der Hand, Emotionen auf dem Weg zum gewünschten Wahlerfolg zu nutzen.

Positiv eingesetzt, schaffen Emotionen Verbindungen, die sich in gemeinsamen Vorstellungen, Haltungen und Werten wiederfinden – auf dem gemeinsamen Weg zum gemeinsamen Ziel. Positive Emotionen können mitreißen und beflügeln. Völlig unabhängig vom Ziel fühlt man sich stark und vereint. Hitler hat dieses positive Gefühl der Gemeinschaft und der Stärke wie kaum ein anderer beschwören können. Die Menschen sind ihm nahezu beseelt vom Gefühl der gemeinsamen Kraft auf seinem Weg in den Untergang nahezu bedingungslos gefolgt. Bis auf eine widerstandsfähige und kritische Untergrundbewegung, die sich dem Wahnsinn entgegenstellte.

Negative Emotionen erzeugen nicht selten Gefühle von Angst, Hilflosigkeit oder Isolation. Insbesondere bei erzeugter fehlender Selbstwirksamkeit braucht es dann eine starke politische Kraft, die mit starken, angeblich unvermeidbaren Maßnahmen die Probleme löst oder wenigstens die Angst beseitigt. Gleichzeitig kann das kollektive Gefühl von Angst, Ohnmacht, Isolation oder Empörung auch eine Solidarität herstellen, die eine Art von Gemeinschaft simuliert, innerhalb derer es leichter wird, gemeinsam gegen die Ursache der Angst oder Empörung zu kämpfen – oder zumindest mal zu demonstrieren. Menschen, die diese Emotionalisierung nicht oder nicht mit dem gewünschten Ergebnis erreicht, überlassen sich zuweilen in Selbstzensur der eigenen Tatenlosigkeit oder gehen in bewussten Widerstand.

Unbestritten ist niemand vor Unfällen, Krankheiten, Unglücken und unglücklichen Zufällen, Katastrophen oder Naturgewalten sicher. Wie allgegenwärtig jedoch die Angst vor einem Unglück, einer Katastrophe, ja dem (vorzeitigen) klimawandel- oder infektionsbedingten Tod das Leben mittlerweile bestimmen kann, wurde und wird einem immer wieder auf die Straße oder auf die Bildschirme des insbesondere öffentlich-rechtlichen Rundfunks, aber auch anderer sich der Erziehung und Alarmierung der Menschen verschriebenen Medien geklebt.

Kita und Schule werden ebenfalls nicht müde, vor den Lebensgefahren des Klimawandels zu warnen. Entweder werden dabei psychische Belastungen bei den Kindern und Jugendlichen als Folge bewusst und als akzeptabler Preis für die »ökologische Transformation« in Kauf genommen oder unwissend und ignorant hinsichtlich der Zukunftsängste, die damit ausgelöst werden können, übergangen.

Ein positives Zukunftsbild scheint vielen Kindern und Jugendlichen pädagogisch begleitet abhandengekommen zu sein.

Umgeben von ebenfalls beständig thematisierten multiplen Krisen und Kriegen sind schließlich Ukraine, Klimawandel, Wohlstandsverlust oder Terrorangst mittlerweile die gängigen Themen, mit denen sich unsere nächste Generation beschäftigt.[245]

Der pädagogische Wert von Dokumentarfilmen, die anschaulich bebildert zeigen, was passieren würde, stiege die globale Temperatur im Durchschnitt um 2,5 Grad, darf grundsätzlich bezweifelt werden. Solche Filme im Vertretungsunterricht einzusetzen und zudem ohne anschließende pädagogische Einordnung des Gesehenen, wie in meinem Umfeld geschehen, ist pädagogisches Versagen. Mangel an Fachlehrern und Vertretungsnotwendigkeiten hin oder her, unseren Kindern muss Lust auf ihr Leben und aufs Lernen gemacht werden. Dokumentierte Weltuntergangsszenarien gehörten daher nicht ins Portfolio eines Lehrers, auch nicht in Vertretung. Ob sogenannte »Kipppunkte«, »Fünf-vor-zwölf« oder wahlweise auch »Fünf-nach-zwölf-Szenarien«, Schnee, der aufgrund des Klimawandels nicht mehr ganz so bitterkalt sei und auch nicht mehr ganz so reichlich fällt, oder Hitze, die uns Sommer für Sommer in neue lebensbedrohliche Situationen bringen, unser Leben bedrohende Klimaszenarien gibt es viele, die allesamt dringendes und vor allem einseitig bestimmtes politisches Handeln erfordern, wollten wir in zehn Jahren noch existieren. Die regelmäßigen Berichte des IPCC (Intergovernmental Panel on Climate Change) werden, gern in der Worst-Case-Variante, zusätzlich herangezogen, um die Botschaft vom baldigen Untergang zu untermauern.

Angst ist solchen Meldungen nahezu immanent. Eine reale Angst erfasst die Menschen, egal, ob die Bedrohung oder ihre Konsequenzen real sind und bestehen, oder eben nicht beziehungsweise nicht in diesem hochdramatischen Ausmaß.

Beim Schüren und Verstärken oder auch Steuern einer solchen realen Angst helfen reale aktuelle Ereignisse oder zuweilen auch sogenannte Experten, die zweckdienlich Auskunft geben.

Angst ist ein durchaus häufiges, »probates« Mittel, um Maßnahmen durchzusetzen, Verbote zu initiieren oder Verzicht sinnvoll erscheinen zu lassen. Sind die Maßnahmen, Vorhaben oder Einschränkungen rational nur schwer vermittelbar, hilft diese kleine emotionale Brücke, um Menschen zum Mitmachen oder Durchhalten zu bewegen.

Das ging in der Corona-Pandemie zuweilen so weit, dass Menschen im Frühjahr 2020 unter Atemnot nahezu kollabiert sind, weil sie zu große Angst vor dem Virus hatten. Es gab Menschen, die sich im Wald mit Maske im großen Bogen aus dem Weg gegangen sind, um die vorgeschriebenen zwei Meter Abstand zu wahren. Die Einschränkungen unserer Freiheit wurden Angst bezähmend großenteils widerspruchslos hingenommen. Keimte doch einmal Widerspruch auf oder wurde dieser zu laut, wurde das Angstlevel ein wenig erhöht, indem zum Beispiel von der Darstellung der reinen Infektionszahlen auf die Darstellungen der Todeszahlen, begleitet mit Vergleichen eines täglichen Flugzeugabsturzes, übergegangen wurde. Die Melodie der Angst wurde in der Corona-Pandemie für zwei Jahre nahezu perfekt orchestriert.

Um die Klimakatastrophe abzuwenden, wird über kommunale Klimanotstandsbeschlüsse oder die allseits erdachten kommunalen Klimaschutzkonzepte jede noch so irrationale Klimaschutzmaßnahme selbst in kleinsten Gemeinden ernsthaft diskutiert und mit zumeist zusätzlichem Personal – den sogenannten Klimamanagern – umgesetzt in dem Glauben, oder auch in der festen Überzeugung, damit das globale Weltklimaproblem zu lösen. Tempolimits reichen dann nicht mehr nur in ihrer Forderung für Autobahnen. Flächendeckende 30er-Zonen in Städten und Gemeinden können an gefährlichen Stellen zwar mehr Sicherheit bieten, sollen in der Regel aber universell eingesetzt den tödlichen Klimakipppunkt kommunal abwenden.

Was in kleinen Gemeinden mindestens zu ernsthaften finanziellen Schieflagen führen kann, bedroht bundesweit aufgrund überbordender

Transformationskosten unseren Industriestandort insgesamt. Dabei wäre eine komplette Klimaneutralität Deutschlands angesichts von weniger als 2 Prozent, die wir zu den globalen CO_2-Emissionen beitragen, kaum messbar. Bei Kampagnen für kommunal geförderte Balkonkraftwerke, wie sie von einigen Gemeinden geführt werden, handelt es sich somit lediglich um emotionalisierende und leider sehr teure Symbolpolitik zum Wohlfühlen. Doch rationaler Widerspruch aus Gesellschaft und Wirtschaft unterbleibt. Wohl auch deshalb, weil jedes Hinterfragen der Sinnhaftigkeit all jener Maßnahmen und Vorhaben zum Schutz des Weltklimas zur Stigmatisierung als »Klimaleugner« führen kann. Ein »Leugner«, der das Leben und die Zukunft unsere Kinder ignorant und selbstsüchtig aufs Spiel setzt und dabei auch noch von Freiheit redet. Einer Freiheit, die es im Sinne der Rettung der Menschheit einzuschränken gilt. So abwegig das klingen mag, so ernsthaft wird in diesem Sinne jede Debatte im Keim erstickt, nicht selten medial unterstützt. Die Diskussion um das Tempolimit ist dabei nur noch Symptom eines viel tiefer sitzenden gesellschaftlichen Problems der Linksverschiebung unserer Debatten und unserer Gesellschaft.

Ob es die Infektionszahlen, Todeszahlen oder Virusmutationen in der Corona-Pandemie waren oder die Feinstaubwerte in den Städten, Überschwemmungs-, Waldbrand- oder Dürregefahren im Sommer wie Winter sind, Angst bewegt die Menschen zu bestimmten Handlungen oder Unterlassungen.

So mancher handelt zwar nicht selbst unmittelbar und direkt, mindestens aber an der Wahlurne, in der hehren Hoffnung, das eigene tatenlose schlechte Gewissen durch Abgabe der eigenen Verantwortung in andere politische Hände beruhigen zu können. Sie unterliegen damit dem Irrglauben, die eigene, wenn auch unterschwellige Angst besiegen zu können. Doch Gründe für Angst wird es immer geben, und wenn nicht, werden sie erzeugt.

5
DAS ZIEL BLEIBT FREIHEIT UND DEMOKRATIE

Umfragen sollen immer wieder belegen, dass etwa die Hälfte oder sogar zwei Drittel der Befragten für ein generelles Tempolimit auf Autobahnen sind. Ein Verbot von Inlandsflügen scheint nur noch eine Frage der Zeit. Das Haus im Grünen, Traum vieler Menschen, wird zum bodenfressenden und damit eindeutig klimaschädlichen Monstrum. Fleischlose Angebote in Kantinen oder ein Billigfleischverbot in Supermärkten sind genauso im Gespräch wie eine Homeofficepflicht für Unternehmen. Seit 2022 verlangt ein Hunde-Gesetz von Hundebesitzern, mit ihrem Tier täglich zweimal und jeweils mindestens eine Stunde lang Gassi zu gehen. Initiiert noch von der damaligen CDU-Landwirtschaftsministerin Klöckner wurde der erst noch nur »ausreichende Auslauf im Freien außerhalb eines Zwingers« durch die neue Bundesregierung mit dem neuen grünen Landwirtschaftsminister Özdemir stundengenau konkretisiert.

In der Corona-Pandemie wurden Ausgangssperren als Mittel zur Eindämmung der Infektionszahlen von der Bevölkerung überwiegend widerstandslos hingenommen. Reisen ins Ausland waren in dieser Zeit ebenso nahezu unmöglich, wie selbst innerdeutsche Ausflüge zu den eigenen Zweit- oder Ferienwohnungen oder zu Verwandten. Reisende, die sich trotzdem auf eine Baleareninsel wagten, mussten spätestens mit ihrem Gruß auf Facebook oder Instagram den Shitstorm ihrer Mitmenschen fürchten. Und Menschen, die in Ihre Ferienwohnung an die Ostsee reisten oder auch nur Gäste im eigenen

Garten bewirteten, wurde mindestens ein merklich schlechtes Gewissen und eine Angst, erwischt oder verraten zu werden, mit auf den Weg gegeben.

Da in den Corona-Spitzenzeiten kein Hotel mehr touristisch beherbergen durfte, waren touristische innerdeutsche Reisen sowieso faktisch untersagt. Eine entsprechende Nähe zu etwaigen Berufsverboten wurde zwar bemerkt, kritisch hinterfragt aber kaum. Möglicherweise auch aus dem so einfachen wie bedenkenswerten Grund, bei Kritik schnell als Corona-Leugner zu gelten, der den Ernst der Lage entweder nicht erkennen will oder aufgrund sogenannter Fakenews sogenannter Querdenker nicht erkennen kann.

Kita- und Schulschließungen gehörten zwei Jahre lang zum mehr oder weniger akzeptierten Alltag. Mit harten mentalen und gesundheitlichen Folgen für unsere Kinder und Jugendlichen und damit für unsere nächste Generation. Diese Folgen nicht im Vorfeld abzuschätzen und nicht zu berücksichtigen, war ein grober Fehler der Politik. Das Recht der Kinder auf Bildung so massiv zu schleifen, war hingegen gesellschaftlicher Wahnsinn.

Und ging es um die Freiheit, wurde diese gern als »Privileg« bezeichnet.[246] Dabei gründet Freiheit auf unseren grundgesetzlich verankerten Grundrechten, die uns weder privilegiert zugeteilt noch einfach entzogen werden können und dürfen. Nicht der Bürger muss die Ausübung seiner freiheitlichen Grundrechte, sondern der Staat die Einschränkung derselben im Sinne unseres Rechtsstaatsprinzips, begründen. Dabei ist der Verhältnismäßigkeitsgrundsatz zwar ein ungeschriebener Teil unseres Rechtsstaates, damit aber nicht weniger bindend. Jeder Eingriff in unsere freiheitlichen Grundrechte muss demnach nicht nur begründet, sondern jede Maßnahme zur Einschränkung muss auch geeignet, erforderlich und angemessen sein, den legitimen Zweck der Einschränkung zu erreichen. Dieser Verhältnismäßigkeitsgrundsatz wird auch und aus gutem Grund als Übermaßverbot bezeichnet, schützt er den Bürger – und hier besteht der wesentliche Unterschied zum ehemaligen diktatorischen Regime der DDR – vor unverhältnismäßig harten Maßnahmen im Durchgreifen des Staates. So, wie uns unsere bürgerlichen Freiheiten zustehen, ermöglichen und stellen sie gleichzeitig auch freiheitlich demokratische Prozesse sicher.

Pflegten diejenigen, die dennoch von Privilegien sprachen, lediglich eine schludrige Wortwahl? Viel spricht dafür, dass es nicht nur Situationen, Planungen und Aussagen waren, die in ihren Formulierungen als falsch ausgedrückt oder falsch verstanden gelten können. Das alles war auch keine leere Hülle unüberlegter oder unvorsichtiger Handlungen, sondern ganz bewusst gesetzte Grenzmarken zur Dehnbarkeit staatlicher Eingriffe. Regelmäßig durchgeführte Umfragen zeigten, inwieweit die Menschen bereit waren, diese Grenzmarken verschieben zu lassen oder gar aufzugeben.

Bemerkenswert war in der Corona-Pandemie, dass der Zuspruch umso größer erschien, je härter durchgegriffen werden sollte. Kann man diesen Maßnahmenzuspruch zum Beginn der Pandemie noch mit der anfänglichen Unsicherheit, ja Angst um Leben oder Tod begründen, fällt das Verstehen für den hohen Zuspruch zu länger andauernden Eingriffen in die persönliche Freiheit schwer. Der Wähler, dessen Freiheit beschnitten wurde, suchte den Schulterschluss mit dem Politiker, der diese Beschneidung vornahm. War und ist uns unsere Freiheit wirklich so wenig wert?

Jedes Jahr gab es anlässlich der Jubiläumsfeierlichkeiten zum Geburtstag der DDR einen Fackelzug der FDJ in Berlin, der die Verbundenheit der Jugendorganisation mit der SED-Führung demonstrieren sollte. Doch im Oktober 1989 war dieses Ereignis geprägt von zunehmender Distanzierung zum sozialistischen SED-Regime. Mit dem Staatsgast Michail Gorbatschow stand die Personifizierung des Wandels und ein Symbol für Veränderung auf der Tribüne direkt neben Erich Honecker, der die aufkommenden Wolken über der kommunistischen Illusion entweder bewusst ignorierte oder aufgrund seines Herrschaftsanspruchs schlicht nicht sah und hörte.

Das laute Skandieren der vorbeiziehenden jungen Menschen von »Gorbi, Gorbi, Gorbi« hätte genauso gut auch »Freiheit, Freiheit, Freiheit« heißen können. Denn darum ging es. Es ging um Freiheit.

Reisefreiheit. Pressefreiheit. Berufsfreiheit. Meinungsfreiheit. Es ging um ein unbestimmtes, kribbelndes Gefühl der Veränderungen, es ging um Hoffnung und es ging um eine demokratische Zukunft.

Das ist nun 35 Jahre her. Mehr als dreißig Jahre, in denen wir in einem vereinten Deutschland leben, in dem Freiheit und Demokratie selbstverständlich zu sein scheinen. Eine selbstverständlich geglaubte Freiheit, bis uns die Pandemie eines Besseren belehrte. Massive Grundrechtseingriffe gingen scheinbar leicht und locker von der Hand und wurden zudem noch am Parlament vorbei von lediglich der Ministerpräsidentenkonferenz beschlossen. Trotz ausdrücklich negativer Einschätzung von Sachverständigen wurden entsprechende Änderungen am Infektionsschutzgesetz mehrheitlich im Bundestag beschlossen und vom Bundesrat durchgewinkt. Gerichte mussten zunehmend die so erlassenen Rechtsvorschriften und Verbote überprüfen und kippten diese regelmäßig. Trotzdem konnte der Staat durchgreifen und sich des Beifalls der Mehrheit der Bürger sicher sein, spürte er jegliche Formen der Illegalität, bis hin zum verbotenen Sitzen auf einer Parkbank und Schmökern in einem Buch auf. Sollten Menschen auf ihren »unerlaubten« abendlichen Spaziergängen oder Besuchswegen »erwischt« werden, waren das öffentliche Kommentierungen zum Beispiel zu den geplanten bundesweiten Ausgangssperren, die zwar nur entfernt, aber doch deutlich und beunruhigend an dunkle Jahre unserer Vergangenheit erinnerten.

Es schien eine Rallye um die tiefsten Grundrechtseinschnitte entbrannt, blind für das dünne Eis, auf das unsere freiheitlich demokratische Gesellschaft damit gestellt wird.

Nicht nur während dieser Zeit, als Gerichte regelmäßig die Corona-Maßnahmen überprüfen mussten, erwies sich die deutsche Politik als übergriffig gegenüber der Freiheit. Das Bundesverfassungsgericht musste 2021 zum Beispiel die Mietpreisbremse des Berliner rot-rot-grünen Senats für nichtig erklären. Zwar im Grunde wegen fehlender Regelungskompetenz des Senates, doch führte das dann dazu, dass ein bundesweiter Mietpreisdeckel Einzug in das bündnis-grüne Wahlprogramm fand.

Diese und all die anderen nicht für verfassungskonform erachteten Gesetze und Regelungen zeigen eindrücklich, wie nachlässig zunehmend mit unseren Grundrechten als Abwehrrechte gegenüber einem übergriffigen Staat umgegangen wird.

Und wenn selbst ein Pressevertreter die Ankündigung der FDP, gegen diese beschlossene Bundesnotbremse im Falle ihres Inkrafttretens Verfassungsbeschwerde beim Bundesverfassungsgericht einzulegen, damit (privat) kommentiert, dass die FDP hoffentlich »die Anschnallpflicht im Auto weiterhin für verfassungskonform« hält, weil dies »die Bewegungsfreiheit doch massiv einschränkt«[247], dann scheint nicht nur Problembewusstsein selten, sondern Verfassungspatriotismus vollends vergessen zu sein.

Freiheit gerät mehr und mehr ins Abseits und mit ihr die Menschen, die an ihre Freiheit und die Freiheit anderer erinnern. Freiheitliebende Menschen werden im argumentativen »Rechtsaußen« vornehmlich mit Radikalen oder Extremisten gleichgestellt, unterstützt von angstschürenden Negativmeldungen, sollte der allgemeine Ruf nach mehr Freiheit mal wieder zu laut werden.

Wer glaubt, dass Freiheit eine selbstverständlich gegebene Realität unserer Demokratie ist, wird enttäuscht. Die klitzekleinen, für viele nicht beachtenswerten Ein- und Übergriffe, die uns Stück für Stück unserer freiheitlichen Eigenverantwortung berauben, geben hier und heute den Ton an, der die Melodie und am Ende das Lied macht.

Es braucht keinen Staat, der uns sagt, was wir essen sollen und dürfen oder wie wir von A nach B kommen und wie oft wir von A nach B gehen, fahren oder fliegen. Es braucht auch keinen Staat, der uns sagt, was wir anziehen, wo und wie wir wohnen und wann wir mit wem vor die Tür gehen dürfen oder sollen. Diesen Staat braucht es auch nicht unter der großen Überschrift des moralisch verklärten, angeblich alternativlosen Klimaschutzes. Wir selbst haben die Verantwortung für all diese und noch mehr Entscheidungen in der Hand, dürfen sie uns allerdings auch nicht aus der Hand nehmen lassen, egal wie hart, spitz oder subtil man für diese selbstverständliche Gegenwehr beschimpft, diffamiert oder delegitimiert würde.

Freiheit ist es wert, gewollt, erstritten und erkämpft zu werden. Wie Goethe einst dichtete: »Das ist der Weisheit letzter Schluss: Nur der verdient sich Freiheit wie das Leben, der täglich sie erobern muss.«

NACHWORT

KEINE ROLLE RÜCKWÄRTS DDR

Am 9. November 1989 haben mutige Menschen in der DDR die unmenschliche Mauer zur Meinungs-, Presse-, Kunst- und Berufsfreiheit, zur Demokratie und zur sozialen Marktwirtschaft eingerissen. Alles Errungenschaften, die von jenem Teil Deutschlands lang vermisst und heiß ersehnt wurden und die bis heute für beide Teile nicht sicher und schon gar nicht selbstverständlich sind.

Die Corona-Pandemie hat eindrücklich gezeigt, wie fragil unsere Demokratie und welch Leichtgewicht unsere Freiheit ist, scheint es doch für Ausgrenzung und Einschränkung immer irgendeine moralisch hinterlegte Begründung zu geben. Solidarität wird als neuer Kampfbegriff einer haltungssicheren Gesellschaft geschärft, die vom öffentlich-rechtlichen Rundfunk bis in unsere Schlafzimmer reicht.

Eine leise linke Meinungsführerschaft hat in Deutschland das Ruder übernommen, framt alles, was von ihrem begrenzten Meinungsspektrum abweicht als rechts und stigmatisiert individuelle Freiheit als Egoismus. Die politische Rechte ist isoliert und alles Liberale und Konservative wird in diese rechte, isolierte Ecke geschoben, manchmal diffamiert, zumindest aber delegitimiert. Der linke Kulturkampf ist zurück in Deutschland. Ging es früher noch um freie Liebe, freie Entscheidungen, freies Leben, geht es heute um Verbote, Einschränkungen und Verzicht, in solidarisch vereinter Gemeinschaft für das moralisch Bessere.

Verbote und Verzicht, die von vornehmlich roten und grünen, also linken Politikern und Beamten in Ministerien erdacht und entwickelt werden, führen uns dort in eine technologische Sackgasse, wo vormals noch Ingenieure, Forscher und Entwickler durch Innovationen, die Probleme gelöst haben. Wenn Ideologie die notwendige Sensibilität für unseren Industriestandort ersetzt, ist dieser in Gefahr und damit unser Wohlstand gleich mit.

Eine solche Planwirtschaft mit auch konsumwirtschaftlichen Vorgaben und kollektivistischer Einheitlichkeit macht zwar fast alle Menschen gleich, die meisten von ihnen aber gleich arm.

16 Millionen Menschen haben ein System, das noch härter war als der links-grüne Transformationstraum unserer Tage erlebt. Sie haben sich mit einem solchen System zwar arrangiert, es am Ende mehrheitlich jedoch abgewählt, in einer friedlichen Revolution.

Es braucht heute wieder große Wachsamkeit und Sensibilität ganz besonders für die kleinen Schritte und die leisen Töne vermeintlicher Vorzüge eines formal noch demokratischen, aber tendenziell längst mit einem neuen Sozialismus flirtenden System. Beginnend mit dem Ruf nach unbedingter Solidarität wird unsere Freiheit eingeschränkt und mit der Demokratie als Tarnmantel bekleidet.

Was es nicht braucht, ist ein Ostbeauftragter der Bundesregierung, der sich mehr als 30 Jahre nach der Wiedervereinigung noch mit dem Fortgang des »Aufbau Ost« befasst, den Ostdeutschen pauschal Demokratieverständnis abspricht oder Studien über Rechtsextremismus und Fremdenfeindlichkeit in Ostdeutschland anfertigen lässt.

Zwar weichen die Wahlergebnisse im Osten oft von denen im Westen ab, aber eher quantitativ als qualitativ, denn auch im Westen ist die AfD zum Beispiel kein Randphänomen mehr. Wenn im Osten etwa rund jeder dritte AfD wählt, braucht es eine bessere Politik der anderen Parteien und keine Wertung der Unzufriedenheit des Wählers als undankbare Ignoranz und angelernte Sehnsucht nach staatlicher Bevormundung oder deren Wahlentscheidungen als Demokratieunverständnis.

Eine Wertung, die gleichzeitig seitens des Ostbeauftragten der Bundesregierung ausblieb, als in Thüringen ein Vertreter der Linken und damit jener Partei, die mehrfach umbenannt und früher zumindest in einem Teil Deutschlands SED hieß, zum Ministerpräsidenten gewählt wurde.

Bayern ist ein großartiges Land, aber auch dort wird anders gewählt als in sämtlichen anderen Bundesländern. Trotzdem sorgt man sich nicht um das Demokratieverständnis der Bajuwaren, nur weil dort noch nie eine andere Regierungsoption als die CSU ausprobiert wurde.

Rechtsextremismus und Fremdenfeindlichkeit in Ostdeutschland? Diese Phänomene gibt es, zweifellos, und die Bilder aus Rostock-Lichtenhagen oder die Herkunft der NSU-Terroristen sind erschütternde Realität. Doch die Wehrsportgruppe Hoffmann, Solingen, Hanau oder die Ermordung des Kasseler Regierungspräsidenten Walter Lübcke 2019 zeigen, dass Neonazismus ein gesamtdeutsches Problem ist.

Möglicherweise finden Begriffe wie Patriotismus, Vaterland oder Liebe zu Deutschland im Osten mehr Zuspruch als im Westen. Vielleicht ist hier die Angst vor zu viel integrationsunwilliger Fremdheit auch größer als im Westen. Aber wäre der Osten damit nicht näher an der europäischen Realität als der Westen? »Wir sind ein Volk«, riefen die Montagsdemonstranten in Leipzig und anderswo, als es nicht mehr um die Ablösung der SED, sondern die Wiedervereinigung ging. Man sehnte sich im Osten nach der nationalen Einheit – und stellte nach dem 3. Oktober 1990 sehr schnell fest, dass man im Westen dieser ersehnten Nation bereits überdrüssig schien.

Statt sich um die vermeintlich anderen oder anders gelagerten Belange der Ostdeutschen zu kümmern, braucht es 35 Jahre nach dem Mauerfall eine ehrliche Bestandsaufnahme zur gemeinsamen Aufarbeitung der gesamtdeutschen Teilungsgeschichte. Es ist ein Trugschluss anzunehmen, dass ostdeutsche Geschichte nur die Geschichte der Ostdeutschen ist. Ostdeutsche Geschichte ist Geschichte und damit Vergangenheit ganz Deutschlands. So, wie das westdeutsche Wirtschaftswunder Teil der deutschen Geschichte ist, ist es auch die ostdeutsche Planwirtschaft. So wie Kapitalismus Teil der gesamtdeutschen Geschichte ist, ist es auch Sozialismus. Und so wie Freiheit, Selbstbestimmung und Demokratie Teil der gesamtdeutschen Geschichte sind, sind es genauso auch Unterdrückung, Kontrolle und Autokratie. Wollen wir daraus lernen, müssen wir akzeptieren, dass wir eine gemeinsame

Geschichte haben ohne die Zuschreibungen eines selbstbewussten, überheblichen Wessis oder eines opferbelegten, benachteiligten Ossis.

Und würden wir daraus lernen, würde der immer leiser werdende Ruf nach Freiheit, Wachstum und Wohlstand wieder lauter werden und wieder mehr Gehör finden, im Diskurs würde wieder mehr als eine linke Mainstream-Meinung akzeptiert und dem Drang nach staatlicher Kontrolle würde noch vehementer widersprochen werden.

Würden wir aus dieser Geschichte lernen, würde uns wieder bewusst, welche Macht der Ruf nach Freiheit und Demokratie in der Endzeit der DDR entfaltet hat und welchen Eigenwert diese Prinzipien haben, als sie mit ihrer Realisierung für Wachstum und Wohlstand sorgten.

Der Staat ist eine Notwendigkeit, doch zu viel Staat beschneidet unternehmerische Freiheit, individuelle Kreativität und notwendige Innovationen. In der DDR und in allen Staaten des realen Sozialismus haben wir es gesehen. Selbst »soft-sozialistische« Staaten wie das Großbritannien vor Margaret Thatcher oder das Skandinavien der 1970er- oder 1980er-Jahre haben irgendwann, das eigene Scheitern vor Augen, umgesteuert in Richtung Marktwirtschaft. Wir in Deutschland haben nach dem Ende des Nationalsozialismus beide Erfahrungen gemacht. Die einen mit dem Kapitalismus in der BRD und dessen unglaublichen Kraft, die Markt und Freiheit bald nach 1949 entfaltet haben, und die anderen mit dem Sozialismus, der die DDR ökonomisch und ökologisch abwürgte. In einer erneuten Krise muss Gesamtdeutschland daher Antworten beim Kapitalismus mit Markt und Freiheit suchen und nicht beim Sozialismus mit noch mehr Staat und noch weniger Freiheit.

Demokratie heißt, dass wir – auch durch unseren Umgang mit Vergangenem – die Richtung bestimmen, in die sich unsere Gesellschaft entwickelt. Ohne Aufrichtigkeit und Mut, auch bittere Wahrheiten zu reflektieren, Notwendiges auszusprechen, verschiedene Meinungen zuzulassen und einen offenen demokratischen Diskurs zu wagen, werden wir in einer Gesellschaft der Meinungs- und Mutlosigkeit aufwachen, die immer wieder die gleichen Fehler begeht.

Es braucht mehr Demokratie und nicht weniger und auch sicher keine Rolle rückwärts DDR!

ANMERKUNGEN

1 https://taz.de/Verbale-Attacken-gegen-Impfgegner/!5812410/.
Letzter Zugriff: 10.06.2024
2 Vgl. Stephen A. Smith: Revolution in Russland. Das Zarenreich in der Krise. Darmstadt 2017, S. 121ff., insbesondere S. 176
3 »Kleines Politisches Wörterbuch« (herausgegeben von einem »Kollektiv«), Berlin (Ost) 1988, S. 870f.
4 Augsburger Allgemeine, 25.01.2024
5 Augsburger Allgemeine, 25.01.2024
6 https://jungefreiheit.de/politik/deutschland/2024/ich-haette-nicht-fuer-moeglich-gehalten-was-meiner-tochter-angetan-wurde/, letzter Zugriff: 10.06.2024
7 Vgl. Spiegel online, 07.07.2021, https://www.spiegel.de/politik/deutschland/deutsche-einheit-marco-wanderwitz-sieht-bei-ostdeutschen-grundskepsis-gegenueber-politik-a-e50430b8-8533-4f1f-a150-9ef6170b580a, letzter Zugriff: 13.12.2023
8 https://www.zdf.de/dokumentation/am-puls/einheit-ostdeutschland-migranten-einwanderung-angela-merkel-100.html, letzter Zugriff: 10.06.2024
9 Wilms, Johannes: Nationalismus ohne Nation. Deutsche Geschichte 1789-1914, Frankfurt a.M 2015, S. 189
10 Vgl. Büttner, Ursula (2010): Weimar. Die überforderte Republik.
Lizensausgabe für die Bundeszentrale für politische Bildung. Bonn: Fischer, S. 74/80
11 Vgl. Büttner, Ursula (2010): Weimar. Die überforderte Republik.
Lizensausgabe für die Bundeszentrale für politische Bildung. Bonn: Fischer, S. 103
12 Vgl. Büttner, Ursula (2010): Weimar. Die überforderte Republik.
Lizensausgabe für die Bundeszentrale für politische Bildung. Bonn: Fischer, S. 95
13 Vgl. Büttner, Ursula (2010): Weimar. Die überforderte Republik.
Lizensausgabe für die Bundeszentrale für politische Bildung. Bonn: Fischer, S. 100
14 https://www.bundesverfassungsgericht.de/SharedDocs/Pressemitteilungen/DE/2017/bvg17-004.html
15 Vgl. Büttner, Ursula (2010): Weimar. Die überforderte Republik.
Lizensausgabe für die Bundeszentrale für politische Bildung. Bonn: Fischer, S. 88
16 Vgl. Büttner, Ursula (2010): Weimar. Die überforderte Republik.
Lizensausgabe für die Bundeszentrale für politische Bildung. Bonn: Fischer, S. 88
17 https://ethik-heute.org/achtsamkeit-kann-die-gesellschaft-heilen/, letzter Zugriff: 10.06.2024
18 https://www.bundestag.de/presse/hib/kurzmeldungen-891680, letzter Zugriff: 10.06.2024
19 Vgl. Graw, Ansgar: Die Grünen an der Macht. Eine kritische Bilanz, München 2020, u. a. S. 140ff., 151ff., 158ff., 216ff.

20 Vgl. Büttner, Ursula (2010): Weimar. Die überforderte Republik. Lizensausgabe für die Bundeszentrale für politische Bildung. Bonn: Fischer, S. 443

21 Büttner, Ursula (2010): Weimar. Die überforderte Republik. Lizensausgabe für die Bundeszentrale für politische Bildung. Bonn: Fischer, S. 443

22 Vgl. Büttner, Ursula (2010): Weimar. Die überforderte Republik. Lizensausgabe für die Bundeszentrale für politische Bildung. Bonn: Fischer, S. 411

23 Neptunfeste wurden vor allem im Norden der DDR an der Ostsee in Mecklenburg-Vorpommern oder an Badeseen gefeiert. Dabei wurden während eines Ferienlagers Kinder und Jugendliche in einer Art Spaßtaufe als Täuflinge in das »Reich Neptuns« aufgenommen.

24 Vgl. Dr. habil. Jörg Echternkamp, 30.04.2025, Zweiter Weltkrieg: Kriegsideologie, Propaganda und Massenkultur, Bundeszentrale für politische Bildung, URL: https://www.bpb.de/themen/nationalsozialismus-zweiter-weltkrieg/der-zweite-weltkrieg/199404/kriegsideologie-propaganda-und-massenkultur/, letzter Zugriff: 13.12.2023

25 a. a. O.

26 Vgl. DDR-Museum-Tutow-mv.de, URL: http://www.ddr-museum-tutow-mv.de/pioniere.html, letzter Zugriff: 26.08.2023

27 Die Kinder- und Jugendspartakiaden waren in der Deutschen Demokratischen Republik (DDR) und den anderen Ländern des Ostblocks regelmäßig veranstaltete Sportwettkämpfe. Sie sollten Kinder und Jugendliche zu regelmäßiger sportlicher Betätigung anhalten, dienten aber auch der frühzeitigen Erkennung potenzieller Leistungssportler.

28 Vgl. Deutsches Historisches Museum, URL: https://www.dhm.de/archiv/ausstellungen/lebensstationen/ddr_7.htm, letzter Zugriff: 26.08.2023

29 Vgl. DDR-Museum-Tutow-mv.de, URL: http://www.ddr-museum-tutow-mv.de/pioniere.html, letzter Zugriff: 26.08.2023

30 Vgl. DDR-Museum-Tutow-mv.de, URL: http://www.ddr-museum-tutow-mv.de/pioniere.html, letzter Zugriff: 26.08.2023

31 Familiengesetzbuch der DDR (1965) (verfassungen.de). Abgerufen am 10.06.2024

32 Vgl. Bösenberg, Jost-Arend 2008: Die aktuelle Kamera. Nachrichten aus einem versunkenen Land, Berlin.

33 Karl-Marx-Universität Leipzig, Sektion Journalistik 1973a, S. 152, zitiert aus Bösenberg, Jost-Arend 2008: Die aktuelle Kamera. Nachrichten aus einem versunkenen Land, Berlin, S. 164

34 Karl-Marx-Universität Leipzig, Sektion Journalistik 1973a, S. 115 f., zitiert aus Bösenberg, Jost-Arend 2008: Die aktuelle Kamera. Nachrichten aus einem versunkenen Land, Berlin, S. 52

35 vgl. Röhr, 1983, S. 14, zitiert aus Bösenberg, Jost-Arend 2008: Die aktuelle Kamera. Nachrichten aus einem versunkenen Land, Berlin, S. 164

36 Vgl. Rahmenplan der Aktuellen Kamera über Beiträge aus Anlass der bevorstehenden Bundestagswahlen, Berlin, 30.7.1957, SAPMO BArch DR 8/8, zitiert aus Bösenberg, Jost-Arend 2008: Die aktuelle Kamera. Nachrichten aus einem versunkenen Land, Berlin, S. 150

37 Spiegel.de, URL: https://www.spiegel.de/politik/kuenftig-auch-wieder-mehr-an-uns-denken-a-2d6661b7-0002-0001-0000-000040617550?sara_ref=re-xx-cp-sh, letzter Zugriff: 30.06.2023

38 Spiegel.de, URL: https://www.spiegel.de/politik/kuenftig-auch-wieder-mehr-an-uns-denken-a-2d6661b7-0002-0001-0000-000040617550?sara_ref=re-xx-cp-sh, letzter Zugriff: 30.06.2023

39 Spiegel.de, URL: https://www.spiegel.de/politik/kuenftig-auch-wieder-mehr-an-uns-denken-a-2d661b7-0002-0001-0000-000040617550?sara_ref=re-xx-cp-sh, letzter Zugriff: 30.06.2023

40 Vgl. cvce.eu. Antrittsrede von Egon Krenz als Generalsekretär des ZK der SED (18. Oktober 1989), URL: https://www.cvce.eu/content/publication/2002/9/13/7d9f-cd51-609b-49fc-859e-010d3d2df42a/publishable_de.pdf, letzter Zugriff: 11.12.2023

41 Vgl. Das Bundesarchiv für Stasi-Unterlagen, Was war die Stasi?, Das Ministerium für Staatssicherheit der DDR, URL, www.Stasi-unterlagen-Archiv.de, letzter Zugriff: 30.06.2023

42 Vgl. Das Bundesarchiv für Stasi-Unterlagen, Was war die Stasi?, Das Ministerium für Staatssicherheit der DDR, URL: www.Stasi-unterlagen-Archiv.de. Letzter Zugriff: 30.06.2023.

43 Vgl. Das Bundesarchiv für Stasi-Unterlagen, Was war die Stasi?, Das Ministerium für Staatssicherheit der DDR, URL: www.Stasi-unterlagen-Archiv.de, letzter Zugriff: 30.06.2023

44 Vgl. Hartewig, Karin (10.03.2020): Die erste und letzte freie DDR-Volkskammerwahl, in: Deutschland Archiv, Bundeszentrale für politische Bildung, U*RL:* www.bpb.de/305933, letzter Zugriff: 04.07.2023

45 Wahlbeteiligung und Briefwahl, 16.03.2022, Bundeszentrale für politische Bildung, URL: https://www.bpb.de/kurz-knapp/zahlen-und-fakten/bundestagswahlen/341117/wahlbeteiligung-und-briefwahl/, letzter Zugriff: 02.07.2023

46 Vgl. Hartewig, Karin (10.03.2020): Die erste und letzte freie DDR-Volkskammerwahl«, Deutschland Archiv, Bundeszentrale für politische Bildung, URL: https://www.bpb.de/themen/deutschlandarchiv/305933/die-erste-und-letzte-freie-ddr-volkskammerwahl/, letzter Zugriff: 04.07.2023

47 Stephan Detjen (Hg.), In bester Verfassung?! 50 Jahre Grundgesetz, Köln 1999, Seite 166 f. in Geuther, Gundula /Metzner, Matthias, 09.08.2017: Grundrechte in anderen Verfassungen, in: Bundeszentrale für politische Bildung, Informationen zur politischen Bildung, URL: https://www.bpb.de/shop/zeitschriften/izpb/grundrechte-305/254039/grundrechte-in-anderen-verfassungen/, letzter Zugriff: 25.07.2023

48 Vgl. Hartewig, Karin (10.03.2020): Die erste und letzte freie DDR-Volkskammerwahl, in: Deutschland Archiv, Bundeszentrale für politische Bildung, URL: www.bpb.de/305933, letzter Zugriff: 04.07.2023

49 Vgl. ddr-museum.de, DDR-Geschichte. Die Grüne Partei in der DDR, URL: https://www.ddr-museum.de/de/blog/2022/die-gruene-partei, letzter Zugriff:10.12.2023

50 Vgl. ddr-museum.de, DDR-Geschichte. Die Grüne Partei in der DDR, URL: https://www.ddr-museum.de/de/blog/2022/die-gruene-partei, letzter Zugriff:10.12.2023

51 Vgl. ddr-museum.de, DDR-Geschichte. Die Grüne Partei in der DDR, URL: https://www.ddr-museum.de/de/blog/2022/die-gruene-partei, letzter Zugriff:10.12.2023

52 Vgl. d-d-r.de: Staatspartei und Blockparteien in der DDR, URL: https://d-d-r.de/ddr-politisches-system-staatspartei-und-blockparteien.html, letzter Zugriff: 10.12.2023

53 Vgl. Konrad-Adenauer-Stiftung: Die Christlich-Demokratische Union in der SBZ/DDR, URL: https://www.kas.de/de/web/geschichte-der-cdu/cdu-in-der-sbz-ddr, letzter Zugriff: 10.12.2023

54 Vgl. Konrad-Adenauer-Stiftung: Die Christlich-Demokratische Union in der SBZ/DDR, URL: https://www.kas.de/de/web/geschichte-der-cdu/cdu-in-der-sbz-ddr, letzter Zugriff: 10.12.2023

55 Vgl. Görtemaker, Manfred (19.03.2009): Deutsche Teilung – Deutsche Einheit, Beginn der deutschen Einigung, URL: https://www.bpb.de/themen/deutsche-einheit/deutsche-teilung-deutsche-einheit/43757/beginn-der-deutschen-einigung/, letzter Zugriff: 10.12.2023

56 Vgl. Schmidt, Axel (03.06.2014): Politischer Aufbruch auch im Westen Deutschlands?, Aus Politik und Zeitgeschichte, Bundeszentrale für politische Bildung, URL: https://www.bpb.de/shop/zeitschriften/apuz/185598/politischer-aufbruch-auch-im-westen-deutschlands/, letzter Zugriff: 06.07.2023

57 Vgl. Schmidt, Axel (03.06.2014): Politischer Aufbruch auch im Westen Deutschlands?, Aus Politik und Zeitgeschichte, Bundeszentrale für politische Bildung, URL: https://www.bpb.de/shop/zeitschriften/apuz/185598/politischer-aufbruch-auch-im-westen-deutschlands/, letzter Zugriff: 06.07.2023

58 Vgl. Stiftung Familienunternehmen.de, URL: https://www.familienunternehmen.de/ausstellung/familienunternehmen-in-ostdeutschland/, letzter Zugriff: 13.12.2023

59 Vgl. Karlsch, Rainer: Bundesstiftung zur Aufarbeitung der SED-Diktatur. Enteignungen der sowjetischen Besatzungszone 1944-49. URL: https://www.bundesstiftung-aufarbeitung.de/de/recherche/dossiers/enteignungen-der-sowjetischen-besatzungszone-und-der-ddr/historischer-hintergrund, letzter Zugriff: 21.06.2023

60 https://www.hdg.de/lemo/kapitel/geteiltes-deutschland-gruenderjahre/weg-nach-osten/17-juni-1953-volksaufstand.html, letzter Zugriff: 18.06.2024

61 »Die Ereignisse in Leipzig«, in: Leipziger Volkszeitung, 19.6.1953, URL: www.17juni53.de, letzter Zugriff: 13.06.2023

62 Vgl. Armin Mitter/Stefan Wolle (Hrsg.), »Ich liebe euch doch alle!«, Berlin 1990, S.125, zitierte in: Lemke, Michael (02.06.2003): Der 17. Juni in der DDR-Geschichte, Folgen und Spätfolgen, in: Aus Politik und Zeitgeschichte, Bundeszentrale für politische Bildung, URL: https://www.bpb.de/shop/zeitschriften/apuz/27599/der-17-juni-1953-in-der-ddr-geschichte/, letzter Zugriff: 13.06.2023

63 Vgl. Schildt, Axel (04.04.2002): Deutschland in den 70er/80er Jahren, Gesellschaft, Alltag und Kultur in der Bundesrepublik, Bundeszentrale für politische Bildung, URL: https://www.bpb.de/shop/zeitschriften/izpb/deutschland-in-den-70er-80er-jahren-270/9762/gesellschaft-alltag-und-kultur-in-der-bundesrepublik/, letzter Zugriff: 08.07.2023

64 Vgl. Schildt, Axel (04.04.2002): Deutschland in den 70er/80er Jahren, Gesellschaft, Alltag und Kultur in der Bundesrepublik, Bundeszentrale für politische Bildung, URL: https://www.bpb.de/shop/zeitschriften/izpb/deutschland-in-den-70er-80er-jahren-270/9762/gesellschaft-alltag-und-kultur-in-der-bundesrepublik/, letzter Zugriff: 08.07.2023

65 Vgl. Geuther, Gudula, 09.08.2017: Geschichte der Grundrechte: Informationen zur politischen Bildung: Bundeszentrale für politische Bildung, URL: https://www.bpb.de/shop/zeitschriften/izpb/grundrechte-305/254005/geschichte-der-grundrechte/, letzter Zugriff: 26.07.2023

66 Vgl. Geuther, Gudula, 09.08.2017: Geschichte der Grundrechte: Informationen zur politischen Bildung: Bundeszentrale für politische Bildung, URL: https://www.bpb.de/shop/zeitschriften/izpb/grundrechte-305/254005/geschichte-der-grundrechte/, letzter Zugriff: 26.07.2023

67 Geuther, Gudula, 09.08.2017: Geschichte der Grundrechte: Informationen zur politischen Bildung: Bundeszentrale für politische Bildung,URL: https://www.bpb.de/shop/zeitschriften/izpb/grundrechte-305/254005/geschichte-der-grundrechte/, letzter Zugriff: 26.07.2023

68 https://www.nzz.ch/international/deutscher-verfassungsschutz-auf-dem-weg-zur-gesinnungspolizei-ld.1815064, letzter Zugriff: 17.04.2023

69 Vgl. Grau, Andreas/Lepper-Binnewerg, Antoinette/Würz, Markus: Entstehung der Bundesrepublik: Parlamentarischer Rat und Grundgesetz, in: Lebendiges Museum Online, Stiftung Haus der Geschichte der Bundesrepublik Deutschland, URL: http://www.hdg.de/lemo/kapitel/nachkriegsjahre/doppelte-staatsgruendung/entstehung-der-bundesrepublik-parlamentarischer-rat-und-grundgesetz.html, letzter Zugriff: 24.07.2023

70 Vgl. Dossier: Landeszentrale für politische Bildung Baden-Württemberg: Unser Grundgesetz, 23. Mai 1949: Verfassungstag – Unser Grundgesetz hat Geburtstag!, URL: https://www.lpb-bw.de/verfassungstag-23mai, letzter Zugriff: 25.07.2023

71 Vgl. Feldkamp, Michael F., 01.09.2008, Neuland Grundgesetz, Abkehr von Weimarer Verfassung – Reaktion auf Nazideutschland, Bundeszentrale für politische Bildung, URL: https://www.bpb.de/themen/nachkriegszeit/grundgesetz-und-parlamentarischer-rat/39026/neuland-grundgesetz/, letzter Zugriff: 24.07.2023

72 Vgl. Grau, Andreas/Lepper-Binnewerg, Antoinette/Würz, Markus: Entstehung der Bundesrepublik: Parlamentarischer Rat und Grundgesetz, in: Lebendiges Museum Online, Stiftung Haus der Geschichte der Bundesrepublik Deutschland, URL: http://www.hdg.de/lemo/kapitel/nachkriegsjahre/doppelte-staatsgruendung/entstehung-der-bundesrepublik-parlamentarischer-rat-und-grundgesetz.html, letzter Zugriff: 24.07.2023

73 Vgl. Grau, Andreas: Entstehung der Bundesrepublik: Traditionen der Verfassung, in: Lebendiges Museum Online, Stiftung Haus der Geschichte der Bundesrepublik Deutschland, URL: http://www.hdg.de/lemo/kapitel/nachkriegsjahre/doppelte-staatsgruendung/entstehung-der-bundesrepublik-traditionen-der-verfassung.html, letzter Zugriff: 25.07.2023

74 Vgl. Würz, Markus: Entstehung der DDR: Verfassung und Führungsrolle der SED, in: Lebendiges Museum Online, Stiftung Haus der Geschichte der Bundesrepublik Deutschland, URL: https://www.hdg.de/lemo/kapitel/nachkriegsjahre/doppelte-staatsgruendung/entstehung-der-ddr-verfassung-und-fuehrungsrolle-der-sed.html, letzter Zugriff: 24.07.2023

75 Vgl. Geuther, Gundula /Metzner, Matthias, 09.08.2017: Grundrechte in anderen Verfassungen, in: Bundeszentrale für politische Bildung, Informationen zur politischen Bildung https://www.bpb.de/shop/zeitschriften/izpb/grundrechte-305/254039/grundrechte-in-anderen-verfassungen/, letzter Zugriff: 25.07.2023

76 Vgl. Geuther, Gundula /Metzner, Matthias, 09.08.2017: Grundrechte in anderen Verfassungen, in: Bundeszentrale für politische Bildung, Informationen zur politischen Bildung https://www.bpb.de/shop/zeitschriften/izpb/grundrechte-305/254039/grundrechte-in-anderen-verfassungen/, letzter Zugriff: 25.07.2023

77 Vgl. Deutschland-Chronik: 6. April 1969, URL: https://www.bpb.de/themen/zeit-kulturgeschichte/deutschland-chronik/131554/6-april-1968/, letzter Zugriff: 01.08.2023

78 Vgl. Geuther, Gundula /Metzner, Matthias, 09.08.2017: Grundrechte in anderen Verfassungen, in: Bundeszentrale für politische Bildung, Informationen zur politischen Bildung, URL: https://www.bpb.de/shop/zeitschriften/izpb/grundrechte-305/254039/grundrechte-in-anderen-verfassungen/, letzter Zugriff: 25.07.2023

79 Vgl. Diktatur des Proletariats, Staatslexikon-online.de, URL: https://www.staatslexikon-online.de/Lexikon/Diktatur_des_Proletariats, letzter Zugriff: 10.12.2023

80 Vgl. Andersen, Uwe/Wichard Woyke (Hg.): Handwörterbuch des politischen Systems der Bundesrepublik Deutschland. 8., aktual. Aufl. Heidelberg: Springer VS 2021. Autor des Artikels: Marcus Böick, URL: https://www.bpb.de/kurz-knapp/lexika/handwoerterbuch-politisches-system/202195/treuhandanstalt/, letzter Zugriff: 30.07.2023

81 Vgl. Andersen, Uwe/Wichard Woyke (Hg.): Handwörterbuch des politischen Systems der Bundesrepublik Deutschland. 8., aktual. Aufl. Heidelberg: Springer VS 2021. Autor des Artikels: Marcus Böick, URL: https://www.bpb.de/kurz-knapp/lexika/handwoerterbuch-politisches-system/202195/treuhandanstalt/, letzter Zugriff: 30.07.2023
82 https://www.zeit.de/politik/deutschland/2019-05/ost-west-wanderung-abwanderung-ostdeutschland-umzug
83 klimaneutrale-schule.de, URL: https://klimaneutrale-schule.de/, letzter Zugriff: 13.12.2023
84 Vgl. Was bewegt die Jugend in Deutschland?, 10.08.2022, Liz Mohn Center GGmbH, Bertelsmann-Stiftung (Hrsg.)
85 Vgl. Schildt, Axel (04.04.2002): Deutschland in den 70er/80er Jahren, Gesellschaft, Alltag und Kultur in der Bundesrepublik, Bundeszentrale für politische Bildung, https://www.bpb.de/shop/zeitschriften/izpb/deutschland-in-den-70er-80er-jahren-270/9762/gesellschaft-alltag-und-kultur-in-der-bundesrepublik/, letzter Zugriff: 08.07.2023
86 Vgl. Frauen in Führungspositionen, destatis.de, URL: https://www.destatis.de/, letzter Zugriff: 20.08.2023
87 Vgl. Bösenberg, Jost-Arend 2008: Die aktuelle Kamera. Nachrichten aus einem versunkenen Land, Berlin, S.53
88 Vgl. Pürer 1991, S.4, zitiert in Bösenberg, Jost-Arend 2008: Die aktuelle Kamera. Nachrichten aus einem versunkenen Land, Berlin, S.53
89 Vgl. Mast 1998, S. 39, zitiert in Bösenberg, Jost-Arend 2008: Die aktuelle Kamera. Nachrichten aus einem versunkenen Land, Berlin, S.53
90 Gründung des ZDF. Ein Einblick in die Gründungsphase. Bundeszentrale für Politische Bildung, https://www.bpb.de/medien/146833/GuS_10_ZDF_Gruendung.pdf, letzter Zugriff: 21.08.2023
91 Vgl. 50 Jahre ZDF (28.03.2013): Bundeszentrale für politische Bildung, URL: https://www.bpb.de/kurz-knapp/hintergrund-aktuell/157286/50-jahre-zdf/, letzter Zugriff: 21.08.2023
92 Vgl. Gründung des ZDF. Ein Einblick in die Gründungsphase. Bundeszentrale für Politische Bildung, URL: https://www.bpb.de/medien/146833/GuS_10_ZDF_Gruendung.pdf, letzter Zugriff: 21.08.2023
93 Vgl. Gründung des ZDF. Ein Einblick in die Gründungsphase. Bundeszentrale für Politische Bildung, URL: https://www.bpb.de/medien/146833/GuS_10_ZDF_Gruendung.pdf, letzter Zugriff: 21.08.2023
94 ZDF.de, URL: https://www.zdf.de/zdfunternehmen/zdf-mitarbeiter-und-standorte-zdf-studios-100.html, letzter Zugriff: 22.08.2023
95 Deutschlandfunk.de, URL: https://www.deutschlandfunk.de/geschichte-aktuell-vor-50-jahren-104.htm, letzter Zugriff: 22.08.2023
96 Statista.com, URL: https://de.statista.com/statistik/daten/studie/75044/umfrage/zuschauermarktanteile-der-tv-sender-monatszahlen/, letzter Zugriff: 22.08.2023
97 Vgl. NDR.de, URL: https://www.ndr.de/nachrichten/schleswig-holstein/Neue-Vorwuerfe-gegen-NDR-SH-Verantwortliche-von-Aufgaben-entbunden,ndrsh104.html, letzter Zugriff: 10.12.2023
98 Vgl. Machill, Marcel/Bleier, Marcus/Gerstner, Johannes R. (06.10.2014): Systemwechsel – Die Transformation des DDR – Fernsehens 1898, Bundeszentrale für politische Bildung, URL: https://www.bpb.de/themen/medien-journalismus/medienpolitik/172174/systemwechsel-die-transformation-des-ddr-fernsehens-1989/, letzter Zugriff: 22.08.2023
99 Vgl. Machill, Marcel/Bleier, Marcus/Gerstner, Johannes R. (06.10.2014): Systemwechsel – Die Transformation des DDR – Fernsehens 1898, Bundeszentrale für politische Bildung,

URL: https://www.bpb.de/themen/medien-journalismus/medienpolitik/172174/systemwechsel-die-transformation-des-ddr-fernsehens-1989/, letzter Zugriff: 22.08.2023

100 Vgl. Dobusch, Leonhard (13.05.2019): Schöffen für mehr Staatsferne, Deutschlandfunk https://www.deutschlandfunk.de/zusammensetzung-der-rundfunkgremien-schoeffen-fuer-mehr-100.html, letzter Zugriff: 24.08.2023

101 Vgl. Urheberrecht.org, URL: https://www.urheberrecht.org/law/normen/rstv/RStV-12/text/, letzter Zugriff: 24.08.2023

102 vgl. Urheberrecht.org, URL: https://www.urheberrecht.org/law/normen/rstv/RStV-12/text/, letzter Zugriff: 24.08.2023

103 vgl. Bösenberg, Jost-Arend 2008: Die aktuelle Kamera. Nachrichten aus einem versunkenen Land, Berlin, S. 53

104 Vgl. Bösenberg, Jost-Arend 2008: Die aktuelle Kamera. Nachrichten aus einem versunkenen Land, Berlin, S. 53

105 Vgl. Karidi, Maria (28.09.2018): Öffentlich-rechtlicher Rundfunk in der Schusslinie, für Aus Politik und Zeitgeschichte / Bundeszentrale für politische Bildung https://www.bpb.de/shop/zeitschriften/apuz/276555/oeffentlich-rechtlicher-rundfunk-in-der-schusslinie/#footnote-target-12, letzter Zugriff: 23.08.2023

106 Statista.com, URL: https://de.statista.com/statistik/daten/studie/1184876/umfrage/sonntagsfrage-ard-volontaere/#, letzter Zugriff: 28.08.2023

107 Vgl. ARD-ZDF-Massenkommunikation.de, URL: https://www.ard-zdf-massenkommunikation.de/files/Download-Archiv/MK_Trends_2022/221006_PM_MK_Trends_2022_final.pdf, letzter Zugriff: 16.10.2023

108 Vgl. Hirndorf, Dominik/PD Dr. Roose, Jochen (2023): Welchen Nachrichten kann man noch trauen?, Konrad-Adenauer-Stiftung e. V., Berlin, URL: https://www.kas.de/documents/252038/22161843/Welchen+Nachrichten+kann+man+noch+trauen.pdf/b63ed86c-4224-5a5e-ca0b-9bcfc2847719, letzter Zugriff: 19.10.2023

109 Vgl. Johannes-Gutenberg-Universität Mainz, Langzeitstudie Medienvertrauen, URL: https://medienvertrauen.uni-mainz.de/forschungsergebnisse-der-welle-2022/, letzter Zugriff: 19.10.2023

110 Vgl. Hirndorf, Dominik/PD Dr. Roose, Jochen (2023): Welchen Nachrichten kann man noch trauen?, Konrad-Adenauer-Stiftung e. V., Berlin, URL: https://www.kas.de/documents/252038/22161843/Welchen+Nachrichten+kann+man+noch+trauen.pdf/b63ed86c-4224-5a5e-ca0b-9bcfc2847719, letzter Zugriff: 19.10.2023

111 Vgl. Hirndorf, Dominik/PD Dr. Roose, Jochen (2023): Welchen Nachrichten kann man noch trauen?, Konrad-Adenauer-Stiftung e. V., Berlin, URL: https://www.kas.de/documents/252038/22161843/Welchen+Nachrichten+kann+man+noch+trauen.pdf/b63ed86c-4224-5a5e-ca0b-9bcfc2847719, letzter Zugriff: 19.10.2023

112 Vgl. Hirndorf, Dominik/PD Dr. Roose, Jochen (2023): Welchen Nachrichten kann man noch trauen?, Konrad-Adenauer-Stiftung e. V., Berlin, URL: https://www.kas.de/documents/252038/22161843/Welchen+Nachrichten+kann+man+noch+trauen.pdf/b63ed86c-4224-5a5e-ca0b-9bcfc2847719, letzter Zugriff: 19.10.2023

113 Vgl. Bösenberg, Jost-Arend 2008: Die aktuelle Kamera. Nachrichten aus einem versunkenen Land, Berlin, S. 151

114 Vgl. FAZ, Bernd Stegmann, 09.08.2023, URL: https://www.faz.net/aktuell/feuilleton/medien/wie-das-heute-journal-im-zdf-bild-und-ton-manipuliert-19091864.html?premium=-0xb68827324b13275506227eb1e49b322c39836f1036d1d3ba9d37491e60f70f6f, letzter Zugriff: 22.10.2023

115 Vgl. FAZ, Bernd Stegmann, 09.08.2023, URL: https://www.faz.net/aktuell/feuilleton/medien/wie-das-heute-journal-im-zdf-bild-und-ton-manipuliert-19091864.html?premium=-0xb68827324b13275506227eb1e49b322c39836f1036d1d3ba9d37491e60f70f6f, letzter Zugriff: 22.10.2023
116 Vgl. FAZ, Bernd Stegmann, 09.08.2023, URL: https://www.faz.net/aktuell/feuilleton/medien/wie-das-heute-journal-im-zdf-bild-und-ton-manipuliert-19091864.html?premium=-0xb68827324b13275506227eb1e49b322c39836f1036d1d3ba9d37491e60f70f6f, letzter Zugriff: 22.10.2023
117 https://www.zdf.de/nachrichten/heute-journal/sgs-theo-koll-112.html, letzter Zugriff: 15.06.2024
118 https://www1.wdr.de/daserste/monitor/videos/monitor-clip-monitor-vom-12-10-2023-100.html, letzter Zugriff: 15.06.2024
119 https://www1.wdr.de/daserste/monitor/videos/eu-tunesien-deal-abschottung-um-jeden-preis-102.html, letzter Zugriff: 16.06.2024
120 https://www.youtube.com/watch?v=j3o5KfOMOwE, letzter Zugriff 25.07.2024
121 https://www1.wdr.de/daserste/monitor/videos/video-eu-migrationspakt-unrecht-als-gesetz-100.html, letzter Zugriff: 15.06.2024
122 https://www1.wdr.de/daserste/monitor/sendungen/europas-abschottungspolitik-100.html, letzter Zugriff: 15.06.2023
123 https://www.faz.net/aktuell/feuilleton/medien/wie-das-heute-journal-im-zdf-bild-und-ton-manipuliert-19091864.html?premium=0xb68827324b13275506227eb1e49b-322c39836f1036d1d3ba9d37491e60f70f6f, letzter Zugriff 02.08.2024
124 https://x.com/oerrblog/status/1715702259831451721?s=43&t=FuK4NAg3KPUY_Pd488GQoQ, letzter Zugriff: 18.06.2024
125 https://www.instagram.com/reel/CytLk4cLX2N/?igsh=MTd3NzQzY29pejF6ZA%3D%3D, letzter Zugriff: 15.06.2024
126 https://x.com/insm/status/1713935778865188983?s=46, letzter Zugriff: 15.06.2024
127 https://x.com/dominikrzepka/status/1712376475851141463?s=46, letzter Zugriff: 15.06.2024
128 https://www.swr3.de/aktuell/kai-gniffke-live-fragen-antworten-rundfunk-100.html, letzter Zugriff: 16.06.2024
129 Vgl. FAZ.net, Warum Skepsis hilft, Spekulation aber nicht, URL: https://www.faz.net/aktuell/feuilleton/medien/wdr-chefredakteur-stefan-brandenburg-antwortet-peter-voss-tagesschau-debatte-19086887.html?premium=0xc57567464beead1fc8eb12695d69e79ca98d478680bb-da4a1e5d2d5606d26fa5, letzter Zugriff: 24.10.2023
130 https://www.emma.de/artikel/viele-geschlechter-das-ist-unfug-339689, letzter Zugriff: 15.06.2024
131 Vgl. FAZ.net, Stegemann, Bernd (09.08.2023), Manipulation in Bild und Ton, URL: https://www.faz.net/aktuell/feuilleton/medien/wie-das-heute-journal-im-zdf-bild-und-ton-manipuliert-19091864.html?premium=0xb68827324b13275506227eb1e49b-322c39836f1036d1d3ba9d37491e60f70f6f, letzter Zugriff: 26.10.2023
132 Vgl. Hirndorf, Dominik/PD Dr. Roose, Jochen (2023): Welchen Nachrichten kann man noch trauen?, Konrad-Adenauer-Stiftung e. V., Berlin, URL: https://www.kas.de/documents/252038/22161843/Welchen+Nachrichten+kann+man+noch+trauen.pdf/b63ed86c-4224-5a5e-ca0b-9bcfc2847719, letzter Zugriff: 25.10.2023
133 https://www.phoenix.de/hamas-luegt-a-3579642.html, letzter Zugriff: 15.06.2024
134 https://www.3sat.de/gesellschaft/auslandsjournal-extra/auslandsjournal-extra-516.html, letzter Zugriff: 15.06.2024

135 https://www.juedische-allgemeine.de/politik/klimaaktivistin-beklagt-pogromstimmung-gegen-palaestinenser/, letzter Zugriff: 16.06.2024
136 https://www.focus.de/panorama/skandal-um-pogrom-aussage-das-absurde-weltbild-von-elisa-bas-abschaffung-der-weissen-vorherrschaft_id_226545813.html, letzter Zugriff: 16.06.2024
137 https://www.youtube.com/watch?v=ewq6dLRvans, letzter Zugriff: 15.06.2024
138 https://www.instagram.com/reel/C5wPu6msMF5/?igsh=MTNjeDZkZHh2MDljaQ%3D%3D, letzter Zugriff: 15.06.2024
139 Utopia.de, Meteorologe Özden Teril: »... oder wir gehen unter«, URL: https://utopia.de/meteorologe-oezden-terli-halten-uns-an-die-planetaren-grenzen-oder-gehen-unter-570562/, letzter Zugriff: 26.10.2023
140 Vgl. ARD-Media.de: Klima-Berichterstattung im öffentlich-rechtlichen Fernsehen, URL: https://www.ard-media.de/mediaperspektiven-themenwelten/medieninhalte/klima/klima-berichterstattung-im-oeffentlich-rechtlichen-fernsehen?type=321, letzter Zugriff: 26.10.2023
141 https://www.youtube.com/watch?v=8AQD50V-ONw, letzter Zugriff: 26.10.2023
142 Lieder aus der DDR, URL: https://lieder-aus-der-ddr.de/sag-mir-wo-du-stehst/, letzter Zugriff: 27.10.2023
143 Deutschlandfunk, URL: https://www.deutschlandfunk.de/ddr-geschichte-songs-fuer-sozialisten-100.html, letzter Zugriff: 27.10.2023
144 studioM, URL: https://www.youtube.com/watch?v=neZclkTpmWc, letzter Zugriff: 26.10.2023
145 https://www.welt.de/politik/deutschland/plus175051219/Antisemitismus-Der-muslimische-Judenhass-muss-erforscht-werden.html, letzter Zugriff 25.07.2024
146 X.Com, Georg Restle, URL: https://twitter.com/georgrestle/status/1651511847726510082?s=12&t=FuK4NAg3KPUY_Pd488GQoQ, letzter Zugriff: 27.10.2023
147 https://bsky.app/profile/georgrestle.bsky.social/post/3kcuj40moio2j, letzter Zugriff: 09.01.2021
148 https://www.youtube.com/playlist?list=PLhtjufTH4Nq6LgbNVbuGGmOLYIPl4Tp5W, letzter Zugriff: 27.10.2023
149 https://www.youtube.com/watch?v=xuG__oaj5l4&list=PLhtjufTH4Nq6LgbNVbuGGmOLYIPl4Tp5W&index=12, letzter Zugriff: 27.10.2023
150 https://x.com/sarahbosetti/status/1654031159985074191?s=43&t=FuK4NAg3KPUY_Pd488GQoQ, letzter Zugriff: 16.06.2024
151 https://www.youtube.com/watch?v=Ct5wv6frppU&list=PLhtjufTH4Nq6LgbNVbuGGmOLYIPl4Tp5W&index=14, letzter Zugriff: 27.10.2023
152 a. a. O.
153 a. a. O.
154 a. a. O..
155 a. a. O.
156 a. a. O..
157 https://www.youtube.com/watch?v=oNHwkoSfhnM&list=PLhtjufTH4Nq6LgbNVbuGGmOLYIPl4Tp5W&index=13, letzter Zugriff: 28.10.2023
158 Vgl. Gesellswchaftsratklima.de, URL: https://gesellschaftsratklima.de, letzter Zugriff: 28.10.2023

159 https://www.youtube.com/watch?v=oNHwkoSfhnM&list=PLhtjufTH4Nq6LgbNVbuGG-mOLYIPl4Tp5W&index=18, letzter Zugriff: 16.06.2024
160 https://de.statista.com/statistik/daten/studie/1062780/umfrage/umfrage-zu-den-wichtigsten-problemen-in-deutschland/, letzter Zugriff: 16.06.2024
161 Böhmermann, ZDF Magazin Royale, 08.09.2023, URL: https://www.youtube.com/watch?-v=xowyVw7dSR4, letzter Zugriff: 02.11.2023
162 https://www.deutschlandfunk.de/schoenbohm-faeser-bsi-boehmermann-100.html, letzter Zugriff: 16.06.2024
163 https://www.emma.de/artikel/sexist-man-alive-2023-jan-boehmermann-340667, letzter Zugriff: 30.10.2023
164
https://rp-online.de/panorama/leute/jan-boehmermann-zdf-moderator-reagiert-auf-gehalts-enthuellung_aid-98764591#, abgerufen am 31.07.2024
165 https://www.kontextwochenzeitung.de/gesellschaft/639/birte-spielt-nicht-mehr-mit-8943.html, letzter Zugriff: 30.10.2023
166 https://www.kontextwochenzeitung.de/gesellschaft/639/birte-spielt-nicht-mehr-mit-8943.html, letzter Zugriff: 30.10.2023
167 https://de.statista.com/statistik/daten/studie/1119839/umfrage/meisteingeladene-gaeste-in-den-talkshows-rund-um-das-thema-corona/, letzter Zugriff: 31.10.2023
168 https://www.zdf.de/nachrichten/video/panorama-impfpflicht-brinkmann-lanz-100.html#x-tor=CS5-281, letzter Zugriff: 1.11.23
169 https://www.deutschlandfunk.de/interview-mit-alexander-kekul-virologe-zu-corona-impfpflicht-vom-tisch-dlf-54655c0e-100.html, letzter Zugriff: 01.11.2023
170 https://www.instagram.com/quarks.de/, Letzter Zugriff: 03.11.2023
171 https://www.t-online.de/unterhaltung/tv/id_100226910/otto-waalkes-wdr-sender-setzt-warnhinweis-vor-shows-das-ist-der-grund.html#focus-1, letzter Zugriff: 16.06.2024
172 https://medienvertrauen.uni-mainz.de/forschungsergebnisse-der-welle-2022/, letzter Zugriff: 06.11.2023
173 Vgl. Pleines, Heiko, 05.10.2023: Kommentar: Der Kampf um die Deutungshoheit. Deutsche Medien zu Ukraine, Krim Annexion und Russlands Rolle im Jahr 2014, URL: https://www.bpb.de/themen/europa/ukraine-analysen/nr-289/541401/kommentar-der-kampf-um-die-deutungshoheit-deutsche-medien-zu-ukraine-krim-annexion-und-russlands-rolle-im-jahr-2014/, letzter Zugriff: 19.11.2023
174 https://www.laender-analysen.de/ukraine-analysen/135/die-ukraine-krise-in-den-deutschen-talkshows/, letzter Zugriff, 19.11.2023
175 Vgl. Leander.analysen.de, URL: https://www.laender-analysen.de/ukraine-analysen/135/die-ukraine-krise-in-den-deutschen-talkshows/, letzter Zugriff: 19.11.2023
176 Vgl. Prof. Dr. phil. Haller, Michael, 09.06.2027: Die »Flüchtlingskrise« in den Medien. Tagesaktueller Journalismus zwischen Meinung und Information. Otto-Brenner-Stiftung (Hrsg.), URL: https://www.otto-brenner-stiftung.de/fileadmin/user_data/stiftung/02_Wissenschaftsportal/03_Publikationen/AH93_Fluechtingskrise_Haller_2017_07_20.pdf, S. 17, letzter Zugriff: 20.11.2023
177 Vgl. Prof. Dr. phil. Haller, Michael, 09.06.2027: Die »Flüchtlingskrise« in den Medien. Tagesaktueller Journalismus zwischen Meinung und Information. Otto-Brenner-Stiftung (Hrsg.), URL: https://www.otto-brenner-stiftung.de/fileadmin/user_data/stiftung/02_Wissenschaftsportal/03_Publikationen/AH93_Fluechtingskrise_Haller_2017_07_20.pdf, S. 18, letzter Zugriff: 20.11.2023
178 Vgl. Prof. Dr. phil. Haller, Michael, 09.06.2027: Die »Flüchtlingskrise« in den Medien. Tagesaktueller Journalismus zwischen Meinung und Information. Otto-Brenner-Stiftung

(Hrsg.), URL: https://www.otto-brenner-stiftung.de/fileadmin/user_data/stiftung/02_Wissenschaftsportal/03_Publikationen/AH93_Fluechtingskrise_Haller_2017_07_20.pdf, S. 19, letzter Zugriff: 20.11.2023

179 Vgl. Prof. Dr. phil. Haller, Michael, 09.06.2027: Die »Flüchtlingskrise« in den Medien. Tagesaktueller Journalismus zwischen Meinung und Information. Otto-Brenner-Stiftung (Hrsg.), URL: https://www.otto-brenner-stiftung.de/fileadmin/user_data/stiftung/02_Wissenschaftsportal/03_Publikationen/AH93_Fluechtingskrise_Haller_2017_07_20.pdf, S. 22, letzter Zugriff: 20.11.2023

180 Vgl. Prof. Dr. phil. Haller, Michael, 09.06.2027: Die »Flüchtlingskrise« in den Medien. Tagesaktueller Journalismus zwischen Meinung und Information. Otto-Brenner-Stiftung (Hrsg.), URL: https://www.otto-brenner-stiftung.de/fileadmin/user_data/stiftung/02_Wissenschaftsportal/03_Publikationen/AH93_Fluechtingskrise_Haller_2017_07_20.pdf, S. 137, letzter Zugriff: 20.11.2023

181 Vgl. Prof. Dr. phil. Haller, Michael, 09.06.2027: Die »Flüchtlingskrise« in den Medien. Tagesaktueller Journalismus zwischen Meinung und Information. Otto-Brenner-Stiftung (Hrsg.), URL: https://www.otto-brenner-stiftung.de/fileadmin/user_data/stiftung/02_Wissenschaftsportal/03_Publikationen/AH93_Fluechtingskrise_Haller_2017_07_20.pdf, S. 136, letzter Zugriff: 20.11.2023

182 Vgl. Welt.de, URL: https://www.welt.de/politik/deutschland/article166815163/Studie-bemaengelt-unkritische-Berichterstattung-in-Fluechtlingskrise.html, letzter Zugriff: 22.11.2023

183 Vgl. Langzeitstudie Medienvertrauen, Johannes-Gutenberg-Universität Mainz, URL: https://medienvertrauen.uni-mainz.de/forschungsergebnisse-der-welle-2022/, letzter Zugriff: 22.11.2023

184 https://www.spiegel.de/politik/deutschland/olaf-scholz-ueber-migration-es-kommen-zu-viele-a-2d86d2ac-e55a-4b8f-9766-c7060c2dc38a, letzter Zugriff: 16.06.2024

185 Vgl. Entkoppelte Lebenswelten, Soziale Beziehungen und sozialer Zusammenhalt in Deutschland, Erster Zusammenhaltsbericht, URL: https://fgz-risc.de/fileadmin/media/documents/FGZ_Zusammenhaltsbericht_2023.pdf, S. 33, letzter Zugriff: 13.11.2023

186 Vgl. Entkoppelte Lebenswelten, Soziale Beziehungen und sozialer Zusammenhalt in Deutschland, Erster Zusammenhaltsbericht, URL: https://fgz-risc.de/fileadmin/media/documents/FGZ_Zusammenhaltsbericht_2023.pdf, S. 33, letzter Zugriff: 13.11.2023

187 Vgl. Entkoppelte Lebenswelten, Soziale Beziehungen und sozialer Zusammenhalt in Deutschland, Erster Zusammenhaltsbericht, URL: https://fgz-risc.de/fileadmin/media/documents/FGZ_Zusammenhaltsbericht_2023.pdf, S. 33, letzter Zugriff: 13.11.2023

188 Vgl. BRD: Das duale TV-System ab 1982 (01.06.2021): Bundeszentrale für politische Bildung, URL: https://www.bpb.de/themen/medien-journalismus/deutsche-fernsehgeschichte-in-ost-und-west/246235/brd-das-duale-tv-system-ab-1982/, letzter Zugriff: 24.08.2023

189 Vgl. Deutsches Historisches Museum, URL: https://www.dhm.de/archiv/ausstellungen/4november1989/verfass.html, letzter Zugriff: 05.09.2023

190 Vgl. Stasi-Mediathek, URL: https://www.stasi-mediathek.de/medien/richtlinie-176-zur-bearbeitung-operativer-vorgaenge/blatt/367/, letzter Zugriff: 07.09.2023

191 Richtlinie 1/76 zur Entwicklung und Bearbeitung Operativer Vorgänge (OV), Stasi-Mediathek, URL: https://www.stasi-mediathek.de/fileadmin/pdf/dok540.pdf, S. 38, letzter Zugriff 25.07.2024

192 Vgl. Stasi-Unterlagen-Archiv, URL: https://www.stasi-unterlagen-archiv.de/mfs-lexikon/detail/inoffizieller-mitarbeiter-im/, letzter Zugriff: 07.09.2023

193 Vgl. Stasi-Unterlagen-Archiv, URL: https://www.stasi-unterlagen-archiv.de/mfs-lexikon/detail/inoffizieller-mitarbeiter-im/, letzter Zugriff: 07.09.2023

194 Richtlinie 1/76 zur Entwicklung und Bearbeitung Operativer Vorgänge (OV), Stasi-Mediathek, URL: https://www.stasi-mediathek.de/fileadmin/pdf/dok540.pdf, S. 48, letzter Zugriff 25.07.2024

195 Vgl. Richtlinie 1/76 zur Entwicklung und Bearbeitung Operativer Vorgänge (OV), Stasi-Mediathek, URL: https://www.stasi-mediathek.de/fileadmin/pdf/dok540.pdf, S. 48, letzter Zugriff: 10.09.2023

196 Vgl. Richtlinie 1/76 zur Entwicklung und Bearbeitung Operativer Vorgänge (OV), Stasi-Mediathek, URL: https://www.stasi-mediathek.de/fileadmin/pdf/dok540.pdf, S. 48, letzter Zugriff: 10.09.2023

197 Vgl Richtlinie 1/76 zur Entwicklung und Bearbeitung Operativer Vorgänge (OV), Stasi-Mediathek, URL: https://www.stasi-mediathek.de/fileadmin/pdf/dok540.pdf, S. 51, letzter Zugriff: 10.09.2023

198 Vgl.Tagesspiege.del, URL: https://www.tagesspiegel.de/gesellschaft/elon-musk-soll-sich-ficken-gehen-jan-bohmermann-und-die-grenzen-des-sagbaren-8910076.html, letzter Zugriff: 10.09.2023

199 Vgl. Frankfurter Rundschau, 26.10.2021, URL: https://www.fr.de/sport/fussball/joshua-kimmich-corona-impfung-fc-bayern-verheerende-botschaft-kommentar-91071773.html, letzter Zugriff 25.07.2024

200 Vgl. Frankfurter Rundschau, 26.10.2021, URL: https://www.fr.de/sport/fussball/joshua-kimmich-corona-impfung-fc-bayern-verheerende-botschaft-kommentar-91071773.html, letzter Zugriff: 04.10.2023

201 Vgl. Augsburger Allgemeine, 12.12.2021,URL: https://www.augsburger-allgemeine.de/sport/fc-bayern/fc-bayern-joshua-kimmich-ueber-impfskepsis-das-schlechte-gewissen-ist-auf-jeden-fall-da-id61259691.html, letzter Zugriff: 05.10.2023

202 Vgl. Augsburger Allgemeine, 12.12.2021, URL: https://www.augsburger-allgemeine.de/sport/fc-bayern/fc-bayern-joshua-kimmich-ueber-impfskepsis-das-schlechte-gewissen-ist-auf-jeden-fall-da-id61259691.html, letzter Zugriff: 05.10.2023

203 Vgl. NDR, 30.12.2021, URL: https://www.ndr.de/kultur/Alles-dich-machen-und-Co-Die-Kultur-Aufreger-des-Jahres,kulturaufreger100.html, letzter Zugriff: 05.10.2023

204 Vgl. rnd.de, 23.04.2021, URL: https://www.rnd.de/medien/allesdichtmachen-die-se-stars-haben-mitgemacht-7OS6LQWTLZBDNFDJ3IELSEPOLM.html, letzter Zugriff:05.10.2023

205 https://youtu.be/GYVY_C1jMP8?si=xjZzfGhPkL5JidwD, letzter Zugriff: 05.10.2023

206 https://www.rnd.de/promis/alles-dicht-machen-jan-josef-liefers-wehrt-sich-gegen-vereinnahmung-durch-querdenker-N6UPCDLGARGZPLSHYPAMUXZIAE.html, letzter Zugriff: 05.10.2023

207 https://www.google.de/search?q=Liefers+bei+Lanz+Alles+dichtmachen&ie=UTF-8&oe=UTF-8&hl=de-de&client=safari#fpstate=ive&vld=cid:a504ed28,vid:mSZQl-lVF64,st:0, letzter Zugriff: 05.10.2023

208 Watson.de, URL: https://www.watson.de/unterhaltung/coronavirus/974087665-jan-josef-liefers-frau-wendet-sich-nach-shitstorm-mit-statement-an-die-oeffentlichkeit, letzter Zugriff: 06.10.2023

209 https://youtu.be/HZP6CiJSNoI?si=zkc3teZrIR6HjrFk, letzter Zugriff: 06.10.2023

210 https://www.berliner-zeitung.de/kultur-vergnuegen/jan-josef-liefers-zu-allesdichtmachen-und-corona-politik-die-tun-alle-so-als-waere-nichts-gewesen-li.2209020, letzter Zugriff: 26.04.2024

211 Vgl. Focus Magazin (7/2023), 17.02.2023, URL: ht-tps://www.focus.de/gesundheit/coronavirus/

virologe-streeck-zieht-corona-bilanz-die-pandemie-hat-gezeigt-was-die-schwaechen-unseres-heutigen-systems-sind_id_185435522.html, letzter Zugriff: 07.10.2023

212 Vgl. Welt.de, 11.07.2023, URL: https://www.welt.de/vermischtes/article246326010/Christian-Drosten-kritisiert-unselige-Debatte-in-der-Pandemie.html, letzter Zugriff: 09.10.2023

213 Vgl. Tagesschau.de, 10.07.2023, URL: https://www.tagesschau.de/inland/regional/hessen/hr-christian-drostens-corona-rueckblick-in-frankfurt-ignorierte-fakten-viele-trugschluesse-unselige-debatten-100.html, letzter Zugriff: 09.10.2023

214 Vgl. Tagesschau.de, 10.07.2023, URL: https://www.tagesschau.de/inland/regional/hessen/hr-christian-drostens-corona-rueckblick-in-frankfurt-ignorierte-fakten-viele-trugschluesse-unselige-debatten-100.html, letzter Zugriff: 09.10.2023

215 Vgl. Frankfurter Rundschau, 15.10.2021, URL: https://www.fr.de/wissen/corona-forschung-hass-drohungen-zweifel-wissenschaft-brinkmann-drosten-streeck-wissenschaft-news-91053587.html, letzter Zugriff: 10.10.2023

216 Vgl. Frankfurter Rundschau, 15.10.2021,URL: https://www.fr.de/wissen/corona-forschung-hass-drohungen-zweifel-wissenschaft-brinkmann-drosten-streeck-wissenschaft-news-91053587.html, letzter Zugriff: 12.10.2023

217 Vgl. Frankfurter Rundschau, 15.10.2021, URL: https://www.fr.de/wissen/corona-forschung-hass-drohungen-zweifel-wissenschaft-brinkmann-drosten-streeck-wissenschaft-news-91053587.html, letzter Zugriff: 11.10.2023

218 Vgl. Frankfurter Rundschau, 15.10.2021, URL: https://www.fr.de/wissen/corona-forschung-hass-drohungen-zweifel-wissenschaft-brinkmann-drosten-streeck-wissenschaft-news-91053587.html, letzter Zugriff: 12.10.2023

219 Youtube.com, URL: https://www.youtube.com/watch?v=3yENiy9TnuE, letzter Zugriff: 12.10.2023

220 https://www.welt.de/politik/deutschland/article168436745/Zahl-der-antisemitischen-Delikte-in-Deutschland-steigt.html, letzter Zugriff 28.04.2024

221 Vgl. Prof. Dr. Armin Pfahl-Taughber, 18.06.2021, bpb, Linksextremistische Einflussnahme auf die Klima-Bewegung, URL: https://www.bpb.de/themen/linksextremismus/dossier-linksextremismus/338269/linksextremistische-einflussnahme-auf-die-klima-bewegung/, letzter Zugriff: 25.11.2023

222 Vgl. Lenk, Kurt, 10.09.2009, Aus Politik und Zeitgeschichte, Vom Mythos der politischen Mitte, Bundeszentrale für politische Bildung, URL: https://www.bpb.de/shop/zeitschriften/apuz/31749/vom-mythos-der-politischen-mitte/#footnote-target-1, letzter Zugriff: 07.12.2023

223 Vgl. Lenk, Kurt, 10.09.2009, Aus Politik und Zeitgeschichte, Vom Mythos der politischen Mitte, Bundeszentrale für politische Bildung, URL: https://www.bpb.de/shop/zeitschriften/apuz/31749/vom-mythos-der-politischen-mitte/#footnote-target-1, letzter Zugriff: 07.12.2023

224 Vgl. Lenk, Kurt, 10.09.2009, Aus Politik und Zeitgeschichte, Vom Mythos der politischen Mitte, Bundeszentrale für politische Bildung, URL: https://www.bpb.de/shop/zeitschriften/apuz/31749/vom-mythos-der-politischen-mitte/#footnote-target-1, letzter Zugriff: 07.12.2023

225 Vgl. Wangerin, Claudia, 15.08.2023: Die Spaltung der Partei Die Linke: Akteure und Konfliktlinien jenseits von Wagenknecht, Telepolis.de, URL: https://www.telepolis.de/features/Spaltung-der-Partei-Die-Linke-Akteure-und-Konfliktlinien-jenseits-von-Wagenknecht-9244987.html, letzter Zugriff: 07.12.2023

226 https://www.bpb.de/themen/parteien/parteien-in-deutschland/gruene/42151/etappen-der-parteigeschichte-der-gruenen/, letzter Zugriff: 17.06.2024

227 Vgl. Lebendiges Museum online. Godesberger Programm, URL: https://www.hdg.de/lemo/kapitel/geteiltes-deutschland-gruenderjahre/weg-nach-westen/godesberger-programm.html, letzter Zugriff: 09.12.2023
228 https://www.youtube.com/watch?v=YZRKGhYAuwc, letzter Zugriff: 01.12.2023
229 https://www.youtube.com/watch?v=kDQkioMMFh4, letzter Zugriff: 01.12.2023
230 https://www.bpb.de/themen/parteien/parteien-in-deutschland/fdp/273478/etappen-der-parteigeschichte-der-fdp/, letzter Zugriff: 17.04.2024
231 Vgl. 1000dokumente.de, URL: https://www.1000dokumente.de/pdf/dok_0079_lam_de.pdf, letzter Zugriff: 05.12.2023
232 Vgl. 1000dokumente.de, URL: https://www.1000dokumente.de/pdf/dok_0079_lam_de.pdf, letzter Zugriff: 05.12.2023
233 Vgl. 1000dokumente.de, URL: https://www.1000dokumente.de/pdf/dok_0079_lam_de.pdf, letzter Zugriff: 05.12.2023
234 Vgl. Merkur.de, AfD: Geschichte, Vorsitzende, Programmatik und Abspaltungen, 18.09.2023, URL: https://www.merkur.de/politik/afd-alternative-fuer-deutschland-rechtspopulismus-bundessprecher-90015079.html, letzter Zugriff: 06.12.2023
235 Vgl. Decker, Frank, 02.12.2022: Etappen der Parteiengeschichte der AfD, Bundeszentrale für politische Bildung, URL: https://www.bpb.de/themen/parteien/parteien-in-deutschland/afd/273130/etappen-der-parteigeschichte-der-afd/, letzter Zugriff: 06.12.2023
236 Vgl. Decker, Frank, 02.12.2022: Etappen der Parteiengeschichte der AfD, Bundeszentrale für politische Bildung, URL: https://www.bpb.de/themen/parteien/parteien-in-deutschland/afd/273130/etappen-der-parteigeschichte-der-afd/, letzter Zugriff: 06.12.2023
237 a. o. O.
238 Vgl. Verfassungsschutz.sachsen.de, URL: https://www.verfassungsschutz.sachsen.de/download/Einstufung_AfD_Dezember_2023.pdf, letzter Zugriff: 10.12.2023
239 https://www.t-online.de/nachrichten/panorama/id_100297052/gendern-80-prozent-der-deutschen-lehnen-es-ab-exklusive-t-online-umfrage.html (zuletzt abgerufen am 5. Mai 2024)
240 https://x.com/akj_berlin/status/1542826196873928704?lang=de, letzter Zugriff: 18.04.2024
241 Vgl. NZZ.de, URL: https://www.nzz.ch/meinung/der-andere-blick/antifeminismus-meldestelle-ein-problem-fuer-die-demokratie-ld.1726891, letzter Zugriff: 12.12.2023
242 Vgl. schwäbische.de, URL: https://www.schwaebische.de/regional/ulm-alb-donau/ehingen/ex-mitglied-greift-buergerrat-fuer-ernaehrung-an-bundestag-gruen-links-letzte-generation-2086137, letzter Zugriff: 12.12.2023
243 Vgl. schwäbische.de, URL: https://www.schwaebische.de/regional/ulm-alb-donau/ehingen/ex-mitglied-greift-buergerrat-fuer-ernaehrung-an-bundestag-gruen-links-letzte-generation-2086137, letzter Zugriff: 12.12.2023
244 https://x.com/maybritillner/status/1415830857647104015, letzter Zugriff: 16.06.2024
245 Vgl. Krieg und Klimawandel machen den Jugendlichen in Deutschland mehr Sorgen als Corona, 15.08.2022, Bertelsmann Stiftung, URL: https://www.bertelsmann-stiftung.de/de/themen/aktuelle-meldungen/2022/august/krieg-und-klimawandel-machen-den-jugendlichen-in-deutschland-mehr-sorgen-als-corona, letzter Zugriff: 04.12.2023
246 Vgl. https://www.tagesschau.de/inland/faq-coronavirus-impfungen-privilegien-101.html mit der Frage »Darf es Privilegien für Geimpfte geben?« oder https://www.tagesspiegel.de/politik/zuruck-in-die-freiheit--oder-nicht-8109106.html unter der Überschrift: »Debatte über Privilegien für Geimpfte« (beide zuletzt aufgerufen am 11. 5. 2024)
247 https://x.com/sefi99/status/1384734142382882816?s=43&t=FuK4NAg3KPUY_Pd488G-QoQ, letzter Zugriff: 18.06.2024